泰国知识产权
法规汇编

宋兴勇　尹　青◎主编
王利祥　王凌宇　任小明　汝新月　张　捷◎译

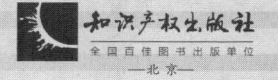

图书在版编目（CIP）数据

泰国知识产权法规汇编／宋兴勇，尹青主编；王利祥等译. —北京：知识产权出版社，2024.9. —ISBN 978-7-5130-9439-9

Ⅰ．D933.63

中国国家版本馆 CIP 数据核字第 2024PP7543 号

内容提要

本书主要对泰国知识产权法规条文进行了较为系统和全面的翻译，内容不仅涵盖专利权、商标权、著作权、商业秘密等权利保护法规，同时还涉及泰国海关法、竞争法，以及光盘制造、地理标志、植物品种、集成电路布图设计、传统医药、知识产权法院诉讼程序等领域的法规，对深入研究泰国乃至东盟知识产权相关法律制度具有重要参考价值。

本书适合我国知识产权法律研究者、知识产权保护机关工作人员及律师、企业家、投资者、大专院校知识产权专业的师生及知识产权爱好者阅读。

责任编辑：吴　烁　　　　　　　　　责任印制：刘译文
封面设计：杨杨工作室·张　冀

泰国知识产权法规汇编
TAIGUO ZHISHI CHANQUAN FAGUI HUIBIAN

宋兴勇　尹　青　主编

王利祥　王凌宇　任小明　汝新月　张　捷　译

出版发行	知识产权出版社有限责任公司	网　　址：	http://www.ipph.cn	
电　　话：	010-82004826		http://www.laichushu.com	
社　　址：	北京市海淀区气象路 50 号院	邮　　编：	100081	
责编电话：	010-82000860 转 8768	责编邮箱：	laichushu@cnipr.com	
发行电话：	010-82000860 转 8101	发行传真：	010-82000893	
印　　刷：	天津嘉恒印务有限公司	经　　销：	新华书店、各大网上书店及相关专业书店	
开　　本：	720mm×1000mm　1/16	印　　张：	21	
版　　次：	2024 年 9 月第 1 版	印　　次：	2024 年 9 月第 1 次印刷	
字　　数：	330 千字	定　　价：	108.00 元	

ISBN 978-7-5130-9439-9

出版权专有　　侵权必究
如有印装质量问题，本社负责调换。

编 委 会

主 编

宋兴勇（济南市知识产权保护中心 高级工程师 专利代理师）

尹　青（山东第一医科大学附属中心医院 副研究员）

副主编

周诺贝（济南市食品药品检验检测中心 高级工程师）

封金欣（济南市知识产权保护中心 九级职员）

李　刚（济南市知识产权保护中心 工程师 专利代理师 专利预审员）

程雁群（中国信息通信研究院 工程师）

宋文超（济南电子机械工程学校 教师）

耿德佳（山东文化艺术职业学院 教师）

委 员

任小明（济南市知识产权保护中心 工程师 专利代理师 专利预审员）

王凌宇（济南市知识产权保护中心 工程师 专利代理师 专利预审员）

王利祥（济南市知识产权保护中心 工程师 专利预审员）

张　捷（一百分信息技术有限公司 项目经理）

汝新月（一百分信息技术有限公司 泰语高级翻译）

张清俊（泰和泰律师事务所 涉外知识产权律师）

宋兴刚（济南安康医院主任医师 教授）

许家博（香港中文大学 博士生）

司子雨（澳门旅游大学 硕士生）

朱泽宇（上海外国语大学 翻译专业学生）

序

在经济全球化和国内新发展格局的背景下,我国与其他国家的贸易合作日益增多。知识产权是国际贸易的重要组成部分,了解其他国家的知识产权制度,既可以帮助我国企业在贸易合作中遵守规则,避免侵犯他人的知识产权,也有助于保护我国的创新成果,积极参与国际竞争。同时,其他国家的知识产权制度也是我国构建支持全面创新的基础制度的参考。

泰国是我国邻国,是东盟成员国之一,也是《区域全面经济伙伴关系协定》(RCEP)的 15 个成员国之一。《区域全面经济伙伴关系协定》在全部成员国的生效,创立了世界上人口最多、经贸规模最大、最具发展潜力的自由贸易区。作为《区域全面经济伙伴关系协定》的成员国之一,我国重视该协定的签署和实施,重视与该协定成员国之间的贸易与合作。因此,我们需要了解《区域全面经济伙伴关系协定》中其他成员国的相关法规,包括知识产权法规等。

泰国除了加入《区域全面经济伙伴关系协定》和《与贸易有关的知识产权协定》(TRIPS)外,还出台了一系列法规来保护知识产权,涵盖专利权、商标权、著作权、地理标志和商业秘密等。泰国的专利法、商标法和著作权法等是知识产权保护基础的法律法规,用于保护不同领域类型的知识产权。同时,泰国政府在行政执法和刑事司法方面也加大了知识产权保护力度,一定程度上保护了知识产权人的权益,取得了良好的社会效果和国际声誉。此外,泰国还签署了《专利合作条约》(PCT)和《关于商标国际注册的马德里协议》。通过《专利合作条约》和马德里体系,专利和商标申请人可以使用国际系统在泰国提交国际专利和商标申请,从而请求在泰国范围内的知识产权保护。这为国际申请人提供了一种更便捷和统一的方式来处理跨境知识产权申请。通过参与这些国际知识产权保护体系，泰国为本国创新者和外国投资者提供了更好的国际保护机制，从而吸引更多投资，促进创新经济发展。当然，知识产权保护也需要更加积极的执法和监管，以确保这些措施能够得到切实有效的实施。

为使我国读者了解泰国知识产权制度，宋兴勇与尹青共同担纲主编了这本《泰国知识产权法规汇编》。济南市知识产权保护中心、一百分信息技术有限公司、泰和泰律师事务所等单位的专家及多位知名的知识产权学者、实务专家参与了编译工作。

《泰国知识产权法规汇编》具有以下三个方面的特点。一是全，本汇编内容涵盖了泰国专利法、商标法、著作权法、商业秘密法、海关法和竞争法，以及一些受知识产权特殊保护客体的法规，涉及光盘制造、地理标志、植物新品种、集成电路布图设计、传统医药等领域。二是新，本汇编中的法规都是最新的、现行有效的，而本汇编也是国内对泰国知识产权领域相关法规进行汇编和介绍的最新著作。三是精，所有参与编译的成员都认真负责地对待这项工作，对有疑问之处进行了多次讨论，并求教于业内专家，保证了内容的准确性和可读性。本汇编是我国了解和研究泰国知识产权制度的重要资料，可以帮助我国企业和实务界进一步认识和运用泰国知识产权制度，也有助于学术界研究和借鉴泰国知识产权制度，进一步推动我国与泰国在知识产权领域的交流和合作。

闫文军

2024 年 3 月

前　言

　　20世纪90年代以来，中国与东盟的经济联系日益紧密，中国连续四年与东盟保持第一贸易伙伴关系。作为一个新兴工业国和市场经济体，泰国是东盟成员国和创始国，也是东盟第二大经济体。2023年中国与泰国之间的商品贸易额达到1 262.8亿美元。随着双边关系发展和经济交往深入，中国知识产权权利人日益重视在泰国的知识产权布局，泰国的知识产权申请中，来源于中国的商标申请量占其总量的18.5%，外观设计申请量占15%，专利申请量占13.8%，分别为第一、第二、第三非居民申请来源国。

　　泰国法律的发展演变已有七百多年的历史，受大陆法系影响较大，形成了以成文法为主的知识产权保护制度，其历史可追溯到1901年的《作者所有权法》和1914年的《商标和商品名称法》。20世纪70年代以来，泰国陆续制定和修改了大量知识产权法律，使其知识产权保护水平得以飞跃。目前，泰国商务部下辖的知识产权局负责管理全国的知识产权工作，其网站上公布了商标、专利、产品外观设计、著作权、地理标志、商业秘密、集成电路布图设计等知识产权类型的法律、规章、通告、表格等的泰语或英语文本，法律的历次修改，以及对知识产权侵权行为的规制（法条汇总）、知识产权局通告、知识产权局监督、知识产权局命令、法律修改草案公开征求意见、公布负责评估法律成效的机构名单、纠纷处理（知识产权局仲裁）等。

　　泰国知识产权法律具有自己的特色，很多领域知识产权保护的工作体系较为完备。例如，在传统医药保护方面，1999年颁布了世界上第一部保护传统医药知识的专门法律《泰国传统医药知识保护促进法》；在司法程序方面，为知识产权审判制定了单独的诉讼程序，对我国未来出台专门的知识产权诉讼程序法规也具有借鉴意义。

鉴于此，系统了解和研究泰国法律制度，特别是关于知识产权的相关制度和法律规定，价值意义愈发凸显。虽然网上有泰国商标法等个别知识产权法律的中文译本，但未见系统翻译泰国知识产权法规的著作。为了使中国法律学者、律师、企业家、投资者、知识产权管理者熟悉泰国的知识产权法律体系，编者编译了这本《泰国知识产权法规汇编》。

由于篇幅所限，本书未能囊括泰国所有的知识产权法规文件，未编入各种专利申请表格、商标法的部级规章及国际条约。本书主要参照世界知识产权组织泰国法律库的"法律/规章"部分，以及泰国知识产权局网站、政府公报，精选7部主要知识产权法律，8部知识产权相关法律，17部部门规章。为使读者对泰国知识产权诉讼法律有所了解，选入泰国知识产权和国际贸易法院设立与程序法及1篇关于泰国知识产权和国际贸易法院的评论文章。

本书根据泰文文本或泰国官方英文译本翻译成中文。译者在翻译过程中虽然尽力体现原文含义，请教业内专家，但由于时间紧张、专业水平有限，难免不当或者错漏，恳请读者批评指正。在实践中，由于泰国官方语言为泰语，法律原文为泰语，知识产权申请需要使用泰语，法律诉讼要求委托泰国律师，对译文含义如有分歧，应以泰国官方法律文本为准。

济南市知识产权保护中心党支部书记、专利信息高级工程师宋兴勇，山东第一医科大学附属中心医院副研究员尹青主要承担全书选题策划、泰国法规文件审查筛选、全书内容审定。济南市食品药品检验检测中心的周诺贝、济南市知识产权保护中心的封金欣与李刚及中国信息通信研究院的程雁群博士侧重对法律术语的审校，济南电子机械工程学校的语文教师宋文超与山东文化艺术职业学院的英语教师耿德佳侧重对译文文字的审校。济南市知识产权保护中心的三位专利预审员任小明、王凌宇、王利祥各承担1/3英文原稿的翻译并对1/3译稿交叉校对。一百分信息技术有限公司的张捷对英文原稿进行翻译并参与后期校对，汝新月负责原文泰文的翻译并参与后期校对。泰和泰律师事务所的张清俊律师参加审稿会。济南安康医院主任医师、历下名医宋兴刚教授对泰国传统医学保护法部分提出宝贵意见。香港中文大学博士生许家博、澳门旅游大学硕士生司子雨、上海外国语大学英语翻译专业学生朱泽宇参与部分译文校对。中国科学院大学教授、法学博士闫文军在百忙中参加了本书线上审稿会并作序。

编委会
2024 年 6 月

目　录

专利法 B. E. 2522 ………………………………………………………… 1

专利法第 10 号部长令 B. E. 2529 …………………………………… 29

专利法第 21 号部长令 B. E. 2542 …………………………………… 31

专利法第 22 号部长令 B. E. 2542 …………………………………… 36

专利法第 23 号部长令 B. E. 2542 …………………………………… 41

专利法第 24 号部长令 B. E. 2542 …………………………………… 44

专利法第 25 号部长令 B. E. 2542 …………………………………… 46

专利法第 26 号部长令 B. E. 2542 …………………………………… 51

专利法第 27 号部长令 B. E. 2542 …………………………………… 56

关于落实《专利合作条约》的部长令 B. E. 2552 …………………… 58

商标法 B. E. 2534 ……………………………………………………… 65

著作权法 B. E. 2537 …………………………………………………… 98

著作权法部长令 B. E. 2540 ………………………………………… 124

光盘制造法 B. E. 2548 ……………………………………………… 126

地理标志保护法 B. E. 2546 ………………………………………… 133

使用相同或相似地理标志的特殊商品名录、规则和
　　方法的部长令 B. E. 2547 …………………………………… 141

商业秘密法 B. E. 2545 ……………………………………………… 142

植物品种保护法 B. E. 2542 ………………………………………… 153

集成电路布图设计保护法 B.E. 2543 …………………………………… 170

工业产品标准法 B.E. 2511 …………………………………………… 183

古迹、古董、艺术品和国家博物馆法 B.E. 2504 …………………… 195

古迹、古董、艺术品和国家博物馆法第 1 号部长令 B.E. 2504 …… 202

古迹、古董、艺术品和国家博物馆法第 2 号部长令 B.E. 2504 …… 203

古迹、古董、艺术品和国家博物馆法第 3 号部长令 B.E. 2504 …… 204

古迹、古董、艺术品和国家博物馆法第 4 号部长令 B.E. 2504 …… 205

古迹、古董、艺术品和国家博物馆法第 5 号部长令 B.E. 2504 …… 206

古迹、古董、艺术品和国家博物馆法第 6 号部长令 B.E. 2504 …… 207

海关法 B.E. 2469 ……………………………………………………… 208

货物进出口法 B.E. 2522 ……………………………………………… 249

贸易竞争法 B.E. 2542 ………………………………………………… 254

泰国传统医药知识保护促进法 B.E. 2542 …………………………… 267

消费者权益保护法 B.E. 2522 ………………………………………… 283

知识产权和国际贸易法院设立与司法程序法

 B.E. 2539 ………………………………………………………… 298

知识产权和国际贸易法院设立与司法程序法

 （No.2） B.E. 2558 ……………………………………………… 307

知识产权和国际贸易法院设立与司法程序法

 （No.3） B.E. 2565 ……………………………………………… 312

附录　知识产权和国际贸易法院：泰国知识产权执法的新维度………… 314

专利法 B. E. 2522

经专利法（No. 2）B. E. 2535 和
专利法（No. 3）B. E. 2542 修订

国王普密蓬·阿杜德（Bhumibol Adulyadej）
签署于佛历 2552 年❶ 3 月 11 日

泰国国王普密蓬·阿杜德非常高兴地宣布：
鉴于目前适合对发明和外观设计给予保护；
因此，经泰国议会提议和通过，国王颁布法律如下。

第 1 条 本法称为"专利法 B. E. 2522"。

第 2 条 本法自《政府公报》公布之日起一百八十日届满时生效。❷

第一章　序　言

第 3 条❸ 本法规定：

"专利"是指依本法第二章和第三章规定对发明和外观设计给予保护而签发的文件；

"实用新型专利"❹是指依本法第三章之二规定对发明给予保护而签发的文件；

"发明"是指产生新产品和新方法的任何创新或创造，或是对已知产品

---

❶ 佛历换算为公历的方法为佛历年份减 543，佛历 2552 年即公元 2009 年。
❷ 在 1979 年 3 月 16 日《政府公报》第 96 卷第 35 部分中公布。
❸ 经专利法(No. 3)B. E. 2542 修订。
❹ 有的直译为"小专利"，有的译为"短期专利"。

或方法的任何改进；

"方法"是指生产、保持或提高产品质量的任何方法、技巧或工艺，包括此类方法的应用；

"外观设计"是指使产品具有特殊外形、用于工业产品或手工艺品的任何形状或线条或颜色的组合；

"专利权人"包括专利的受让人；

"实用新型专利权人"包括实用新型专利的受让人；

"委员会"是指专利委员会；

"主管官员"是指由部长任命依本法行事的人员；

"局长"是指知识产权局局长，包括局长任命的任何代理人；

"部长"是指负责和掌管本法实施的部长。

第4条 商业部长应负责和掌管本法的实施，有权任命主管官员，并签发部长令，确定官方收费（不超过本法附表所列金额）、减免官方收费及规定本法的任何程序。

本条第一款的部长令一经《政府公报》公布，立即生效。

第二章　发明专利

第一部分　专利申请

第5条 在不违反第9条规定的情况下，符合以下条件的，可授予发明专利：

（1）具有新颖性；

（2）具有创造性；

（3）具有工业实用性。

第6条❶ 如果一项发明不构成现有技术的一部分，则该发明具有新颖性。

---

❶ 经专利法（No. 2）B. E. 2535 和专利法（No. 3）B. E. 2542 修订。

现有技术包括下列任何发明：

（1） 在专利申请日前，在本国为其他人广泛知晓或使用的发明；

（2） 在专利申请日前，其主题已在本国或外国文献或出版物上记载、展示或以其他方式向公众披露的发明；

（3） 在专利申请日前，在本国或外国已被授予专利或实用新型专利的发明；

（4） 在专利申请日前，在国外申请专利或实用新型专利已超过十八个月且未被授予专利或实用新型专利的发明；

（5） 在专利申请日前，在国内外已申请专利或实用新型专利且该申请已经公开的发明。

非法获取而公开发明的主题，发明人本人公开，或发明人在国际展览会或官方展览会上展出且发明人在展出后十二个月内提交专利申请的，不视为上述第（2）项所述的公开。

第 7 条 如果一项发明对于本领域普通技术人员而言并非显而易见，则该发明视为具有创造性。

第 8 条 如果一项发明能够被制造或应用于任何一种工业，包括手工业、农业和商业，则该发明视为具有工业实用性。

第 9 条❶ 下列发明不受本法保护：

（1） 自然产生的微生物及其成分，动物、植物及动植物的提取物；

（2） 科学或数学规则或原理；

（3） 计算机程序；

（4） 人类和动物疾病的诊断、处置和治疗方法；

（5） 违反公共秩序、公共道德、公共健康或公共利益的发明。

第 10 条❷ 发明人有权申请专利并在专利文件上署名。

专利申请权可转让或继承。

转让专利申请权必须签订书面合同并由转让人和受让人签名。

第 11 条 执行雇佣合同或完成某项工作的合同而完成的发明，专利申

---

❶ 经专利法（No. 2）B. E. 2535 和专利法（No. 3）B. E. 2542 修订。
❷ 经专利法（No. 2）B. E. 2535 修订。

请权属于雇主或指派该工作的人员，合同另有规定的除外。

虽然雇佣合同没有约定雇员从事任何发明活动，但是雇员利用其工作所提供的任何手段、数据或报告进行发明的，适用第一款规定。

第 12 条　为了鼓励发明创造和给予雇员公平分享发明带来的收益，雇主因发明取得收益的，雇员发明人有权获得除正常薪酬之外的报酬。

在第 11 条第二款所述情形下，雇员发明人有权获得报酬。

雇员发明人获得报酬的权利不得通过合同条款予以排除。

雇员发明人依本条第一款和第二款规定请求报酬的，应按照部长令向局长提出请求。局长有权依雇员的薪酬、发明的重要性、因发明获得和可预期获得的收益和其他因素、部长令规定，确定合理的报酬。

第 13 条　为了鼓励政府机构的官员、雇员或国有企业的雇员的发明创造活动，政府机构的官员、雇员或国有企业雇员享有第 12 条规定的雇员权利，该政府机构或国有企业条例或章程另有规定的除外。

第 14 条❶　专利申请人应符合下列条件之一：

（1）是泰国国民或总部位于泰国的法人；

（2）是泰国加入的专利保护公约或国际协定的成员国的国民；

（3）是允许泰国国民或总部位于泰国的法人在该国申请专利的国家的国民；

（4）在泰国或泰国加入的专利保护公约或国际协定的成员国，有住所或有真实、有效的工商业机构。

第 15 条　两个或两个以上自然人共同完成发明创造的，应共同申请专利。

如果共同发明人拒绝共同申请专利或无法找到或联系不到共同发明人，或共同发明人无权提出专利申请，其他共同发明人可以自己的名义申请专利。

未参与专利申请的共同发明人可在授予专利权之前的任何时间提出参与专利申请。主管官员收到请求后，应将拟进行专利审查的日期通知申请

---

❶　经专利法（No.3）B.E.2542 修订。

人和共同发明人。请求书副本应提供给该申请人和其他各共同申请人。

在前款规定的审查中,主管官员可要求申请人和该当事人接受当面询问或提交任何相关文件或材料。经审查后,局长应作出决定并通知申请人和共同发明人。

第 16 条　两个或两个以上自然人各自独立完成相同的发明创造并分别申请专利的,专利权授予最先提交申请的人。各申请人于同一日提交申请的,应协商将专利权授予其中一人或共同享有专利权。各申请人在局长指定期限内未达成一致的,应在该期限届满后九十日内就专利权的归属问题向法院提起诉讼。前述期限届满未起诉的,则视为放弃申请。

第 17 条❶　专利申请应遵守部长令。

专利申请应包含以下内容:

(1) 发明名称;

(2) 发明类型和发明目的的简要说明;

(3) 发明的详细说明书,用语完整、简明、清楚和准确,使本领域或最相关技术领域的普通技术人员能够制造和使用该发明,并列出发明人认为有关发明的最佳实施方式;

(4) 一项或多项清晰简洁的权利要求;

(5) 部长令规定的其他事项。

专利申请符合泰国加入的国际协定或合作协议规定的条件的,应视为符合本法的专利申请。

第 18 条　专利申请只限于一项发明,或相互关联形成一个总的发明构思的一组发明。

第 19 条❷　由政府主办或授权在泰国举办的展览会上展出的发明,如果自展览会开幕日起十二个月内申请专利的,展览开幕日视为提交专利申请的日期。

第 19 条之二❸　第 14 条规定的专利申请人自首次在外国提交专利申请

---

❶　经专利法(No.3)B.E.2542 修订。
❷　经专利法(No.2)B.E.2535 修订。
❸　经专利法(No.3)B.E.2542 修订。

之日起十二个月内又在本国申请专利的，可请求将外国的首次申请日作为本国申请日。

第 20 条 申请人可按照部长令修改专利申请，但此类修改不得扩大发明的保护范围。

第 21 条❶ 未经专利申请人书面授权，在依第 28 条规定公布专利申请之前，任何与专利申请职责相关的官员不得披露发明的任何详细说明，也不得允许任何人以任何方式复制发明的详细说明。

第 22 条❷ 未经专利申请人书面授权，在依第 28 条规定公布专利申请之前，任何人知悉该申请已提交的，不得披露发明详细说明中包含的任何信息，也不得从事任何可能给专利申请人造成损害的行为。

第 23 条 局长认为发明涉及国家安全利益需要保密的，应对专利申请保密，另有指令的除外。

未经授权，任何人知悉专利申请已被局长指令依前款予以保密的（包括专利申请人），不得向其他任何人披露发明的主题或详细说明。

第二部分 专利权授予

第 24 条 主管官员应在授予专利权之前：
（1）审查专利申请是否符合第 17 条规定；
（2）审查专利申请是否符合第 5 条规定。

第 25 条 为了便于专利申请审查，局长可请求任何政府部门、机构或组织，或任何外国专利局或国际专利组织，审查专利申请是否符合第 5 条、第 6 条、第 7 条、第 8 条和第 9 条规定，或审查发明的详细说明是否符合第 17 条第（3）项规定。上述审查可视为主管官员进行的审查。

第 26 条 在专利申请的审查中，如果一个专利申请涉及多项不同的发明，且该多项发明不属于同一个总的发明构思，主管官员应通知专利申请人，要求其将该申请拆分成多个申请，每个申请只包含一项发明。

如果申请人在接到前款所述通知书之日起一百八十日内提交任一单个

---

❶ 经专利法（No.3）B.E. 2542 修订。
❷ 同❶。

申请，则该单个申请视为在首次申请提交日提交的申请。

专利申请的拆分应按照部长令规定的规则和程序进行。

申请人不同意将申请拆分的，应自收到上述通知书之日起一百二十日内向局长提出申诉。局长的决定为最终决定。

第 27 条 在专利申请的审查中，主管官员可要求申请人接受当面询问或提交任何相关文件或材料。

申请人已在其他国家提交专利申请的，应按照部长令提交该国专利申请的审查报告。

上述文件如是外文，申请人应一并提交相应的泰文文本。

专利申请人未遵守第一款主管官员命令，或未在九十日内提交第二款所述的审查报告，则视为放弃申请。局长可依需要酌情延长审查期限。

第 28 条❶ 主管官员向局长提交专利申请审查报告后：

（1）局长认为专利申请不符合第 17 条规定或发明属于第 9 条规定不授予专利权的主题的，应驳回专利申请。主管官员应在自局长驳回申请之日起十五日内以回程挂号信或局长指定的其他任何方式将驳回决定通知申请人；

（2）局长认为专利申请符合第 17 条规定，且不属于第 9 条规定不授予专利权的主题，应按照部长令公布专利申请。在公布之前，主管官员应以局长指定的任何方式或回程挂号信通知申请人缴纳公布费。申请人未在收到缴费通知之日起六十日内缴纳公布费的，应以回程挂号信再次通知申请人。申请人未在收到第二次通知之日起六十日内缴纳公布费的，视为放弃申请。

第 29 条 依第 28 条规定公布专利申请后，申请人可在申请公布后五年内或任何人提出异议且已申诉的情形下，并在作出最终决定之日起一年内，请求主管官员继续审查专利申请是否符合第 5 条规定，以最后届满的期限为准。申请人未在上述期限内提出审查请求的，视为放弃申请。

依第 25 条规定，局长请求任何政府部门、机构或组织或任何外国专利

---

❶ 经专利法（No.3）B.E.2542 修订。

局或国际专利组织审查专利申请,且产生相应的审查费用的,申请人应在缴费通知之日起六十日内缴纳审查费用。申请人未在上述期限内缴纳审查费用的,视为放弃申请。

第 30 条 依第 28 条规定公布专利申请后,如果该申请不符合第 5 条、第 9 条、第 10 条、第 11 条或第 14 条规定,则局长应拒绝授予专利权。拒绝授予的决定应通知申请人和第 31 条规定的异议人。局长的决定应按照部长令的规定进行公布。

第 31 条 ❶依第 28 条规定公布专利申请后,任何人认为其本人而非申请人有权获得专利权,或认为申请不符合第 5 条、第 9 条、第 10 条、第 11 条或第 14 条规定的,可在第 28 条下规定的公布之日起九十日内向主管官员提出异议。

对于上述异议,主管官员应将异议书副本送达专利申请人。专利申请人应在收到异议书副本后九十日内向主管官员提交答辩意见。申请人未在上述期限内提交答辩意见的,视为申请人放弃申请。

异议书和答辩意见应有相应证据支持。

第 32 条 在异议程序中,异议人和专利申请人可按照局长规定的程序提交任何证据或作任何补充陈述,以支持各自主张。

局长依第 33 条或第 34 条规定作出决定的,应将决定及理由告知专利申请人和异议人。

第 33 条 专利申请人依第 29 条规定请求对专利申请继续审查的,主管官员应依既定程序进行审查后,向局长提交审查报告。

局长对审查报告进行审议后,认为不存在拒绝授予专利权的理由,且无人提出异议或有人提出异议但局长已确定该发明属于申请人的,应命令对发明进行登记并将发明专利权授予申请人。主管官员应通知申请人在收到通知之日起六十日内缴纳授予专利权的费用。

专利申请人依前款规定缴纳上述费用后,主管官员应对发明进行专利登记,并自缴费之日起十五日内将专利权授予专利申请人,但不得早于第

---

❶ 经专利法(No.2)B.E. 2535 修订。

72条规定的期限届满之日。专利申请人未在前款规定的期限内缴费的，视为放弃申请。专利证书应符合部长令规定的格式。

第34条 任何人提出异议后，局长决定发明属于异议人的，应驳回申请人的专利申请。

专利申请人对驳回决定没有申诉，或提出申诉后委员会或法院维持原驳回决定的，如果异议人在局长驳回专利申请之日起或最终决定作出之日起一百八十日内提交专利申请，则异议人应被认为是在专利申请人提交专利申请之日业已提交专利申请，依第28条规定所进行的对专利申请人的专利申请的公布视为对异议人的专利申请公布。在此期间提出专利申请的任何人不得以其申请时间早于异议人的申请时间为由对抗异议人的申请。

授予异议人专利权之前，主管官员应依既定程序对异议人的专利申请进行审查。第29条规定同样适用于异议人的专利申请。

第三部分 专利权内容

第35条❶ 发明专利权的保护期应为自本国专利申请之日起的二十年。专利保护期不包括第16条、第74条或第77条之六规定的诉讼期间。

第35条之二❷ 授予专利权之前，任何违反第36条规定的行为不得视为侵犯专利权人权利的行为，除非该行为与第28条公布的未决发明申请相关，且行为人知道该发明已申请专利或已接到发明专利申请的书面通知。在这种情况下，专利申请人有权要求侵权人支付损害赔偿。授予专利权之后，专利权人有权向法院提交要求赔偿损失的申请。

第36条❸ 除专利权人之外，任何人不得享有以下权利：

（1）专利主题是产品的，生产、使用、销售、为销售目的而占有，以及许诺销售或进口专利产品的权利；

（2）专利主题是方法的，使用专利方法的权利，生产、使用、销售、为销售目的而占有，以及许诺销售或进口采用专利方法生产的产品的

---

❶ 经专利法（No.3）B.E.2542修订。
❷ 经专利法（No.2）B.E.2535修订。
❸ 经专利法（No.3）B.E.2542修订。

权利。

前款规定不适用于：

（1）出于学习、研究、实验或分析目的的任何行为，但不得与专利的正常利用发生不合理的冲突，也不得给专利权人的合法权益造成损害；

（2）在专利申请日前，善意且不知道或无合理理由应知道该专利申请的生产者或使用者，已在泰国生产该产品或已在泰国准备好使用该方法的设备的，不适用第 19 条之二的规定；

（3）由执业医生或执业药剂师依医生处方调配而成的药品组合，包括有关这类药品的任何行为；

（4）有关药品注册申请的任何行为，申请人打算在专利权期限届满后生产、配销或进口专利药品的；

（5）与泰国同为专利保护国际公约或协定的成员国船舶临时或偶然进入泰国领海，为该船舶自身需要而在船舶上或船舶的附属物上使用构成专利主题的设备；

（6）与泰国同为专利保护国际公约或协定的成员国航空器或陆上交通工具临时或偶然进入泰国，在航空器或陆上交通工具的结构或其附属物上使用构成专利主题的设备；

（7）使用、销售、出于销售目的而占有，许诺销售或进口经专利权人授权或同意而生产或售出的专利产品。

第 36 条之二❶ 第 36 条下专利权人的权利保护范围应依权利要求确定。在确定发明的保护范围时，应考虑说明书及其附图中描述的发明的技术特征。

尽管发明的技术特征未在权利要求中明确描述，但是对于相关技术领域的普通技术人员而言，此类技术特征与权利要求中描述的技术特征在本质上具有相同的特点、功能和效果的，发明专利的保护范围应延展至此类技术特征。

第 37 条❷ 专利权人有权在其专利产品、产品容器、产品包装或产品广告上使用"Thai Patent"（泰国专利）或其缩写或具有相同含义的外文文字。

---

❶ 经专利法（No.2）B.E.2535 修订。

❷ 同❶。

标明第一款规定的专利标记时应同时标明专利号。

第 38 条 专利权人有权通过许可的形式授权其他任何人行使第 36 条和第 37 条下专利权人的权利,也可将专利权转让给其他任何人。

第 39 条 依第 38 条规定授予许可时:

(1) 专利权人不得将任何不合理的反竞争条件、限制或许可使用费条款强加于被许可人。

部长令应对不合理的反竞争条件、限制或条款进行规定。

(2) 第 35 条规定的发明专利权期限届满后,专利权人不得要求被许可人继续支付许可使用费。

违反本条规定的许可使用费条件、限制或条款无效。

第 40 条 除第 42 条规定外,当事人之间没有相反约定的,专利权共同所有人可不经其他共有人的同意单独行使第 36 条和第 37 条规定的权利,但只有经所有共同所有人同意后方可许可他人实施专利或转让专利。

第 41 条❶ 第 38 条规定的许可合同和转让合同应采用书面形式,并按照部长令的规定进行登记。

局长认为许可合同的条款违反第 39 条规定的,应将该合同提交委员会。如果委员会认为该合同违反第 39 条规定,则局长应拒绝登记该合同,除非依案情可推定当事人有意将合同的有效部分与无效部分分割。在这种情形下,局长可命令对合同的有效部分进行登记。

第 42 条 专利权的继承应遵守部长令。

第四部分 年 费

第 43 条❷ 专利权人应自专利保护期开始的第五年起缴纳年费。缴费期限为专利保护期第五年开始的六十日内和以后每年开始的六十日内。

如果专利权是在专利保护期第五年开始之后授予的,则第一年的年费应在授予专利权之日起六十日内缴纳。

专利权人未在第一款或第二款规定的期限内缴纳年费的,应自第一款

---

❶ 经专利法(No.2)B.E.2535 修订。
❷ 经专利法(No.3)B.E.2542 修订。

或第二款规定的期限届满之日起一百八十日内一并缴纳年费和滞纳金，滞纳金为未缴纳年费的 30%。

专利权人未在第三款规定的期限内缴纳年费和滞纳金的，局长应制作专利权撤销报告并提交委员会。

如果专利权人在接到撤销专利权的通知之日起六十日内向委员会陈述意见，提出因不可抗力导致未在第三款规定的期限内缴纳年费和滞纳金的，委员会可酌情延长缴费期限或撤销专利。

第 44 条❶ 专利权人可请求一次性提前缴纳全部年费。专利权人提前缴纳全部年费，后续年费发生变更或专利权人放弃专利权或专利权被撤销的，可不必缴纳年费的增加额，但也无权要求退还已缴纳的年费。

第五部分　当然许可、强制许可和政府使用

第 45 条　任何专利权人均可按照部长令向局长申请登记，表明其他任何人均可获得专利许可。

局长可在登记后的任何时候，依申请人和专利权人达成的条件、限制和许可使用费条款，向申请人授予专利许可。申请人和专利权人未在局长指定的期限内达成一致的，局长应酌情授予申请人许可。

任何一方均可自收到前款授予许可决定之日起三十日内向委员会提出申诉。委员会的决定是最终决定。

第二款下申请和授予专利许可应遵守部长令。

依第一款规定进行登记后，专利年费应按照部长令规定减少，减至未登记时应缴年费的一半以下。

第 46 条❷ 授予专利权三年后或自专利申请日起四年后（以最后届满的期限为准），专利权人在申请许可时有下列不正当行使权利情形之一的，任何人均可向局长申请授予实施专利的许可：

（1）专利产品无正当理由未在泰国生产或专利方法未在泰国使用；

（2）无正当理由未在泰国销售专利产品或在泰国以不合理的高价销售

---

❶　经专利法（No. 3）B. E. 2542 修订。

❷　同❶。

专利产品或没有满足公共需要的。

依上述第（1）项或第（2）项提出申请的，许可申请人必须证明已提出合理的条件和专利许可使用费，但未在合理的期限内获得许可。

许可申请应遵守部长令。

第 47 条❶ 如果专利的实施很可能对其他任何人的专利构成侵犯，需要实施本人专利的专利权人可依下列标准向局长申请实施其他人专利的强制许可：

（1）许可申请人的发明与被申请许可的发明相比，具有显著经济意义的重大技术进步；

（2）专利权人应有权获得合理条件的交叉许可；

（3）许可申请人不得将其权利转让给其他人，除非是与其专利权一并转让。

许可申请人必须证明已提出合理的条件和专利许可使用费，而未在合理的期限内获得许可。

许可申请应遵守部长令。

第 47 条之二❷ 如果实施第 46 条获得的专利实施许可可能对其他人的专利构成侵犯，则第 46 条规定的许可申请人可依下列标准向局长申请实施其他人专利的许可：

（1）许可申请人的发明与被申请许可的发明相比，具有显著经济意义的重大技术进步；

（2）许可申请人不得将其权利转让给其他人。

许可申请人必须证明已提出合理的条件和专利许可使用费，但未在合理的期限内获得许可。

许可申请应遵守部长令。

第 48 条❸ 依第 46 条、第 47 条、第 47 条之二规定授予强制许可的，专利权人有权获得专利许可使用费。

---

❶ 经专利法(No.3) B. E. 2542 修订。

❷ 同❶。

❸ 同❶。

依第 46 条、第 47 条、第 47 条之二授予强制许可的，第 38 条规定的被许可人有权获得专利许可使用费，只要该被许可人享有许可他人实施专利的独占权利。在这种情况下，专利权人无权获得此类专利许可使用费。

第 49 条❶ 在依第 46 条、第 47 条、第 47 条之二规定申请许可时，申请人应提出专利许可使用费、实施专利的条件、对专利权人或第 48 条第二款规定的独占被许可人的权利的限制以及许可请求书。在依第 47 条规定申请许可时，申请人同样应向另一方提供实施其专利的许可。

依第 46 条、第 47 条、第 47 条之二规定提交专利许可申请的，主管官员应将审议申请之日通知申请人和专利权人或上述独占被许可人。主管官员应向专利权人和独占被许可人提供申请书副本。

在处理前款规定的许可申请时，主管官员可要求申请人、专利权人或上述独占被许可人当面接受询问或提交任何相关文件或资料。在主管官员处理完申请并由局长作出决定时，应将该决定通知申请人、专利权人和独占被许可人。

对前款规定的局长作出的决定不服的，可自收到通知书之日起六十日内向委员会申诉。

第 50 条❷ 局长决定授予第 46 条、第 47 条、第 47 条之二规定的专利许可的，应明确专利权人和申请人之间协商一致的许可使用费、专利实施条件和对专利权人或上述独占被许可人的权利限制。当事人在规定期限内未能达成协议的，局长应酌情确定许可使用费，并依下列条件确定相应的条件和限制：

（1）视具体情况，许可的范围和期限不得超出必要范围；

（2）专利权人可继续许可他人实施该专利；

（3）被许可人不得将许可转让给其他人，除非与企业的许可部分一并转让或只是善意转让许可部分；

（4）许可主要目的在于满足国内市场需求；

（5）视具体情况，确定合理报酬。

---

❶ 经专利法（No.3）B. E. 2542 修订。
❷ 同❶。

对局长依上述规定作出的决定不服的，可自收到决定之日起六十日内向委员会提出申诉。

许可的签发应遵守部长令。

第 50 条之二❶ 第 46 条所述许可的情形已消失且不可能再发生，且终止强制许可不会影响被许可人的权利或利益，则可终止强制许可。

第一款规定的终止强制许可的申请应遵守部长令，且参照适用第 49 条第二款、第三款和第 50 条规定。

第 51 条❷ 尽管存在第 46 条、第 47 条、第 47 条之二规定，为保障公共消费或国防，保护自然资源或环境，防止或解决食品、药品、其他消费品的短缺，以及满足其他公共服务的迫切需要，政府各部、局或署可自行或通过其他机构，行使第 36 条规定的权利，并向专利权人或第 48 条第二款规定的独占被许可人支付许可使用费，并尽快以书面形式通知专利权人。

政府各部、局或署应向局长提出专利实施许可的许可使用费和条件，并就许可使用费与专利权人或被许可人达成协议。比照第 50 条的规定适用。

第 52 条❸ 国家处于战争状态或紧急情况时，为维护国防和国家安全，经内阁批准，总理有权发布实施任何专利的命令，但应向专利权人支付合理的许可使用费并尽快以书面形式通知专利权人。

专利权人可自收到命令之日起六十日内，就该命令或许可使用费向法院提出申诉。

第六部分 专利权或权利要求的放弃及专利权的撤销

第 53 条❹ 任何专利权人均可按照部长令规定的规则和程序放弃专利权或其中的任一或部分权利要求。

如果专利权属于两人或两人以上共有，依前款规定放弃专利权或任何权利要求的，应经全体共有人同意。如果专利已依第 38 条、第 45 条、第 46 条、第 47 条、第 47 条之二规定授予专利许可，则应经所有被许可人同意。

---

❶ 经专利法（No.3）B.E.2542 修订。
❷ 同❶。
❸ 同❶。
❹ 同❶。

第 54 条　任何不符合第 5 条、第 9 条、第 10 条、第 11 条、第 14 条规定而授予的专利权无效。

任何人均可对专利权的有效性提出疑问，利害关系人或公诉人有权向法院提起诉讼以撤销专利权。

第 55 条❶　在下列情形中，局长可向委员会提出请求以撤销专利权：

（1）依第 50 条规定签发许可且自许可签发之日起已经过两年，专利权人、专利权人的被许可人或许可持有者无正当理由未生产专利产品或使用专利方法，或未在本国销售或进口专利产品或采用专利方法生产的产品，或以不合理的高价销售此类产品，且局长有撤销该专利权的正当理由的；

（2）专利权人违反第 41 条规定许可他人行使上述权利的。

在向委员会提出撤销专利权之前，局长应命令对撤销专利权的事项进行审查，并提前通知专利权人和被许可人，要求专利权人和被许可人陈述意见。专利权人和被许可人应在收到通知之日起六十日内提交相关意见。局长可要求任何人接受当面询问或提交任何相关文件或资料。

经审查，局长认为有正当理由撤销专利权的，应向委员会提交有关调查报告。

第三章　外观设计专利

第 56 条　适于工业应用的新外观设计可依本法授予专利，包括手工艺品。

第 57 条　下列外观设计不属于新外观设计：

（1）在提交专利申请之前在本国广泛为其他人知悉或使用的外观设计；

（2）在提交专利申请之前在国内外文献或出版物上公开或描述的外观设计；

（3）在提交专利申请之前已按照第 65 条和第 28 条规定公布的外观设计；

---

❶　经专利法（No.2）B. E. 2535 和专利法（No.3）B. E. 2542 修订。

（4）与第（1）项、第（2）项、第（3）项所述的外观设计相似并已构成模仿的任何外观设计。

第 58 条 下列外观设计不授予专利权：
（1）违反公共秩序或公共道德的外观设计；
（2）王室法令规定的外观设计。

第 59 条 专利申请应符合部长令。
外观设计的专利申请应包括：
（1）对外观设计的描述；
（2）采用外观设计的产品名称；
（3）一项清晰简洁的权利要求；
（4）部长令中规定的其他事项。

第 60 条 外观设计的专利申请仅限于应用于一种产品的一项外观设计。
产品列表应由部长令规定并在《政府公报》上公布。

第 60 条之二❶ 专利申请人自首次在外国提交设计专利申请之日起六个月内又在本国申请专利的，可要求将外国的首次申请日作为本国申请日。

第 61 条 外观设计专利申请在依第 65 条和第 28 条规定公布后，在登记和授予专利权之前，申请不符合第 56 条、第 57 条、第 65 条、第 10 条、第 11 条、第 14 条规定的，局长应决定驳回申请。主管官员应将决定通知申请人和第 65 条、第 31 条涉及的异议人，决定副本应在专利申请提交地点进行展示。

局长驳回专利申请且有人依第 65 条、第 31 条规定对专利申请提出异议的，局长应依第 65 条和第 32 条规定继续对相关异议进行审议。

第 62 条❷ 外观设计专利权的保护期为自本国专利申请日起十年。
专利保护期不包括第 65 条和第 16 条或第 74 条规定的诉讼期间。

第 62 条之二❸ 授予专利权之前，任何违反第 63 条规定的行为不得视为侵犯专利权人权利的行为，除非该行为与已按照第 65 条和第 28 条公布的

---

❶ 经专利法（No.3）B.E.2542 修订。
❷ 同❶。
❸ 同❶。

未决外观设计申请相关，且行为人知道该外观设计已申请专利或已接到外观设计专利申请的书面通知。在这种情况下，专利申请人有权要求侵权人支付损害赔偿。授予专利权之后，专利权人有权向法院提交要求赔偿损失的申请。

第 63 条❶ 除专利权人之外，任何人不得将外观设计专利应用于产品生产或销售，为销售而占有、许诺销售或进口包含专利外观设计的产品，但出于学习或研究目的而使用外观设计专利的，不在此限。

第 64 条 任何不符合第 56 条、第 58 条、第 65 条、第 10 条、第 11 条、第 14 条规定授予的专利权无效。

任何人均可对专利权的有效性提出疑问，利害关系人或公诉人有权向法院提起诉讼以撤销专利权。

第 65 条 第二章有关发明专利的第 10 条至第 16 条、第 19 条至第 22 条、第 27 条至第 29 条、第 31 条至第 34 条、第 37 条至第 44 条和第 53 条之规定，参照适用于第三章规定的外观设计专利。

第三章之二 实用新型专利权

第 65 条之二 符合下列条件的发明可授予实用新型专利权：

（1）具有新颖性；

（2）具有工业实用性。

第 65 条之三 对同一项发明只能申请发明专利或者实用新型专利。

第 65 条之四 实用新型专利申请人和发明专利申请人可在发明登记和授予实用新型专利权之前或在专利申请公布之前，请求将发明专利申请变更成实用新型专利申请或将实用新型专利申请变更成发明专利申请。申请人可要求变更后的专利申请日为原专利申请日。

第 65 条之五 在登记发明专利和授予实用新型专利权之前，主管官员应审查实用新型专利申请是否符合第 65 条之十和第 17 条规定，并审查要求

---

❶ 经专利法（No.3）B.E.2542 修订。

保护的发明是否属于第 65 条之十和第 9 条规定的可予保护的发明，并向局长提交审查报告。

局长认为实用新型专利申请不符合第 65 条之十和第 17 条规定，或要求保护的发明不属于第 65 条之十和第 9 条规定的可予保护的发明的，应拒绝授予实用新型专利权。主管官员应自作出决定之日起十五日内以确认收到的挂号信或局长指定的其他任何方式将决定通知申请人。

局长认为实用新型专利申请符合第 65 条之十和第 17 条规定，且要求保护的发明属于第 65 条之十和第 9 条规定的可予保护的发明的，应命令对发明予以注册并授予实用新型专利权。主管官员应通知申请人依第 65 条之十和第 28 条第（2）项规定的程序和期限缴纳授予专利权的费用和公布费。

实用新型专利证书的样式应符合部长令的规定。

第 65 条之六 在登记发明和授予实用新型专利权公布之日起一年内，任何利害关系人均可请求主管官员审查注册实用新型专利权的发明是否符合第 65 条之二的规定。

收到上述请求之后，主管官员应对专利申请进行实质审查，并向局长提交审查报告。

局长审议审查报告后认为发明符合第 65 条之二规定的，应自作出决定之日起十五日内通知请求人和实用新型专利权人。

局长认为发明不符合第 65 条之二规定的，应命令对该项发明进行审查，并通知实用新型专利权人自接到命令之日起六十日内提交答辩意见。局长可传唤任何人当面接受询问或提交任何相关文件或资料。

局长对该项发明进行审查后，认为发明不符合第 65 条之二规定的条件的，应向委员会提交报告要求撤销实用新型专利权，并自委员会作出决定之日起十五日内通知请求人和实用新型专利权人。

第 65 条之七 实用新型专利权的保护期为本国专利申请日起六年。保护期不包括第 65 条之十和第 16 条、第 74 条或第 77 条之六规定的诉讼期间。

实用新型专利权人可在专利权届满日前九十日内向主管官员请求延长专利权保护期，延长保护期以两次为限，每次有效期为两年。专利权人在上述期限内提交延长保护期请求的，专利权视为已有效注册，主管官员另有命令的除外。

实用新型专利权延长保护期应遵守局长规定的规则和程序。

第 65 条之八　实用新型专利权人有权在其专利产品、产品容器、产品包装或产品广告上使用"泰国实用新型专利"或其缩写或具有相同含义的外文文字。

标明第一款规定的专利标记时应同时标明实用新型专利号。

第 65 条之九　不符合第 65 条之二、第 65 条之十、第 9 条、第 10 条、第 11 条、第 14 条规定授予的实用新型专利权无效。

任何人均可对实用新型专利权的有效性提出质疑，利害关系人或公诉人有权向法院提起诉讼以撤销实用新型专利权。

第 65 条之十　第二章有关发明专利的第 6 条、第 8 条至第 23 条、第 25 条至第 28 条、第 35 条之二、第 36 条、第 36 条之二、第 38 条至第 53 条、第 55 条之规定，参照适用于第三章之二的实用新型专利权。

第四章　专利委员会

第 66 条❶　专利委员会由商业部副部长担任主席，及不超过 12 名的有资格委员。内阁任命专利委员会委员，分别来自自然科学、工程、工业、工业品外观设计、农业、制药业、经济学和法学领域。至少应有六名委员是来自私营部门。

委员会可任命任何人为秘书或助理秘书。

第 67 条　委员会委员任期两年。

委员在任期未届满之前离任，或内阁在现任委员任期未届满时又任命了新委员的，新任委员的任职期限为现任委员的剩余期限。

委员任期届满的，可由内阁重新任命。

第 68 条　在下列情形中，委员会委员视为离任：

---

❶　经专利法（No. 3）B. E. 2542 修订。

（1） 死亡；

（2） 辞职；

（3） 由内阁解职；

（4） 破产；

（5） 成为无行为能力人或限制行为能力人；

（6） 被终审判决判处监禁的，但轻微犯罪和过失犯罪除外。

第 69 条 委员会会议的法定人数为不得少于全体委员人数的 1/2。主席缺席委员会会议的，委员会应从各委员中选出一名委员主持会议。

会议决定以多数票表决方式通过。

每一名委员享有一票投票权。票数相同时，会议主席额外享有决定性一票。

第 70 条❶ 委员会应履行下列职责：

（1） 依本法发布王室法令和部长令时，向部长提供建议和咨询意见；

（2） 对依第 41 条、第 45 条、第 49 条、第 50 条、第 55 条、第 65 条之六、第 65 条之十、第 72 条规定作出的发明专利和实用新型专利相关命令或决定不服提起的申诉作出决定；

（3） 处理本法规定的其他事宜；

（4） 就部长布置的发明专利和实用新型专利相关的其他事宜进行审议。

第 71 条 委员会有权成立小组委员会，替委员会实施审议和提供建议。第 69 条规定参照适用于小组委员会会议。

第 72 条❷ 对依据第 12 条、第 15 条、第 28 条、第 30 条、第 34 条、第 49 条、第 50 条、第 61 条，第 65 条及第 12 条、第 15 条、第 28 条、第 33 条、第 34 条，第 65 条之五、第 65 条之六、第 65 条之十及第 12 条、第 15 条、第 49 条、第 50 条作出的命令或决定不服的，上述条款提及的任何利害关系人可自收到命令或决定之日起六十日内向委员会提出申诉。未在规定期限内申诉的，局长的命令或决定视为终局命令或决定。

依前款规定提出申诉的，必须向主管官员提交申诉状。如果存在两个

---

❶ 经专利法（No.3）B. E. 2542 修订。

❷ 同❶。

申诉方，应将申诉状副本送交另一方。

第 73 条❶ 对局长的命令或决定，或局长依第 55 条或第 65 条之六规定提交的报告，或局长依第 43 条、第 65 条之十及第 43 条之规定建议撤销发明专利权或实用新型专利权的报告不服提出申诉时，委员会可视具体情况，要求异议人、申请人、发明专利权人、实用新型专利权人、提出审查实用新型专利的请求人或被许可人，提交任何相关证据或补充意见。

第 74 条❷ 委员会依第 41 条、第 43 条、第 49 条、第 50 条、第 55 条、第 65 条之六，第 65 条之十及第 41 条、第 43 条、第 49 条、第 50 条、第 55 条，第 72 条之规定作出决定后，应通知申诉人、另一方、发明专利权人、实用新型专利权人或被许可人。任何一方对决定不服的，可自收到通知之日起六十日内向法院提起诉讼。未在规定期限内起诉的，委员会的决定视为最终决定。

在依本法进行审议或作出判决时，法院不得命令委员会或局长为另一方支付任何费用。

第五章　其他规定

第 75 条❸ 任何人不享有本法规定权利的，不得在任何产品、产品容器、产品包装上或在发明或外观设计的广告中使用"泰国专利""泰国实用新型专利"或其缩写或具有相同含义的外文文字。

第 76 条❹ 在发明专利申请或实用新型专利申请的审查过程中，除申请人外，任何人不得在任何产品、产品容器、产品包装上或在发明或外观设计的广告中使用"专利申请中（Patent Pending）""实用新型专利申请中（Petty Patent Pending）"或具有相同含义的任何其他文字。

---

❶　经专利法（No.3）B.E.2542 修订。

❷　同❶。

❸　同❶。

❹　同❶。

第 77 条❶ 在涉及侵犯发明专利权或实用新型专利权的民事案件中，如果相关专利权的主题是一种获得产品的方法，且专利权人能够证明被告的产品与使用专利方法获得的产品相同或相似的，则应推定被告使用了专利方法，被告能够证明没有使用该专利方法的除外。

第 77 条之二❷ 如果有确切证据证明任何人正在实施或即将实施侵犯第 36 条、第 63 条或第 65 条之十规定的发明专利权或实用新型专利权的行为，专利权人可请求法院责令行为人停止该侵权行为或禁止实施该侵权行为。

法院禁令不应剥夺专利权人依第 77 条之三要求损害赔偿的权利。

第 77 条之三❸ 在涉及第 36 条、第 63 条、第 65 条之十规定的发明专利权或实用新型专利权的侵权案件中，法院应考虑损害程度，酌情命令侵权人向权利人支付损害赔偿金，包括利益损失和行使专利权的必要开支。

第 77 条之四❹ 在涉及第 36 条、第 63 条、第 65 条之十规定的发明专利权或实用新型专利权的侵权案件中，侵权人侵占的所有物品应予没收。法院可酌情命令销毁此类物品或采取其他措施，防止此类物品继续流通。

第 77 条之五❺ 任何人违反第 65 条之三规定，对同一项发明同时申请或同时共同申请发明专利和实用新型专利的，应视为只申请实用新型专利。

第 77 条之六❻ 如果两个或两个以上的申请人分别独立完成相同发明，其中一个申请人申请发明专利，另一个申请人申请实用新型专利，则：

（1）首先提出发明专利申请或实用新型专利申请的人获得专利权；

（2）同一天提交发明专利申请和实用新型专利申请的，主管官员应通知各申请人协商，确定专利权授予其中一人还是全体申请人及申请发明专利或申请实用新型专利。各申请人在局长指定的期限内不能达成一致的，申请人可自指定期限内未能达成一致之日起九十日内向法院提起诉讼，否则视为撤回专利申请。

---

❶ 经专利法(No. 3) B. E. 2542 修订。
❷ 同❶。
❸ 同❶。
❹ 同❶。
❺ 同❶。
❻ 同❶。

第 77 条之七[1] 对于任何发明，在发明专利申请根据第 28 条规定进行公布之日起九十日内，或在发明专利登记及实用新型专利授权之日起九十日内，实用新型专利申请人、实用新型专利权人、专利申请人或专利权人以发明相同且在发明专利申请或实用新型专利申请提交日已申请发明专利或已申请实用新型专利为由，认为已登记发明和授予发明专利权或实用新型专利权不符合第 65 条之三规定的，可向主管官员请求审查该发明专利申请或实用新型专利申请是否符合第 65 条之三规定。

主管官员收到第一款规定的请求后，应对此类请求进行审查并向局长提交审查报告。

局长对审查报告审议后，认为该发明和请求人发明相同且在该专利申请或实用新型专利申请提交日与请求人申请专利或实用新型专利的日期相同，导致发明注册和发明专利权或实用新型专利权的授予不符合第 65 条之三规定的，应通知专利申请人或实用新型专利权人与请求人进行协商，确定发明权利完全归属一人或共同所有。在局长指定期限内协商不成的，视为共同所有发明权利。

第 77 条之八[2] 不符合第 65 条之三规定授予的发明专利权或实用新型专利权无效。

任何人均可对依据第一款规定应当无效的发明专利权或实用新型专利权提出质疑。

如果发明专利的登记或实用新型专利的授权不符合第 65 条之三规定，且发明专利申请和实用新型专利申请于同一日提交，专利权人、实用新型专利权人、其他任何利害关系人或公诉人可向局长提出请求，通知发明专利权人和实用新型专利权人进行协商，确定该发明属于专利或实用新型专利。在局长指定期限内协商不成的，发明专利权人和实用新型专利权人视为共同所有人，且该发明视为实用新型专利。

第 78 条[3] 发明专利证书、实用新型专利证书或许可证书遗失或损毁

---

[1] 经专利法 (No. 3) B. E. 2542 修订。

[2] 同[1]。

[3] 同[1]。

的，持有人可按照部长令申请补发。

第79条 依本法提交的所有申请书、异议书、答辩书和申诉书应符合局长规定的格式和副本数量。

第80条❶ 申请专利或实用新型专利、专利申请公布、专利申请审查请求、对授予发明专利权或实用新型专利权提出异议、申请注册许可合同、申请转让专利或实用新型专利、变更专利或实用新型专利、发明专利申请或实用新型专利申请的变更、申请续展实用新型专利保护期、申请登记专利或实用新型专利以便任何人均可申请实施专利或实用新型专利许可、申请许可和许可证、对局长的命令或决定不服提起申诉、复制发明专利证书、实用新型专利证书或许可证书、其他任何请求或申请以及制作或复制任何文件和任何文件的副本，应按照部长令规定缴纳费用。

第六章　违法行为

第81条❷ 任何官员如果违反本法第21条，或第23条第二款，或第65条及第21条，或第65条之十及第21条、第23条第二款之规定，应被处以两年以下的监禁或二十万铢以下的罚金，或二者并罚。

第82条❸ 任何人如果违反本法第22条，或第65条及第22条，或第65条之十及第22条之规定，应被处以六个月以下的监禁或两万铢以下的罚金，或二者并罚。

第83条❹ 任何人如果违反本法第23条第二款，或第65条之十及第23条第二款规定，应被处以一年以下监禁或五万铢以下罚金，或二者并罚。

第84条 任何人如果违反本法第75条或第76条规定，应被处以一年以下的监禁或二十万铢以下的罚金，或二者并罚。

第85条❺ 任何人未经专利权人许可而实施第36条或第63条规定的任

---

❶ 经专利法（No.3）B.E.2542修订。
❷ 同❶。
❸ 同❶。
❹ 同❶。
❺ 同❶。

何行为的,应被处以两年以下监禁或四十万铢以下罚金,或二者并罚。

第86条❶ 任何人未经实用新型专利权人许可实施第65条之十及第36条规定的任何行为的,应被处以一年以下监禁或二十万铢以下罚金,或二者并罚。

第87条❷ 为了获得专利权,任何人就发明或外观设计申请专利或实用新型专利提交或作出虚假陈述的,应被处以六个月以下监禁或五千铢以下罚金,或二者并罚。

第88条 法人违反本法的,法人代表或法人的负责人也应对违法行为承担刑事责任,能够证明不知道该违法行为或该违法行为未经同意的除外。

最高费用列表

(1) 专利申请费	1 000 泰铢
(2) 对同一外观设计在同一时间提交十个或十个以上外观设计专利申请	10 000 泰铢
(3) 专利申请公布费	500 泰铢
(4) 专利申请审查费	500 泰铢
(5) 专利申请异议费	1 000 泰铢
(6) 发明专利证书或实用新型专利证书制作	1 000 泰铢
(7) 发明专利年费:	
第五年	2 000 泰铢
第六年	4 000 泰铢
第七年	6 000 泰铢

---

❶ 经专利法(No.3)B.E.2542修订。

❷ 同❶。

第八年	8 000 泰铢
第九年	10 000 泰铢
第十年	12 000 泰铢
第十一年	14 000 泰铢
第十二年	16 000 泰铢
第十三年	18 000 泰铢
第十四年	20 000 泰铢
第十五年	30 000 泰铢
第十六年	40 000 泰铢
第十七年	50 000 泰铢
第十八年	60 000 泰铢
第十九年	70 000 泰铢
第二十年	80 000 泰铢
或一次性支付全部年费	400 000 泰铢

(8) 外观设计专利年费:

第五年	1 000 泰铢
第六年	2 000 泰铢
第七年	3 000 泰铢
第八年	4 000 泰铢
第九年	5 000 泰铢
第十年	6 000 泰铢
或一次性支付全部年费	20 000 泰铢

(9) 实用新型专利年费：

 第五年   2 000 泰铢

 第六年   4 000 泰铢

 或一次性支付全部年费   6 000 泰铢

(10) 实用新型专利权保护期续展费：

 首次续展   14 000 泰铢

 第二次续展   22 000 泰铢

(11) 许可登记申请费   500 泰铢

(12) 专利或实用新型专利权转让登记申请费   500 泰铢

(13) 专利或实用新型专利的变更申请费   500 泰铢

(14) 许可证书申请费   1 000 泰铢

(15) 专利证书、实用新型专利证书或许可证书补发费   100 泰铢

(16) 对局长命令或决定的申诉费   1 000 泰铢

(17) 副本制作，每页   10 泰铢

(18) 副本认证

 超过十页，每页   100 泰铢

 未超过十页，每页   10 泰铢

(19) 其他任何申请   100 泰铢

专利法第 10 号部长令 B.E.2529

依专利法 B.E.2522 颁布

依专利法 B.E.2522 第 4 条和第 78 条赋予的权力，商业部长颁布第 10 号部长令：

第 1 条 专利证书、许可证书遗失或损毁时，证书持有人可依规定程序申请补发。申请补发时，申请人应填写规定制式的申请表格并提交至商业部商业注册司，或将该表格邮寄至国家知识产权局。

专利证书或许可证书遗失的，申请人应将证书遗失所在地警察局出具的报案回执一并提交。

专利证书或许可证书损毁的，申请人应将已损毁的专利证书或许可证书一并提交。

第 2 条 依据第 1 条的规定提出申请时，申请人为外国居民的，应通过授权委托书的方式委托经合法注册成立的代理人代为提出。该授权委托书应经过泰国驻该国外交代表、领事或泰国商业部驻该国办公室负责人或其他相关负责人的核准。

申请人是泰国居民的，也可委托合法注册成立的代理人代为提出上述申请，在提出申请时，应一并提交授权委托书。

第 3 条 在专利证书、许可证书补发申请的审查过程中，主管官员有权要求申请人或其代理人在规定时限内接受当面询问或提交相关材料。若申请人或其代理人接受当面询问或提交相关材料时超过规定时限，其补发申请视为放弃。必要时，局长可酌情延长上述规定时限。

第 4 条 补发申请审查通过且申请人缴足申请费用后，局长向申请人补发证书。

第 4 条之二 本令第 1 条至第 4 条适用于实用新型专利证书、实用新型许可证书的遗失或损毁的补发。

第 5 条 申请专利证书补发的发明专利、外观设计专利和实用新型专利，其格式应符合专利法 B. E. 2522 颁布的第 1 号部长令 B. E. 2542 的附表 PI/200-B、PD/200-B 和 PP/200-B。

申请许可证书补发的发明专利和实用新型专利，其格式应符合专利法 B. E. 2522 颁布的第 6 号部长令 B. E. 2542 的附表 PI/201-B 和 PP/201-B。

依照上述第一款、第二款取得的补发证书，应在其相关表格的政府印章上方注明"补发"字样。

第 6 条 依本令要求提交的所有外文文件均应附有泰文译本。

签署日期：1986 年 7 月 25 日

（签名）Surat Osathanukroh

（Pol. Capt. Surat Osathanukroh）

商业部长

专利法第 21 号部长令 B. E. 2542

依专利法 B. E. 2522 颁布

依专利法 B. E. 2522 第 4 条、第 17 条、第 20 条、第 33 条、第 59 条和第 65 条及专利法（No. 3）B. E. 2542 第 65 条之四、第 65 条之五和第 65 条之十赋予的权力，商业部长颁布第 21 号部长令：

第 1 条 以下部长令予以废除：

（1）依专利法 B. E. 2522 颁布的第 11 号部长令 B. E. 2535；

（2）依专利法 B. E. 2522 颁布的第 13 号部长令 B. E. 2535。

第一部分　发明专利申请

第 2 条 申请发明专利，申请人应按规定格式向主管官员提交申请，或通过挂号信将申请寄往下列任一地址：

（1）商业部知识产权局；

（2）任何指定的省级商务办事处或政府办事处。

依第一款提出申请的，必须一并提交发明说明书、权利要求书及摘要。申请人还应在必要时一并提交图纸（附图）。

申请的发明专利涉及新型微生物的，说明书是指由知识产权部随时（不定期）公布的任何一个基因库出具的该微生物的保藏证书（证明）和（或）描述该微生物性质和特征的文件。

申请人依第二款规定提交文件，应准备一式三份或符合规定的数量的文件，但不超过五份。申请人需提交除上述文件以外的其他文件的，应提交相同数量的文件，另有规定的除外。

第 3 条 说明书应提及专利申请所记载的发明名称，并符合下列条件：

（1）阐明发明的性质和目的；

（2）具体说明发明涉及的技术领域；

（3）表明对理解、检索和审查发明有帮助的相关背景技术，以及引用可能存在的相关文件；

（4）以完整、清晰和简洁的方式披露发明内容，使相关技术领域的普通人能够制造和使用此类发明；

（5）在有图纸（附图）的情况下，简要描述图纸（附图）内容；

（6）通过提供必要的实例（实施例）、相关背景技术和图纸（附图），阐述发明人为实施发明而设想的最佳模式（优选方式）；

（7）在无法依发明的性质显而易见地得知其在工业、手工业、农业或商业中的应用时，应进行详细描述。

除非采用不同的指令便于理解，否则应遵循前款规定的方式和指令，但在任何情况下都应标注适当的标题。

第 4 条 依本令第 3 条的描述，权利要求应以简明扼要的方式说明寻求保护的发明特征。

如有图纸（附图），则权利要求可通过在描述本发明的技术特征的陈述后的括号中指明附图中所示的附图标记或符号来引用该技术特征。

如果一项权利要求不能充分涵盖发明的全部技术特征，可在一份申请中提出两项或多项同一类别的独立权利要求。

如果申请人旨在提出从属权利要求，则应将其置于独立权利要求之后，并说明该要求的附加特征。申请人只能选择提出独立权利要求或从属权利要求。

独立权利要求是指不涉及其他权利要求书中所含特征的权利要求，而从属权利要求是指在包含其他特征的同时，提及（引用）独立权利要求或其他从属权利要求中所含特征的权利要求。

第 5 条 申请包含下述权利要求的，应视为构成相关的单一发明：

（1）除了对申请保护的产品提出独立权利要求外，还有关于产品制造和使用方法的其他独立权利要求；

（2）除了对申请保护的方法提出独立权利要求外，还有关于实施该方法的手段和（或）装置的权利要求。

第 6 条 摘要应包括对说明书、权利要求书和附图（如有）中所披露内容的概述；摘要应简要说明每项主要技术特征，便于理解该项发明及使用中的技术问题及实施方法。

第 7 条 图纸（附图）应清晰、与说明书一致并符合绘图原则。

图纸（附图）也指平面图和图表。

第 8 条 申请发明专利时，如果该项发明的基本特征或细节已在国际展会或官方展会或由政府机构主办或授权的泰国展会上公开，申请人应说明披露日期和（或）展会的开幕日期。申请人应视具体情况，在提交申请时提交一份由政府、公共服务系统或负责组织或授权该展会的主管当局出具的证明，说明该项发明的基本特征或细节已经公开或该项发明已经展示。

第一款规定的证书还应注明展会的开幕日期和公开或展示日期。

第 9 条 已在国外申请专利或实用新型专利的，专利申请应包含：

（1）专利或实用新型专利申请的提交日期；

（2）申请编号；

（3）可能分配给专利申请的国际专利分类号；

（4）受理专利或实用新型专利申请的国家和受理局的名称；

（5）每项检索或审查申请的日期及提出申请的国家和办事处的名称；

（6）如果收到进行检索或审查的办事处或机构出具的报告或结果，应提供检索或审查结果；

（7）申请表中要求的申请状态。已授予专利或实用新型专利的，还应注明专利编号。

第 10 条 专利申请人就一项发明申请专利时，已于首次在外国提交专利申请之日后的十二个月内在该外国申请了专利或实用新型专利，而申请人希望依专利法第 19 条之二将外国的首次申请日作为本国的申请日的，应在申请时或申请公布前（申请公布不迟于外国首次申请日之后的十六个月）依规定格式再提交一份在外国所提交的专利或实用新型专利申请的副本，该副本应注明（在先申请的）申请日期和申请细节，并由提交申请的专利局核证。

第 11 条 发明人不希望在申请公布或专利中披露姓名的，可视具体情况在申请公布或专利颁发前至少三十日通知局长。

第 12 条 一并提交的所有申请表和文件应包含以下内容：

（1）准确、清晰和完整的信息；

（2）以泰文印制或打印，包括说明书、权利要求书和摘要；

如果申请人已在外国提交专利申请或实用新型专利申请，可要求提交沿用原申请中以外文撰写的发明说明书、权利要求书和摘要。在这种情况下，申请人应在提交申请后九十日内提交与原申请准确对应的泰文版发明说明书、权利要求书和摘要。

申请人未在规定期限内提交泰文版本的，提交泰文版本之日视为申请日。

（3）视具体情况，由申请人、异议人、答辩人或申诉人签署，或依本令第 11 条或第 12 条委托授权的情况下，由注册代理人签署。

第 13 条 申请人、对方当事人、答辩人或申诉人系外国居民的，应委托合法注册成立的代理人代为在本国行事。委托书应提交局长备案。

前款所述委托书应由泰国外交代表、商务参赞、贸易专员、商务专员或该国领事核证，或由委托人居住国法律授权的官员签名核证。

第 14 条 申请人居住在本国，且希望代理人代为行事的，只能委托经合法注册成立的代理人。

第 15 条 本令第 13 条第一款规定的任何外文委托书或证明应附有泰文译本，且应由译员和代理人证明为该委托书和证明为准确译本。

第 16 条 申请人拟对专利申请进行修改，但不超出发明范围的，应在申请公布前提出修改申请，局长另行授权的除外。

第二部分　外观设计专利申请

第 17 条 申请外观设计专利时，应提交外观设计的描绘本和权利要求书。

第 18 条 申请书应采用规定格式，并符合下列条件：

（1）说明外观设计的数量；

（2）依公布的分类，标示使用工业品外观设计的产品及类别。

第 19 条 描绘本可为照片或图纸，并展示寻求保护的全部产品特征。

描绘颜色应使用黑色和白色，描绘外观设计是彩色的，描绘也使用彩色。

第 20 条　申请时可附上不超过一百字的设计说明。

第 21 条　每份申请只能提出一项权利要求书。

第 22 条　专利申请人就一项外观设计申请专利时，已于首次在外国提交专利申请之日后的六个月内在该外国申请了外观设计专利，而申请人希望依专利法第 60 条之二将外国的首次申请日作为本国的申请日的，应在申请时或申请公布前依规定格式再提交一份申请。在这种情况下，申请人还应提交一份在外国提交外观设计专利申请的副本，该副本应注明（在先申请的）申请日期和申请细节，并由提交申请的专利局核证。

第 23 条　本令第一部分第 2 条第一款和第四款、第 4 条第一款、第 7 条、第 9 条、第 11 条、第 12 条、第 13 条、第 14 条、第 15 条有关发明专利申请经必要修正后适用于外观设计申请。

第三部分　实用新型专利申请

第 24 条　本令第一部分有关发明专利申请的第 1 条至第 16 条，参照适用于实用新型专利的申请。

第 25 条　每一个实用新型专利申请的权利要求不超过十项。

第四部分　专利和实用新型专利表格

第 26 条　发明专利应填写本令附表 PI/200-B。

第 27 条　外观设计专利应填写本令附表 PD/200-B。

第 28 条　设计实用新型专利应填写本令附表 PP/200-B。

签署日期：1999 年 9 月 24 日

（签名）Paitoon Kaewtong

（Paitoon Kaewtong 先生）

商业部副部长

代任商业部长

专利法第 22 号部长令 B.E.2542

依专利法 B.E.2522 颁布

依专利法 B.E.2522 第 4 条、第 24 条、第 26 条、第 27 条、第 30 条和第 65 条及专利法（No.3）B.E.2542 第 28 条、第 65 条之四、第 65 条之五、第 65 条之十，以及第 44 条赋予的权力，商业部长颁布第 22 号部长令：

第 1 条 以下部长令予以废除：

（1）依专利法 B.E.2522 颁布的第 3 号部长令 B.E.2523；

（2）依专利法 B.E.2522 颁布的第 16 号部长令 B.E.2535。

第 2 条 为便于提交专利法第 28 条或第 65 条之五规定的审查报告，主管官员应就下列内容对发明专利及实用新型专利申请进行审查：

（1）申请表、说明书、权利请求书、附图（如有）和摘要，视具体情况满足专利法第 17 条或第 65 条之十下颁布的部长令规定；

（2）依专利法第 9 条或第 65 条之十及第 9 条规定，视具体情况，申请人有权被授予发明专利或者实用新型专利；

（3）申请人有权依专利法第 10 条、第 11 条、第 14 条或第 15 条第一款或第二款规定申请专利，或第 65 条之十和第 10 条、第 11 条、第 14 条或第 15 条第一款或第二款规定申请实用新型专利；

（4）申请人有权依专利法第 16 条，或第 65 条之十及第 16 条被授予发明专利权或实用新型专利权；

（5）申请的发明专利或者实用新型专利在申请日之前，未在该国依专利法第 65 条之三提出过专利申请；

（6）申请实用新型专利的发明及与其相关联的申请，应当具有单一的发明构思。

第 3 条 为便于提交专利法第 65 条和第 28 条规定的审查报告，主管官员应就下列内容对外观设计专利申请进行审查：

（1）符合专利法第 59 条下部长令的申请表、权利请求书、外观设计简要说明、说明书及其他可能的文件；

（2）依专利法第 58 条规定，外观设计可被授予专利权；

（3）申请人是否有权依专利法第 65 条、第 10 条、第 11 条、第 14 条或第 15 条第一款或第二款申请专利，视具体情况而定；

（4）申请人有权依专利法第 65 条及第 16 条规定被授予专利权。

第 4 条 依本令第 2 条规定，主管官员在对专利申请或实用新型专利申请进行审查时，视具体情况，发现申请不符合法律规定或申请人不止一人的，应采取以下措施：

（1）如果同一发明已有在先申请或既申请发明专利又申请实用新型专利，则申请人应被告知其根据专利法第 77 条之五的规定申请实用新型专利；

（2）如果同一项发明由两人或两个以上申请人分别独立完成，且一名申请人申请发明专利，而另一申请人申请实用新型专利，则应视具体情况，通知所有申请人，最先提出申请的申请人有权获得相应的专利权；

（3）如果同一项发明由两人或两个以上申请人分别独立完成，申请人在同一天各自分别申请了专利和实用新型专利，则应通知所有申请人在收到通知后九十日内达成协议。

第一款所述通知应采用书面形式，并通过确认邮件或局长规定的其他程序发送。

第 5 条 凡专利或实用新型专利申请不符合本令第 2 条第（1）项或第 3 条第（1）项规定，或依专利法第 9 条，或第 65 条之十及第 9 条，该项发明中的部分内容不能授予专利的，主管官员应向局长提交审查报告，要求申请人在规定期限内修改申请。

第 6 条 凡依专利法第 9 条或第 65 条之十及第 9 条，申请专利或实用新型专利的发明不可授予专利权，或者依专利法第 58 条，申请专利的外观设计不可授予专利权，或发明专利、实用新型专利的申请不符合本令第 2 条第（3）项或第 3 条第（3）项规定的，主管官员应向局长提交一份审查报告，驳回专利或实用新型专利的申请。

依第一款驳回申请前，局长可要求申请人回答任何问题或修改申请的专利或实用新型专利。

第 7 条　申请人依本令第 5 条，或第 6 条第二款，或依专利法第 20 条，或第 65 条和第 20 条，或第 65 条之十及第 20 条下颁布的部长令提出修改专利或实用新型专利申请的，主管官员应视具体情况，对此类修改是否符合相关要求或部长令进行审查。

第 8 条　实用新型专利申请不符合专利法第 65 条之十和第 18 条规定的，主管官员应要求申请人分案申请，使其只涉及一项发明，并将不属于同一发明构思的发明内容拆分为多项申请单独提交。

依第一款拆分的各项申请应符合实用新型专利正常申请要求，且不得扩大原申请中已公开的发明范围。在这种情况下，申请人无须再提交其符合实用新型专利申请权的书面证据。

第 9 条　依主管官员提交的审查报告，局长认为专利或实用新型专利申请不符合法律规定，应视具体情况，依专利法第 28 条第（1）项、第 65 条和第 28 条第（1）项或第 65 条之五第（1）项规定决定驳回申请，主管官员应通知申请人，并在商业部知识产权局的公开区域对决定进行公布，公布时间不少于 30 天。公布第一款所述决定时，应至少体现以下内容：

（1）申请号和申请日期；

（2）申请人和代理人姓名（如有）；

（3）发明人或创造人的姓名及发明或外观设计的名称；

（4）驳回理由。

第一款所述通知应采用书面形式，并通过确认邮件或局长规定的其他程序发送。

第 10 条　依主管官员提交的审查报告和专利法第 28 条第（2）项，或第 65 条及第 28 条第（2）项，或第 65 条之五第（2）项规定，局长公布专利申请或发明登记和授予实用新型专利的，申请人在规定期限内缴纳费用后，主管官员应视具体情况在《专利申请公报》或《发明登记和实用新型专利授权公报》上公布专利申请或发明登记和实用新型专利授权。

依第一款公布的信息应至少包括下列内容：

（1）申请号和申请日期；

（2）申请人和代理人姓名（如有）；

（3）发明人或创造人的姓名及发明或外观设计的名称；

（4）公布日期；

（5）局长认为应公布的其他信息。

第 11 条 依专利法第 28 条第（2）项，或第 65 条及第 28 条第（2）项规定已公布专利申请，且申请人依专利法第 29 条规定提交了审查请求，或任何人认为申请包含的发明或外观设计不符合专利法第 5 条或第 56 条规定，或依专利法第 65 条之六对实用新型专利申请涉及的发明提出了审查请求的，主管官员应按下列要求进行审查：

（1）申请的发明或设计的主题是否在任何文件或印刷品中公开或描述过；

（2）申请的发明是否已在本国和外国申请专利或实用新型专利，并在向本国提交申请之前已公开。

局长可酌情要求主管官员审查发明的权利要求书是否符合专利法第 5 条、第 56 条或第 65 条之二规定的条件，而不是第（1）项和第（2）项规定的条件。

第 12 条 依本令第 10 条规定，专利申请公布后，主管官员应审查申请是否存在违反专利法第 18 条或第 60 条规定保护多项发明或外观设计的情况。在这种情况下，比照本令第 8 条的规定适用。

第 13 条 如果申请人已在外国申请发明专利，申请人在收到审查报告或任何包含审查结果的文件后，应在收到报告或文件之日起九十日内提交该报告或文件及其泰文译本。

如果申请人已在两个或两个以上国家提出专利申请，应提交首次申请国或局长指定的国家出具的审查报告或文件。

审查报告或文件应注明出具报告或文件的主管局或机构、申请人姓名、申请日、国际专利申请分类号、审查申请的技术领域，以及体现现有技术且属于需审议的相关文件，并明确说明所请求的发明是否符合申请国的法律规定，简要说明是否违背申请国法律，请求事项是否应获得申请国的法律保护。是否应依该国法律对权利要求给予保护,并说明作出决定的理由。

第一款和第二款所述文件应提交或通过挂号信寄往下列任一地址:

(1) 商业部知识产权局;

(2) 任何指定的省级商务办事处或政府办事处。

凡审查报告或文件不符合本条第三款规定,且申请人提出要求的,局长有权批准提交此类报告或文件。

第 14 条 申请人请求将发明专利申请变更为实用新型专利申请,或将实用新型专利申请变更为发明专利申请的,应依规定格式向主管官员提交此类变更申请,或通过挂号信将申请寄往下列任一地址:

(1) 商业部知识产权局;

(2) 任何指定的省级商务办事处或政府办事处。

根据第一款提出的变更申请应包括依专利法第 17 条,或第 65 条之十及第 17 条下颁布的部长令规定的申请文件。依第一款提出变更的申请人无权要求退还已支付的超额费用。

第 15 条 在本令生效之前提交的发明专利申请,局长尚未依专利法第 33 条或第 34 条规定下达命令的,应依本令处理该申请。

第 16 条 在专利法(No.3)(B.E.2542)生效前提交的发明专利申请,如拟变更为其他类型申请,应遵守本令第 10 条的规定。

签署日期:1999 年 9 月 24 日

专利法第 23 号部长令 B. E. 2542

依专利法 B. E. 2522 颁布

依专利法 B. E. 2522 第 4 条和专利法（No.3）B. E. 2542 第 42 条，商业部长颁布第 23 号部长令：

第 1 条 依专利法 B. E. 2522 颁布的第 12 号部长令 B. E. 2522 予以废除。

第 2 条 费用如下：

（1）专利申请费	1 000 泰铢
（2）外观设计专利申请费	500 泰铢
（3）实用新型专利申请费	500 泰铢
（4）同一外观设计专利申请中包含十项或十项以上相似外观设计	4 500 泰铢
（5）专利申请公布费	500 泰铢
（6）专利申请审查费	500 泰铢
（7）专利申请异议费	500 泰铢
（8）专利证书或者实用新型专利证书制作	1 000 泰铢
（9）发明专利年费：	
第五年	2 000 泰铢
第六年	2 400 泰铢
第七年	3 200 泰铢
第八年	4 400 泰铢

第九年	6 000 泰铢
第十年	8 000 泰铢
第十一年	14 000 泰铢
第十二年	13 200 泰铢
第十三年	16 400 泰铢
第十四年	20 000 泰铢
第十五年	24 000 泰铢
第十六年	28 400 泰铢
第十七年	33 200 泰铢
第十八年	38 400 泰铢
第十九年	44 000 泰铢
第二十年	50 000 泰铢
或一次性支付全部年费	280 000 泰铢

（10）外观设计专利年费：

第五年	1 000 泰铢
第六年	1 300 泰铢
第七年	1 900 泰铢
第八年	2 800 泰铢
第九年	4 000 泰铢
第十年	5 500 泰铢
或一次性支付全部年费	15 000 泰铢

（11）实用新型专利年费：

第五年	1 500 泰铢
第六年	3 000 泰铢

专利法第 23 号部长令 B.E.2542

或一次性支付全部年费	4 000 泰铢
（12）实用新型专利权保护期续展费：	
首次续展	12 000 泰铢
第二次续展	18 000 泰铢
（13）许可登记申请费	500 泰铢
（14）专利或实用新型专利权转让登记申请费	500 泰铢
（15）专利或实用新型专利的变更申请费	200 泰铢
（16）许可证书申请费	1 000 泰铢
（17）专利证书、实用新型专利证书或许可证书补发费	100 泰铢
（18）对命令或决定的申诉费	1 000 泰铢
（19）副本认证费：	
超过十页，每份文件	100 泰铢
未超过十页，每页	10 泰铢
（20）其他申请费	100 泰铢

本条所谓"同一外观设计专利申请中包含十项或十项以上相似外观设计"是指主要特征相同、次要特征不同的一组相似的外观设计。

主要特征是指具有显著性的设计特征。

次要特征是指无显著性的设计特征。

第 3 条 本令规定的年费适用专利法（No.3）B.E.2542 生效前授予的专利，此类专利期限届满的除外。

签署日期：1999 年 9 月 24 日

（签名） Paitoon Kaewtong

（Paitoon Kaewtong 先生）

商业部副部长

代任商业部长

专利法第 24 号部长令 B.E.2542

依专利法 B.E.2522 颁布

依专利法（B.E.2522）第 4 条、第 12 条、第 13 条和第 65 条及专利法（No.3）B.E.2542 第 65 条之十赋予的权力，商业部长颁布第 24 号部长令：

第 1 条 以下部长令予以废除：

（1）依专利法 B.E.2522 颁布的第 5 号部长令 B.E.2524；

（2）依专利法 B.E.2522 颁布的第 17 号部长令 B.E.2535。

第 2 条 本令中："员工"指私人企业员工、政府官员、政府机构或企业员工；"雇主"指私人企业雇主、政府部门、政府机构或企业。

第 3 条 发明专利、外观设计专利或实用新型专利获得授权后，员工有权请求支付报酬。员工请求支付报酬的，应在知晓该发明或实用新型专利授权后一年内提出。若有正当理由证明员工对该发明或实用新型专利已获得授权的事实不知情，则可在该发明或实用新型专利期限届满前的任何时间提出请求。员工在提出上述请求时，应向下列任一部门提交规定制式的申请表格（一式三份），说明理由并尽可能提供相应证据，同时还应指明其认为应得的报酬金额：

（1）商业部知识产权局；

（2）经指定的省级商务办事处或政府办事处。

第 4 条 如果发明创造由两名或两名以上的员工共同完成，则可共同请求支付报酬，也可分别请求。

第 5 条 主管官员收到上述请求后应在三十日内进行公示，公示期不少于三十日，同时应书面通知雇主和该发明创造的其他共同完成人，并发送请求书副本。

第 6 条 雇主认为员工无权获得报酬、报酬金额不当或者有其他异议的，应在收到上述第 5 条规定的通知后的九十日内以书面形式通知主管官员，并尽可能提交证据。主管官员应在收到雇主通知后三十日内书面通知员工，并将雇主通知文本和所提交的证据副本一并转送。若员工不同意雇主意见，应在收到通知后九十日内提交书面说明并尽可能提供证据。主管官员应将员工在规定期限内提交的书面说明记录在请求书中，并提交局长审议。

第 7 条 若本令第 5 条或第 6 条中所述各项行为因必要原因超出法定期限，局长可延长上述期限，每次延长期限不得超过三十日，延长次数不得超过两次，并应说明延长期限的理由。

第 8 条 依专利法第 12 条第四款确定报酬金额时，局长还应综合考虑下列因素：

（1）员工工作性质；

（2）员工为完成发明创造所需要付出的精力和专业技能；

（3）其他共同完成人为完成发明创造所付出的精力和专业技能，其他非共同完成人所提供的建议和帮助；

（4）雇主通过提供经济支持、指导意见、工业设施、实验或研发的前期准备及相应管理工作，为完成发明创造所提供的帮助；

（5）员工因许可他人实施或者向他人转让该发明创造而获得的实际收益或预期收益；

（6）共同完成人数量。

第 9 条 为确定报酬金额，局长可要求员工或雇主接受当面询问，或提交相关文件或证据。

第 10 条 于本令生效日前提交的报酬请求依本令规定执行。

签署日期：1999 年 9 月 24 日

专利法第 25 号部长令 B. E. 2542

依专利法 B. E. 2522 颁布

依专利法 B. E. 2522 第 4 条、第 39 条第（1）项、第 41 条第一款、第 42 条和第 65 条及专利法（No. 2）B. E. 2535 39 条第（1）项第二款及专利法（No. 3）B. E. 2542 第 65 条之十授予的权力，商业部长颁布第 25 号部长令：

第 1 条 依专利法 B. E. 2522 颁布的第 15 号部长令 B. E. 2535 予以废除。

第 2 条 本令中：

"发明专利许可"是指专利权人依专利法第 38 条，或第 65 条及第 38 条规定，在一定条件和一定期限内许可他人行使该法第 36 条及第 37 条，或第 65 条及第 37 条下的权利的协议，无论是否有专利许可费或包含与其他事项有关的规定。

"实用新型专利许可"是指实用新型专利权人依专利法第 65 条之十和第 38 条在一定期限内授权被许可人行使该法第 65 条之十、第 36 条和第 37 条项下权利的协议，无论是否有专利许可费或包含与其他事项有关的规定。

"被许可人"是指被授权行使发明专利许可或实用新型专利许可项下权利的人。

"竞争法"是指有关商品和服务定价法、竞争或反垄断法或防止不公平竞争的法律。

第 3 条 专利许可或实用新型专利许可中的条件、限制或报酬是否构成不正当的反竞争行为，应依此类许可的具体情况进行考量，审查当事人的目的或意图是否有意造成不公平竞争及此类条件、限制或报酬导致或可能导致的后果，并考虑司法判决、专利委员会的决定及依竞争法所任命委员

专利法第 25 号部长令 B.E.2542

会的决定。

局长认为专利许可或实用新型专利许可包含以下任何条件、限制或报酬的，应依专利法第 39 条第（1）项，或第 65 条及第 39 条第（1）项，或第 65 条之十和第 39 条第（1）项规定，在一定条件下并适用第一款规定的标准，审议此类条件、限制或报酬是否构成不正当的反竞争行为：

要求被许可人从专利权人、实用新型专利权人，或专利权人或实用新型专利权人指定或许可的经销商处获得生产中使用的全部或部分材料，无论此类材料是否有偿获得，能证明该项要求是有效实施专利所必需的，且价格不高于其他同等质量材料来源的除外；在一定条件下，禁止被许可人从专利权人或实用新型专利权人指定的销售商处获得生产中使用的全部或部分材料，能证明除此禁令外，该专利或实用新型专利无法实施，或无其他材料来源的除外；对被许可人在使用获许可发明或外观设计的生产中雇用人员设立条件或限制，能证明此类要求是有效实施专利或实用新型专利所必需的除外；要求被许可人将其一半以上的产品销售或分销给专利权人，或者专利权人或实用新型专利权人指定的人；要求专利权人指定专利权人、实用新型专利权人自身，或专利权人或实用新型专利权人指定的人作为其全部或部分产品的销售商或经销商。

限制被许可人产品的生产、销售或分销数量；禁止出口被许可产品在另一国家销售或分销，或要求被许可人在出口被许可产品到另一国家销售或分销前，须获得发明专利权人或实用新型专利权人的授权，除非相关的专利权人也为该国的专利权人，且在与被许可人签订许可协议之前，已通过独占许可授权另一人在该国销售或分销该专利产品；对被许可人有关发明或工业品外观设计的学习、研究、实验、分析或开发设立条件或限制；对被许可人在获许可发明或工业品外观设计之外使用其他发明或工业品外观设计设立条件或限制；要求专利权人或实用新型专利权人确定产品销售价格或营销；排除或限制专利权人或实用新型专利权人对获许可发明或产品外观设计中存在的、签订许可协议之时不易检查到的缺陷的责任；与专利权人同其他被许可人签订的许可协议中规定的费率相比，确定过高或不公平的许可报酬；违反竞争法的其他条件。

第 4 条 尽管有本令第 3 条规定的标准,下列条件、限制或报酬仍应视为不正当的反竞争行为:

要求被许可人有偿使用专利权人或实用新型专利权人的其他发明或外观设计,能证明该要求是有效实施专利或实用新型专利所必需的,或无法从国内任何其他来源获得该发明或外观设计,且报酬与该发明或外观设计带来的利益相称的除外;

禁止被许可人对专利法第 54 条或第 64 条下的专利无效决定,或专利法第 65 条之九或第 77 条之八下的实用新型专利无效决定提出疑问或抗辩;

要求被许可人向许可人披露获许可发明或外观设计的任何改进之处,或允许专利权人免费独占使用改进后的发明或外观设计;

要求被许可人在专利或实用新型专利期限届满后,为使用被许可发明或外观设计支付报酬;

要求被许可人受到法院、专利委员会或依竞争法任命的委员会认为不合理的反竞争条件、限制或报酬的约束。

第 5 条 申请专利许可或实用新型专利许可登记时,相应的专利权人应按照规定格式向主管官员提交申请并附有许可,或通过挂号信寄往下列任一地址:

(1) 商业部知识产权局;

(2) 任何指定的省级商务办事处或政府办事处。

专利权人或实用新型专利权人不在本国居住的,应在提交上述申请时按下列规定之一,一并提交委托书,委托合法注册成立的代理人代为行事:

如果委托在外国进行,委托书应由泰国驻该国大使馆或领事馆的主管官员或泰国商业部下属办事处的负责人或被指定代表该官员行事的任何官员予以核证,或由该国法律授权核证签名的人员予以核证;

如果委托在泰国进行,应提供护照或临时居留证或其他证据的副本,向局长证明申请人进行委托时实际身处泰国。

专利权人或实用新型专利权人在泰国居住,希望委托他人代为提交申请的,应在提交申请时按下列规定,一并提交委托书,委托合法注册成立的代理人代为行事。

第6条 申请专利或实用新型专利转让登记时,受让人应按照规定格式向主管官员提交申请并附有转让协议,或通过挂号信寄往下列任一地址:

(1) 商业部知识产权局;

(2) 任何指定的省级商务办事处或政府办事处。

专利或实用新型专利以继承方式转让的,在申请登记时,相关专利权人的继承人应按照规定格式向主管官员提交申请并附有通知要求的继承证据,或通过挂号信寄往下列任一地址:

(1) 商业部知识产权局;

(2) 任何指定的省级商务办事处或政府办事处。

申请人依第一款或第二款提交申请时,拟委托另一人代为行事的,则本令第5条第二款或第三款规定经必要修正后适用。

第7条 依本令第5条或第6条审议登记申请时,主管官员发现申请不符合规定或证据不完整的,应通知申请人修改申请或提交补充文件或物品,也可传召申请人或代理人补充意见。

申请人收到上述通知后九十日内未按通知执行的,视为放弃登记申请。局长可酌情延长期限。

经审查后,主管官员认为申请完全符合本令第5条或第6条规定的,应向局长提交报告。

第8条 局长认为专利许可或实用新型专利许可的登记申请和补充证据符合本令第5条规定且充分完整,许可协议不违反专利法第39条,或第65条及第39条、第65条之十及第39条或其他法律规定的,应指示予以登记。局长认为登记申请或证据不符合规定或不完整的,应命令不予登记。

局长认为专利许可或实用新型专利许可的任何规定违反专利法第39条、第65条和第39条、第65条之十和第39条或其他法律规定的,应依专利法第1条第二款、第65条和第41条第二款或第65条之十和第41条第二款的规定,视具体情况,将相关事项提交专利局审议。

局长认为专利或实用新型专利的转让或继承的登记申请及补充证据符合本令第6条规定且充分完整的,应指示予以登记。局长认为登记申请或支持证据不完整的,应命令不予登记。

主管官员应及时将登记与否的命令通知申请人。

第 9 条 如果依本令所提交的文件是外文版本，应附上经译员证明准确无误的泰文译本。

签署日期：1999 年 9 月 24 日

（签名） Paitoon Kaewtong

（Paitoon Kaewtong 先生）

商业部副部长

代任商业部长

专利法第 26 号部长令 B.E.2542

依专利法 B.E.2522 颁布

依专利法 B.E.2522 第 4 条和第 45 条、专利法（No.3）B.E.2535 第 46 条第三款及专利法（No.3）B.E.2542 第 47 条、第 47 条之二、第 50 条、第 50 条之二和第 65 条之十赋予的权力，商业部长颁布第 26 号部长令：

第 1 条 依专利法 B.E.2522 颁布的第 11 号部长令 B.E.2535 应予以废除。

第 2 条 任何专利权人未向其他人授予独占许可，并同意其他人有权获得专利许可的，可请求在专利登记簿中登记。该请求应附有一份声明，并提交或通过挂号信寄给主管官员。该声明应采用规定格式，且明确表示不撤回此类同意。收件地址为下列任一地址：

（1）商业部知识产权局；

（2）任何指定的省级商务办事处或政府办事处。

第 3 条 依本令第 2 条规定，专利权人或实用新型专利权人已提出请求或在登记簿上登记的，不得向任何其他人授予任何独占许可。

第 4 条 主管官员收到请求后，应对相关证明文件和证据进行审查。专利权人或实用新型专利权人未设置任何许可条件或已授予独占许可的，主管官员应向局长提出报告。

如果专利或实用新型专利有共同所有人，且全部共同所有人均已表示同意对他人许可，则主管官员应于报告之前将此类同意的意思表示记录在请求文件中。

第 5 条 当局长批准在登记簿中登记任何其他人可以获得许可时，主管官员应在专利登记簿进行登记，并将此决定告知专利权人，并在商业部知识产权局的公开区域内对登记进行公布，公布时间不少于三十日。

第 6 条 任何人如希望获得以下任何专利或实用新型专利的许可，任何人如希望获得与该条目有关的任何专利或实用新型专利的许可，应按照规定格式向主管官员提出申请，或以挂号信寄给主管官员，收件地址为下列任一地址：

（1）商业部知识产权局；

（2）任何指定的省级商务办事处或政府办事处。

依第一款规定提出的许可申请应列出建议的条件、权利限制及报酬金额。

第 7 条 主管官员应在收到许可申请后三十日内，以书面形式将该申请告知专利权人，并发送申请副本，指示专利权人书面答复是否同意申请人提出的条件、限制和报酬数额，并在收到通知后九十日内对提出的条件、限制和报酬金额作出书面答复。

第 8 条 如果专利权人同意申请人提出的条件、限制和报酬金额，局长应依这些条件、限制和许可使用费颁发许可证。主管官员应将颁发许可证的决定告知申请人和专利权人。

第 9 条 专利权人对申请人提出的条件、限制和报酬金额有异议的，或专利权人可能已收到主管官员通知，但未在本令第 7 条规定的期限内作出答复，导致专利权人与申请人未达成协议的，局长应指示专利权人与申请人在规定期限内达成协议。如果双方未能在规定期限内达成协议，则局长应考虑下列事项后，向申请人颁发许可证并酌情确定条件、限制和报酬金额：

（1）发明的重要性；

（2）申请人的业务状况和性质；

（3）其他许可的条件、限制和报酬金额；

（4）被许可人从发明中获得的利益；

（5）专利权人从发明中获得或预计将获得的利益；

（6）专利委员会在其决定中确定条件、限制和报酬。

第 10 条 凡在专利登记簿上登记的许可人，专利年费应于登记之后减少一半。

第 11 条 任何希望依专利法第 46 条或第 65 条之十项获得专利许可的人，应向主管官员提交一份符合规定格式的申请，或用挂号信寄给主管官员，收件地址为下列任一地址：

（1）商业部知识产权局；

（2）任何指定的省级商务办事处或政府办事处。

依本条第一款规定申请许可时，申请人应按下列要求行事：

（1）提交证据证明，自该专利或实用新型专利被授予专利之日起三年内，专利产品无正当理由未投产或未在国内应用专利工艺，或无正当理由未在国内市场销售依专利或实用新型专利生产的产品，或虽有销售但价格过高或不能满足公众需求；

（2）提交证据，证明申请人已尽力从专利权人或实用新型专利权人（视具体情况）获得许可，并提出了合理的条件和报酬，但仍无法在合理期限内达成协议；

（3）列出发明专利或实用新型专利（视情况而定）的拟议利用范围和期限，并提供证据证明在此情况下是适当的；

（4）依专利法第 48 条第二款，或第 65 条之十及第 48 条第二款，视具体情况列明专利或实用新型专利的拟议报酬、实施条件，以及对专利权人及其独占被许可人权利的限制，并提供关于申请许可的发明或他人类似发明的使用报酬的相关信息；

（5）提供相关事实，表明拟议许可应主要针对国内市场的供应；

（6）提交证据，说明制造、销售或进口专利或实用新型专利产品的拟议计划。

第 12 条 任何发明或实用新型专利权人，如希望依专利法第 47 条获得他人专利的许可，或第 65 条之十和第 47 条获得他人实用新型专利的许可，则应依规定格式向主管官员提交申请，或通过挂号信将其寄给主管官员，收件地址为下列任一地址：

（1）商业部知识产权局；

（2）任何指定的省级商务办事处或政府办事处。

依本条第一款申请许可时，申请人应按下列要求行事：

（1）提供证据证明：

（a）申请人的发明涉及重要的技术进步，与申请许可的发明相比具有显著的经济意义；

（b）专利权人有权以合理条件获得的交叉许可；

（c）申请人不得将其已许可的权利转让给他人，但转让其专利或实用新型专利除外；

（2）依专利法第 48 条第二款或第 65 条之十和第 48 条第二款规定，视具体情况提出专利或实用新型专利的报酬、实施条件及对专利权人或实用新型专利权人及其独占被许可人权利的限制；

（3）同意将其专利或实用新型专利交叉许可；

（4）提供证据，表明其已尽力从专利权人处获得许可，并已提出合理的报酬和适当的条件，但未能在合理期限内达成协议。

第 13 条 任何专利权人，如希望获得专利法第 47 条之二规定的他人专利下的许可，或获得第 65 条之十和第 47 条之二规定的他人实用新型专利下的许可，则应视具体情况按照局长规定的形式向主管官员提交申请，或通过挂号信将申请寄给主管官员，收件地址为下列任一地址：

（1）商业部知识产权局；

（2）局长指定的任何省级商务办事处或政府办事处。

依本条第一款申请许可时，申请人应按下列要求行事：

（1）提供证据证明：

（a）申请人的发明涉及重大的技术进步，与申请许可的发明相比具有显著的经济意义；

（b）申请人不得将其在许可中的权利转让给他人，但转让其专利权除外；

（2）依专利法第 48 条第二款或第 65 条之十和第 48 条第二款的规定，视具体情况提出专利或实用新型专利的报酬、实施条件及对专利权人及其独占被许可人权利的限制；

（3）提供证据表明其已尽力从专利权人处获得许可，并已提出合理的报酬和适当的条件，但未能在合理期限内达成协议。

第 14 条 如果局长已命令授予许可证，且申请人已支付费用，则主管官员应向申请人签发许可证，并将详细的许可信息记录于专利或实用新型专利登记簿中。如果有任何一方就局长的决定向专利委员会提出申诉，则在专利委员会作出决定并向申请人授予许可证及申请人支付费用后，主管官员应向申请人签发许可证，并将详细的许可信息记录于专利登记簿中。如果任何一方就委员会的决定向法院提出申诉，在法院作出批准申请人获得许可证的判决及申请人支付有关费用后，主管官员应向申请人签发许可证，并将详细的许可信息记录于专利登记簿中。

第 15 条 许可证书应采用部长令所附的 PI/201-B 和 PP/201-B 格式。

第 16 条 专利权人，及专利法第 48 条第二款或第 65 条之十和第 48 条第二款项下的排他许可人，可视具体情况，依专利法第 46 条或第 65 条之十和第 46 条规定的理由，依规定格式，向主管官员提交终止许可请求，或通过挂号信将该请求寄给主管官员，收件地址为下列任一地址：

（1）商业部知识产权局；

（2）任何指定的省级商务办事处或政府办事处。

依本条第一款提出请求时，申请人应证明下列事项：

（1）授予许可的情形已不存在，且不可能再次发生；

（2）终止许可不影响被许可人在许可下的权利和利益。

第 17 条 依专利法第 38 条，或第 65 条之十及第 38 条的规定，主管官员应在局长命令终止许可证后，立即通知专利权人和被许可人。

第 18 条 如果任何一方不提起申诉，或提起申诉后，委员会已作出最终决定终止许可证或法院已作出终局判决终止许可证，则主管官员应将该终止情况记录于专利或实用新型专利登记簿中。

第 19 条 依专利法（No.3）B.E.2542 生效前批准或颁布的第 45 条、第 46 条、第 46 条之二、第 47 条或第 50 条，使任何人可获得许可证的同意备案请求及申请和获授许可证应遵守依 1999 年 9 月 24 日《专利法》B.E.2522 下颁布的第 14 号部长令 B.E.2535 中规定的程序、规则和条件。

签署日期：1999 年 9 月 24 日

专利法第 27 号部长令 B. E. 2542

依专利法 B. E. 2522 颁布

依专利法 B. E. 2522 第 4 条、第 53 条第一款和第 65 条及专利法（No. 3）B. E. 2542 第 65 条之十赋予的权力，商业部长颁布第 27 号部长令：

第 1 条 以下部长令予以废除：

（1）依专利法 B. E. 2522 颁布的第 8 号部长令 B. E. 2529；

（2）依专利法 B. E. 2522 颁布的第 18 号部长令 B. E. 2535。

第 2 条 专利权人或实用新型专利权人申请放弃专利权或一项或多项权利要求的，应依规定格式，向商业部知识产权局的主管官员提交申请，或通过挂号信将申请寄往下列任一地址的主管官员：

（1）商业部知识产权局；

（2）任何指定的省级商务办事处或政府办事处。

根据第一款提交申请时专利权人或专利所有人为外国居民的，在提交上述申请时，应委托合法注册成立的代理人，依下列规定之一提交委托书代其行事：

（1）任命程序是在外国完成的，委托书应由泰国大使馆或领事馆官员或泰国商业部驻指定代理人居住国的办事处负责人或指定代表该官员的任何其他官员进行认证，或由该国法律授权核证签名的人士核证；

（2）任命程序是在泰国完成的，应提交护照或临时居留证或其他证据的复印件，向局长证明代理人在任命时位于泰国境内。

第 3 条 如果专利或实用新型专利是共有专利，则专利申请人在提出本令第 2 条下的申请时，应提供证据证明所有共有人均同意该申请。如果专利已依专利法第 38 条、第 45 条、第 46 条、第 47 条或第 47 条之二下获得许可，或外观设计专利已依专利法第 65 条和第 38 条获得许可或实用新型专利已依专利法第 65 条之十和第 38 条、第 45 条、第 46 条、第 47 条或第 47 条之二获得许可,则应将表明有关各方同意的证据与申请一并提交。

第 4 条 在下列情形中,任何人不得提出放弃专利或权利要求:

(1)正在审理的案件,指控拟放弃的或提出某项请求的发明专利权或实用新型专利权侵犯了他人相应的专利权;

(2)正在审理的案件,请求依据专利法第 54 条、第 64 条或第 65 条之九规定撤销所述的专利或实用新型专利。

第 5 条 主管官员在对放弃专利、实用新型专利或权利要求的申请进行审查时,有权指示专利权人、实用新型专利权人、专利或实用新型专利的共同所有人或其代表或任何其他有利害关系的人在规定期限内当面接受询问或移交任何相关文件或物品。

第 6 条 主管官员在审查了依本令第 2 条提出的申请后,如存在本令第 5 条下的证据或受指示可能出席人员的陈述意见,也应当进行审查,并应向局长提交审查意见。

第 7 条 主管官员应在局长决定批准本令第 2 条下提出的申请后,将前述的放弃事项记录于专利或实用新型专利登记簿中,并将决定告知专利权人或实用新型专利权人,同时在商业部知识产权局的公开区域内公布与专利、实用新型专利或权利要求相关的放弃事项,公布时间不少于三十日。局长驳回本令第 2 条下提出的申请的,主管官员应立即通知专利权人。

第 8 条 依本令要求提交的任何外文文件应附有经译员证明属实的泰文译本。

第 9 条 本令生效前提出的有关放弃专利权或权利要求的申请依照本令执行。

签署日期:1999 年 9 月 24 日

关于落实《专利合作条约》的部长令
B. E. 2552

本令依据专利法 B. E. 2522 第 4 条、第 24 条及专利法（No. 3） B. E. 2542 第 17 条、第 65 条制定。

本令中包含的有关限制公民人身权利和自由的内容均符合泰国宪法第 29 条、第 35 条、第 48 条和第 50 条之规定。

本令制定如下：

第 1 条 本令于 2009 年 12 月 24 日起生效。

第 2 条 本令的"条约"是指 1970 年 6 月 19 日在华盛顿签订的《专利合作条约》；

"国际申请"指根据《专利合作条约》提出的专利申请；

"申请人"指国际申请人；

"首次申请提交日期"是指国际申请日，或申请人在国际申请之前首次提出专利申请的日期；

"国际局"指世界知识产权组织的国际局；

"国内审查机构"指由《专利合作条约》指定的某成员国的专利局或有权对专利的国际申请出具检索报告的国际组织；

"国际审查机构"是指由《专利合作条约》指定的某成员国或国际组织的专利局，该专利局有权对符合国际申请要求、具有较高水平且可在工业领域应用的新发明进行审查并提出初步审查意见。

第 3 条 本令适用于依据 2009 年 9 月 24 日泰国条约提出的专利申请。

第一章 在条约国提交国际专利申请

第 4 条 泰国国民或居民可向知识产权局提出国际申请。

泰国居民包括在泰国实际开办工商业企业且总部设在泰国的法人。

若其他条约国的国民或居民向知识产权局提交国际申请，申请人应支付处理费，该费用与第 10 条中规定的提交国际申请的费用相同，知识产权局应将该国际申请提交至国际局。

国际申请中有多个申请人的，申请人中至少一人应符合上述条件。

第 5 条 申请人委托他人代为提交专利申请的，应根据《1979 年专利法》第 21 号部长令之规定，委托经合法注册的代理人。

根据第一款的规定委托代理人时，申请人应提交符合局长规定制式的授权委托书。

国际申请中有多个申请人的，申请人可在国际申请中指定一名申请人作为代表人。

第 6 条 国际申请应当包括以下内容：

（1）请求书；

（2）说明书；

（3）权利要求；

（4）附图（如有）；

（5）摘要。

上述文件均应符合局长根据本条约规定的国际申请的标准制式。

第 7 条 国际请求不得包含任何违反公序良俗或侮辱任何人的文字或绘画。如果知识产权局认为国际申请中包含这种文本或文字，应当书面通知申请人改正该文本或文字，并通知国际局和国际检查组织。

第 8 条 申请人应向知识产权局提交三份国际申请和细则文件，其中包含泰语或英语的完整条目和声明。

知识产权局应当在国际申请中注明申请号，并在每款国际申请的正文加盖国际申请印章。

第 9 条 如果知识产权局在通知发出前未收到译文，且申请人是以泰语提交国际申请和证明文件的，则申请人应在知识产权局收到国际申请后的一个月内补充提交英文译文。

知识产权局应在发出的通知中说明前款规定的译文准备期限。

未在第一款规定的期限内提交译文的，申请人可在知识产权局根据本规定发出通知之日起一个月内或者在知识产权局收到国际申请之日起两个月内补充提交译文。

上述期限届满时仍未提交译文的，视为撤回国际申请，知识产权局应公布撤回申请的决定，申请人在撤回国际申请的公告发布之前和自第一次提交申请之日起十五个月期限届满之前提交了译文并支付了译文费用的除外。

第 10 条　申请人应在知识产权局收到国际申请之日起一个月内，按照局长规定的费用标准支付国际申请费、国际检索费和提交国际申请的处理费。

如果申请人未能支付或未在第一款规定的期限内支付，知识产权局应通知申请人在通知中规定的日期起一个月内全额支付未支付的款项以及滞纳金，滞纳金按局长规定费用标准计算，其金额不低于提交国际申请的处理费，且不得高于国际申请费的 50%。

如果申请人未在上述期限内缴纳款项，视为撤回国际申请，知识产权局应公布撤回申请的决定，并通知国际局和申请人予以确认。

第 11 条　如果在收到国际申请之日，申请文件符合第 4 条第一款和第四款的规定，并且国际申请具有下列所有特征，知识产权局应将收到国际申请的日期确定为国际申请日：

（1）国际申请使用第 8 条规定的语言；

（2）国际申请包含以下声明和文件：

（a）声明提交国际申请；

（b）在条约缔约国申请专利的声明；

（c）申请人姓名；

（d）专利说明书及权利要求书等文件。

第 12 条　国际申请缺少第 11 条规定的信息或文件的，知识产权局应通知申请人在通知书发文日起两个月内补正。

申请人在第一款规定的期限内进行有效补正的，知识产权局应将收到有效补正文件的日期确定为国际申请日。

申请人未能在第一款规定的期限内进行有效补正的，知识产权局应将补正无效的原因通知申请人，国际申请应作为凭证保存并通知国际局。

第 13 条　知识产权局根据第 11 条或第 12 条规定确定国际申请日后，知识产权局应保留申请人提出的国际申请文本，并执行下列程序：

（1）将国际申请受理通知书反馈至申请人，通知书中应包含申请日和申请号；

（2）自首次申请之日起十三个月内，将国际申请文本和根据第（1）项发出的通知书副本递交国际局；

（3）根据第 9 条规定提交了译文的，申请人应当在第一次申请之日起的十三个月内向国际检索机构提交国际检索请求，并支付国际检索费；

（4）国际申请费向国际局缴纳，国际检索费向国际检索机构缴纳。

第 14 条　经知识产权局确认国际申请日的，对于国际申请中的缺陷，应进行如下处理：

（1）国际申请中申请人签名、地址、国籍或住所、发明摘要缺失的，或提交申请的格式不符合规定制式的，知识产权局应通知申请人于通知之日起两个月内补正。

申请人在规定的期限内进行有效补正的，知识产权局应向国际局和国际检查组织提交补正后的文件。

如果申请人未在规定的期限内进行有效补正的，知识产权局可决定延长补正期限，并将决定延长的补正期限通知申请人。

补正期限届满仍未进行有效补正的，国际申请视为撤回，知识产权局应公布国际申请被视为撤回的决定，并通知国际局和申请人。

（2）国际申请缺少第 11 条规定的文件的，知识产权局应在国际申请日起四个月内通知申请人撤回国际申请。对于国际申请被通知撤回的，申请人可在指定期限内提出异议，未在指定期限内提出异议或异议被驳回的，国际申请被视为撤回，知识产权局应公布国际申请被视为撤回的决定。

第 15 条　当申请人收到"国际局未收到国际申请"的通知时，申请人可申请知识产权局免费鉴定及递交国际申请副本。

遇下列情况之一的，国际局可拒绝认证国际申请副本的请求：

（1）申请人提交的国际申请副本与提交的国际申请不同；

（2）知识产权局已向国际局提交国际申请，并且国际局已通知知识产权局收到国际申请。

如果自国际局向申请人发出"未收到国际申请文本或副本"的通知之日起三个月内，国际局仍未收到根据第 1 条提出的国际申请副本，则视为申请人撤回国际请求。

第 16 条 申请人在首次申请提交之日起十二个月内就同一发明提交国际申请的，在后申请可要求享有首次申请的优先权。

根据前款规定要求优先权的，申请人应当在申请文件中声明，并在首次申请提出之日起十六个月内，向知识产权局或国际局提交首次申请副本。

首次申请是向知识产权局提交的，申请人可在首次申请提出之日起的十六个月内请求知识产权局向国际局代为提交首次申请文件副本，并缴纳相应费用。

第 17 条 申请人未能在首次申请之日起的十二个月内提出国际申请，但仍要求优先权的，应当在第 16 条第一款规定的申请期限届满后两个月内，向知识产权局提出恢复权利申请，并同时提交导致期限延误的合理理由和相关证据。知识产权局认可申请人提交的期限延误理由和证据的，恢复申请人享有优先权的权利。

第 18 条 自首次向下列组织提交专利申请之日起三十个月内，申请人可随时撤回其国际申请：

（1）知识产权局；

（2）国际局；

（3）申请人指定进行检索的国际检索机构。

申请人撤回其国际申请的，应提交规定制式的撤回通知书，撤回通知书自知识产权局、国际局或国际检索机构收到之日起生效。

申请人将撤回通知书提交至知识产权局的，知识产权局应将此撤回通知书转交国际局，国际申请已提交国际检索机构进行检索的，还应将撤回通知书转交至国际检索机构。

第 19 条 有下列情形的，知识产权局应当退还申请人缴纳的国际申请或国际检索费：

（1）未根据第12条第三款规定对国际申请进行有效补正的；

（2）根据第10条第三款、第14条第（1）项4目、第14条第（2）项和第15条第三款规定撤回国际申请，或者根据第18条规定，在向国际局提交国际申请之前或者在向国际检索机构提交国际申请之前撤回国际申请的。

第20条 局长应公布符合本令规定的国际检索机构名单，知识产权局向名单中的国际检索机构提交国际检索申请时，应通知国际局。

申请人应在国际申请中指定对其专利申请进行检索的国际检索机构。

第21条 局长应公布符合本令规定的国际初审组织名单，知识产权局向名单中的国际初审组织提交国际初审申请时，应通知国际局。

试图选择某特定国际初审组织作为国际申请的初审组织的，申请人应直接向该国际初审组织或通过知识产权局向该国际初审组织提交国际申请，并直接向该国际初审组织支付国际初审费。

第二章　国际申请进入泰国国家阶段的规定

第22条 在条约缔约国提交国际申请的申请人，拟在泰国取得专利权的，应按照规定制式向知识产权局提交专利申请及泰文译本，并自首次申请之日起三十个月内按本令规定的缴费标准缴纳专利或实用新型专利申请费。

申请人未在第一款规定期限内完成相应手续的，其专利申请在泰国被视为无效。

第23条 申请人未在三十个月内履行第22条第一款规定义务的，可自期限届满之日起两个月内向知识产权局申请恢复权利，并同时提交导致期限延误的合理理由和相关证据。

知识产权局认可申请人提交的期限延误理由和证据的，恢复申请人相关权利并通知申请人。

第24条 申请人已在条约缔约国提交国际申请并拟在泰国取得专利权的，遇以下情形，可请求知识产权局对国际申请进行审查：

（1）接收专利申请的办事处拒绝确定国际申请的申请日的；

（2）国际申请被视为撤回的。

根据第（1）项提交的申请，在申请人向知识产权局提交国际申请的审查日起两个月内，申请人应向国际局提交国际申请。

如果知识产权局认为第（1）项中记载的情形是由于条约缔约国的受理机构或国际局的错误或疏忽造成的，知识产权局应继续根据本令规定的程序处理该国际申请，该国际申请被视为向知识产权局提交的专利或实用新型专利。

第 25 条 知识产权局应自首次申请之日起三十个月期满时，对第 22 条记载的专利申请进行处理，申请人在该期限期满前提出提前处理申请的除外。

签署于 2009 年 10 月 30 日

Pontiva Nakasai

（Pontiva Nakasai 女士）

商业部长

商标法 B. E. 2534

经商标法（No. 2）B. E. 2543 及

商标法（No. 3）B. E. 2559 修订

国王普密蓬·阿杜德（Bhumibol Adulyadej）

签署于佛历 2534 年 10 月 28 日

依国王普密蓬·阿杜德的王室命令，特此宣布：

鉴于目前适合修订商标法；

因此，经泰国议会提议和通过，国王颁布法律如下：

第 1 条　本法称为"商标法 B. E. 2534"。

第 2 条❶　本法自《政府公报》上公布之日起九十日届满时生效。

第 3 条　以下法律予以废除：

（1）商标法 B. E. 2474；

（2）商标法（No. 3）B. E. 2504。

所有法律、规章和其他规则在本法中有相应规定或与本法不一致或符合本法的，均以本法为准。

第 4 条　本法规定：

"标志"❷是指照片、图画、自创图形、标识、名称、文字、短语、字母、数字、签名、颜色组合、图形元素、声音或其组合；

"商标"是指用于或拟用于商品或与商品有关的标志，以区分使用该商

---

❶ 于佛历 2534 年（公元 1991 年）11 月 15 日在《政府公报》第 108 卷第 199 部分专页 7 中公布。

❷ 第 4 条，经商标法（No. 3）B. E. 2559 修订。

标所有人商标的商品和使用他人商标的商品；

"服务商标"是指用于或拟用于服务或与服务有关的标志，以区分使用该服务商标所有人服务商标的服务和使用他人服务商标的服务；

"证明商标"是指商标所有人在他人的商品或服务上或与之有关地使用或拟使用的标志，以证明该商品的产地、成分、生产方法、质量或其他特征，或证明该服务的性质、质量、类型或其他特征；

"集体商标"是指同一集团的公司或企业或协会、合作性组织、联盟、联合会、团体或任何其他国家或私人组织的成员使用或拟使用的商标或服务商标；

"被许可人"是指注册商标或服务商标的所有人依本法许可使用该商标或服务商标的人；

"主管官员"❶ 是指由部长任命负责依本法行事的人员；

"注册官"是指由部长任命为注册官并依本法行事的人；

"局长"❷ 是指知识产权局局长；

"委员会"是指商标委员会；

"部长"是指负责和掌管本法实施的部长。

第 5 条❸ 商业部长负责和掌管本法的实施、有权任命注册官和主管官员、颁布部长令、确定官方收费（不超过本法附表所列金额）、减免官方收费及规定其他事项，并发布本法的执行通知。

第一章 商 标

第一部分 商标申请

第 6 条 商标注册的基本要求：

（1）具有显著特征；

---

❶ 第 4 条,经商标法(No.2)B.E.2543 修订。
❷ 第 4 条,经商标法(No.2)B.E.2543 修订。
❸ 第 5 条第一款,经商标法(No.3)B.E.2559 修订。

（2）不违反本法规定；
（3）不得与他人注册的商标相同或相似。

第 7 条❶ 显著商标指公众或使用者能够将使用该商标的商品区别于其他商品的商标。

具有或包含下列任何基本特征的商标，应视为具有显著性：

（1）个人姓名、非普通含义的自然人姓氏、法律规定的法人全名或采用特别设计且与商品特征或质量无直接关联的商品名；

（2）与商品特征或质量无直接关联且非部长规定的地理名称的文字或短语；

（3）新造字词；

（4）特别设计的字母或数字；

（5）特别设计的颜色组合；

（6）申请人或其企业责任人的签名，或经其许可的他人签名；

（7）申请人或经其许可的他人肖像，或经其可能存在的长辈、后代和配偶许可的逝者肖像；

（8）新造图案；

（9）与商品特征或质量无直接关联，且非部长规定的地图或地理位置的图片；

（10）非商品自然形态的形状，或非获得商品技术成果所必需的形状，或非赋予商品价值的形状；

（11）与商品特征或质量无直接关联的声音，或非商品自然发出的声音，或非经商品功能产生的声音。

商标虽不具备第二款第（1）项至第（11）项所述的特征，但依部级通告的规则广泛用于商品销售或宣传，经证明已完全符合此类规则的，应视为具有显著性。

第 8 条❷ 不得注册具有或包含下列任一特征的商标：

（1）国徽或徽章、皇家印章、官方印章、却克里王室勋章、皇家勋章

---

❶ 第 7 条,经商标法(No.3)B.E.2559 修订。
❷ 第 8 条,经商标法(No.2)B.E.2543 修订。

和奖章的徽章和标识、公章、政府机关（部、局、厅或省）的印章；

（2）泰国国旗、王室旗帜或官方旗帜；

（3）王室姓名、王室徽章、王室姓名或王室徽章的缩写；

（4）国王、王后或王位继承人的肖像；

（5）指向国王、王后或王位继承人或王室成员的姓名、文字、措辞或徽章；

（6）外国的国徽和国旗、国际组织的徽章和旗帜、外国元首的徽章、外国或国际组织的官方徽章及地位管理与认证、外国或国际组织的名称和标志，得到外国或国际组织主管官员许可的除外；

（7）红十字的官方标志和徽章，或"红十字"或"日内瓦十字"的标识；

（8）与泰国政府或泰国政府公共企业机构或泰国任何其他政府机关、外国政府或国际组织举办的贸易展会或竞赛中授予的奖章、文凭或证书或任何其他标志相同或相似的标志，除非该奖章、文凭、证书或标志已实际授予商品申请人，并与商标结合使用；

（9）任何违反公共秩序、道德或公共政策的标志；

（10）已注册或未注册的标志，与部级通告中规定的驰名商标相同或近似，以致使公众可能混淆商品所有人或产地；

（11）与第（1）（2）（3）（5）（6）或（7）项中的商标相似；

（12）受地理标志法保护的地理标志；

（13）部级通告中规定的其他商标。

第9条 可就某一类商品提出商标注册申请，也可就不同类别的商品提出申请，但应写明申请保护的具体商品种类。

第二款❶（废除）。

商品分类参见部级通告中的规定。

第10条 注册商标的，申请人或其代理人应在泰国设立便于注册官联络的办公室或地址。

---

❶ 第9条第二款，经商标法（No.3）B.E.2559废除。

第 11 条　商标注册申请应遵守部长令。

本法规定的商标申请，应在泰国加入有关商标保护的国际公约或协定的情况下符合该国际公约或协定要求。❶

第 12 条　审议商标申请时，注册官拥有以下权力：

（1）函询或要求申请人口头陈述或提交书面陈述，或提交与申请有关的任何文件或证据，以供审查或审议；

（2）酌情要求申请人在一定期限或时间内将任何外文文件或证据翻译成泰文；

（3）邀请任何人提供与商标申请相关的信息、解释、建议或意见。

如果申请人无充足理由不遵守注册官依第（1）项或第（2）项的命令，则视为放弃申请。

第 13 条❷　依第 27 条规定，注册官发现以下情况的，不予批准商标注册申请：

（1）与他人注册的商标相同，用于同一类别或被认定具有相同性质的不同类别的商品；

（2）与他人注册的商标相似，使公众可能混淆或误解商品的所有者或产地，而误用同一类别或具有相同性质的不同类别的商品。

第 14 条❸　（废除）

第 15 条❹　注册官认为有下列情形之一的，应命令申请人自收到命令之日起六十日内修改申请，并立即书面通知申请人：

（1）依第 6 条规定，所申请商标的任何非重要部分不可注册；

（2）任何注册申请违反第 9 条或第 10 条规定，或不符合第 11 条下颁布的部长令的。

第 16 条　注册官认为，整个商标或其任何重要部分不符合第 6 条下的注册条件的，应驳回注册申请，并立即向申请人发出书面通知，并说明理由。

---

❶ 第 11 条第二款,经商标法(No.2)B.E.2543 增加。

❷ 第 13 条,经商标法(No.3)B.E.2559 修订。

❸ 第 14 条,经商标法(No.3)B.E.2559 废除。

❹ 第 15 条,经商标法(No.3)B.E.2559 修订。

第 17 条 依第 6 条规定，注册官认为商标作为一个整体可予以注册，但其中包含一个或多个部分，而此部分为一定类型或类别商品的行业所共有，使任何申请人都不对其享有专有权，或此部分不具有显著性的，应作出以下任一决定：

（1）命令申请人自收到命令之日起六十日内，放弃对该商标的一个或多个部分的专有权；❶

（2）命令申请人自收到命令之日起六十日内，提交注册官认为有必要界定商标所有人权利的其他免责声明❷。

为实施上述规定，注册官有权宣布一定类型或类别商品的行业所共有的部分。

注册官应立即将第一款下的命令书面通知申请人，并说明理由。

第 18 条❸ 申请人有权自收到注册官通知之日起六十日内，就注册官在第 15 条、第 16 条和第 17 条下的命令向商标委员会提起申诉。委员会的决定为最终决定。

如果委员会裁定注册官在第 15 条或第 17 条下的命令是正确的，则申请人须自收到委员会决定之日起六十日内执行相应的命令。

如果委员会裁定注册官在第 15 条、第 16 条和第 17 条下的命令是错误的，则注册官应继续处理该项申请。

第 19 条❹ 如果申请人未依第 18 条第一款规定提起申诉，也未遵守注册官在第 15 条或第 17 条下发出的命令，或虽依第 18 条第一款规定提起申诉，但未遵守第 18 条第二款规定，则视为放弃注册申请。

第 20 条❺ 凡多名申请人提交商标注册申请，注册官认为该商标具有以下任一特征的，注册官应继续处理在先提交的申请，并书面通知在后提交的申请人等待在先提交的申请处理完毕：

（1）商标完全相同，无论是用于同一类别的商品，还是用于注册官认

---

❶ 第 17(1) 条，经商标法 (No. 3) B. E. 2559 修订。
❷ 第 17(2) 条，经商标法 (No. 3) B. E. 2559 修订。
❸ 第 18 条，经商标法 (No. 3) B. E. 2559 修订。
❹ 第 19 条，经商标法 (No. 3) B. E. 2559 修订。
❺ 第 20 条，经商标法 (No. 3) B. E. 2559 修订。

为具有相同性质的不同类别的商品；

（2）商标相似，使公众可能混淆商品所有者或产地，无论是用于同一类别的商品，还是用于注册官认为具有相同性质的不同类别的商品。

如果不予注册较先提交的商标，则注册官应继续处理在后提交的申请，并立即通知该申请的申请人和其他申请人。

第 21 条❶　申请人认为其申请的商标与其他在先的待审商标不同，也不构成混淆性相似的，可在收到注册官依第 20 条第一款下的命令之日起六十日内，向商标委员会提起申诉。在这种情况下，比照第 18 条的规定适用。

第 22 条❷　（废除）

第 23 条❸　（废除）

第 24 条❹　（废除）

第 25 条❺　（废除）

第 26 条❻　（废除）

第 27 条❼　任何人依第 13 条或第 20 条第一款提出申请的，注册官认为有多个善意使用人或存在特殊情况的，可授予多个所有者相同或相似商标的注册，但必须遵守注册官附加的有关使用方式或地点的条件和限制，或其他条件和限制。注册官应立即将该命令书面通知申请人及注册所有人，并说明理由。

申请人或注册所有人可自收到通知之日起六十日内，就注册官的上述命令向商标委员会提起申诉。

委员会作出的决定为最终决定。

第 28 条❽　在外国提出商标申请，并在外国首次提出申请后六个月内

---

❶　第 21 条,经商标法(No. 3)B. E. 2559 修订。
❷　第 22 条,经商标法(No. 3)B. E. 2559 废除。
❸　第 23 条,经商标法(No. 3)B. E. 2559 废除。
❹　第 24 条,经商标法(No. 3)B. E. 2559 废除。
❺　第 25 条,经商标法(No. 3)B. E. 2559 废除。
❻　第 26 条,经商标法(No. 3)B. E. 2559 废除。
❼　第 27 条,经商标法(No. 3)B. E. 2559 修订。
❽　第 28 条,经商标法(No. 2)B. E. 2543 修订。

在泰国提出商标注册申请的人，如具备下列任一资格，可将首次外国申请日期作为在泰国的申请日期：

(1) 是泰国国民或总部位于泰国的法人；

(2) 是泰国加入的商标保护公约或国际协定的成员国的国民；

(3) 具有泰国公民同等权利的国家公民或总部设在泰国的法人；

(4) 是泰国或泰国加入的商标保护公约或国际协定的成员国，有住所或有真实、有效的工商业机构。

申请人在外国的首次申请被驳回、自行撤回或放弃，不得主张上述权利。

如果申请人的在先申请已被驳回、自行撤回或放弃，自外国首次申请之日起六个月内又在外国就同一商标提出申请，在符合以下条件的情况下，申请人有权主张上述权利：

(1) 未就第二款规定的申请行使第一款下的优先权；❶

(2) 依第二款提出的申请，不可再依申请地所在国的商标法处理；❷

(3) 被驳回、撤回或放弃申请的情况未向公众披露。

第28条之二❸ 如果带有商标的商品在泰国或泰国作为缔约国之一的商标保护公约或国际协定的缔约国所举办的国际展会及由泰国或成员国的政府机关、公共企业或泰国或成员国的任何其他政府单位或泰国政府认可的任何其他政府单位承办的国际展会上展出，商标所有人可主张第28条第一款下的权利，前提是须在商品进展之日起或外国首次申请日期（以较早者为准）起六个月内就该展会展出的商品提交商标申请。在这种情况下，该项申请不能用于延长第28条规定的期限。

国际展会等级的商品展览承办组织以及依第一款提出的申请，应遵守部长令。

---

❶ 第28条第三款第(1)项，经商标法(No.3)B.E.2559修订。

❷ 第28条第三款第(2)项，经商标法(No.3)B.E.2559修订。

❸ 第28条之二，经商标法(No.2)B.E.2543修订。

第二部分　商标注册及注册效力

第 29 条　商标注册申请成功受理时，注册官应命令公布该项申请。

第二款（废除）。❶

申请公布事项应遵守部长令。

第 30 条　依第 29 条第一款命令公布商标申请后，如果注册官依第 6 条规定认为该商标不可注册，或该项申请不符合本法的规定，有必要撤销该命令，且如果该商标尚未注册，则注册官须撤销该命令并立即书面通知申请人，并说明理由。

撤销令于第 29 条规定的公布之日后下达的，依部长令公布撤销令。

第 31 条❷　申请人有权自收到通知之日起六十日内就上述撤销令向商标委员会提起申诉。

如果申请人未提起申诉，或申请人已提起申诉，但委员会裁定注册官的命令是正确的，注册官须继续处理该项申请。

委员会裁定注册官的撤销令错误：

（1）注册官已于公布申请之前发出撤销令的，应继续公布该项申请；

（2）注册官已公布撤销命令的，应重新公布该项申请。

委员会依第二款和第三款作出的裁定为终局裁定。

第 32 条　如注册官依第 30 条发出的撤销令是在第 35 条提出异议之后发出的，注册官须立即书面通知异议人。

第 33 条❸　在第 32 条所述情况下，注册官尚未参照异议作出决定的，应于第 31 条第一款下的申诉期限届满时再作决定，或视具体情况，在委员会依第 31 条第二款或第三款的规定作出决定后再作决定。

如果委员会裁定注册官的撤销令是正确的，则注册官应驳回异议，并立即书面通知异议方。该裁定为终局裁定。

---

❶　第 29 条第二款，经商标法（No. 3）B. E. 2559 废除。
❷　第 31 条第一款，经商标法（No. 3）B. E. 2559 修订。
❸　第 33 条第一款，经商标法（No. 2）B. E. 2543 修订。

如果委员会裁定注册官的撤销令是错误的,则注册官应继续就该异议作出决定。

第 34 条　在第 32 条所述情况下,注册官已就异议作出决定,而有人依第 37 条规定对注册官的决定提起申诉的,注册官须通知委员会。比照第 33 条的规定适用。

第 35 条❶　依第 29 条的规定,商标申请经公布后,任何人认为其商标所有权优于申请人,或以第 6 条的规定为由主张该商标不可注册的,或该项申请不符合本法的规定的,均可在第 29 条下的公布之日起六十日内向注册官提出异议,并说明理由。

上述异议应遵守部长令。

第 36 条❷　如有人依第 35 条提出异议,注册官须立即向申请人发送异议副本。

申请人应自收到异议副本之日起六十日内,依规定格式向注册官提交一份反驳声明,说明其支持申请的理由。注册官须立即向异议方发送该反驳声明的副本。❸

申请人不遵守上述规定的,视为放弃申请。

注册官在审议及裁定异议时,可命令申请人和异议方进行陈述、提交解释或补充证据。如果申请人或异议方自收到注册官命令之日起六十日内未能遵守注册官命令,注册官应依现有证据审议异议并作出决定。❹

第 37 条　注册官应立即将上段所述的决定及其理由书面通知申请人和异议方。

申请人或异议人有权自收到注册官决定通知之日起六十日内,就该决定向商标委员会提起申诉。委员会应立即对申诉作出裁决。❺

第 38 条　委员会作出裁决后,应立即将裁决结果及其理由书面通知申请人和异议方。

---

❶　第 35 条第一款,经商标法(No. 3)B. E. 2559 修订。
❷　第 36 条,经商标法(No. 2)B. E. 2543 修订。
❸　第 36 条第二款,经商标法(No. 3)B. E. 2559 修订。
❹　第 36 条第四款,经商标法(No. 3)B. E. 2559 修订。
❺　第 37 条第二款,经商标法(No. 3)B. E. 2559 修订。

申请人或异议方可自收到委员会决定之日起九十日内就裁决结果向法院提起申诉。

申请人或异议方执行第 37 条第二款规定的程序后,可依第二款的规定提起诉讼。

第 39 条 如果申请人或异议人未在第 37 条第二款规定的期限内对注册官决定提起申诉,或未在第 38 条第二款规定的期限内对委员会决定提起申诉,则注册官或委员会的决定为最终决定。

第 40 条 如果无人依第 35 条的规定提出异议,或有人依第 35 条的规定提出异议并最终裁定或判决申请人有权注册,则注册官应命令对商标进行注册。

注册官依上述规定批准商标注册的,应书面通知申请人,申请人应自收到通知之日起六十日内缴纳注册费。申请人未在规定期限内缴纳费用的,视为放弃注册申请。❶

商标注册应遵守部长令。

第 41 条 依第 35 条规定,异议方也申请注册了与异议商标相同或相似的商标,并已获得最终决定或判决,表明异议方比异议商标的申请人享有更优先的权利,且异议方所申请的商标可依第 6 条的规定注册,其申请也符合本法的规定的,注册官应依部长令规定的程序注册该商标,而无须再次公布异议方的申请。

第 42 条 ❷ 注册商标自申请注册之日起即视为已注册。对于第 28 条或第 28 条之二规定的情况,在泰国的申请日期应视为该商标的注册日期。

第 43 条 商标注册后,注册官应依照部长令向申请人签发注册证书。

注册证书损毁或遗失的,可向注册官申请补发。

补发注册证应遵守部长令。

第 44 条 依第 27 条和第 68 条规定,注册为商标所有人对注册商品享有商标专用权。

第 45 条 无颜色限制的商标注册应视为实际使用中允许使用所有颜色。

---

❶ 第 40 条第二款,经商标法(No.3) B.E. 2559 修订。
❷ 第 42 条,经商标法(No.2) B.E. 2543 修订。

第 46 条　任何人不得以防止或就侵犯未注册商标的行为赔偿损失为由提起法律诉讼。

本条规定不影响未注册商标所有人对假冒他人商标的行为提起法律诉讼的权利。

第 47 条　依本法进行的注册不得妨碍任何人善意使用其个人姓名或姓氏或其营业地名称或其任何前身的营业地名称，也不得妨碍任何人善意使用对其商品特征或质量的任何描述。

第三部分　商标注册变更

第 48 条　待定商标申请权可通过继承的方式转让或转移。

转让人或受让人应在注册前将上述申请权转让的事宜通知注册官。

申请人死亡的，遗产管理人的任何继承人应在注册前将上述申请权转让的事宜通知注册官。

上述商标申请权的转让或继承应遵守部长令。

第 49 条　注册商标的权利可通过与注册商标的商品有关的业务一起转让或转移，也可不与该业务一起转让或转移。

全部或某些商品项目均实施第一款所述的商标转让或继承。❶

第 50 条❷　（废除）

第 51 条　继承转让或转移注册商标，应向注册官提出登记。

依第一款申请以继承方式转让或转移注册商标的，应遵守部长令。

第 51/1 条❸　凡转让人、受让人或继承人依第 48 条或第 49 条的规定提出申请或接受商标转让或继承商标申请，而注册官认为该商标与其转让、接受转让或继承的商标相同或相似的，无论该商标是用于同一类别的商品，还是用于具有相同特征的不同类别的商品，注册官均不可批准注册该商标。在这种情况下，比照第 13 条或第 20 条的规定适用。

如注册官认为第一款所述商标申请的申请人或受让人或继承人已收到

---

❶ 第 49 条第二款，经商标法（No.3）B. E. 2559 修订。
❷ 第 50 条，经商标法（No.3）B. E. 2559 废除。
❸ 第 51/1 条，通过商标法（No.3）B. E. 2559 增加。

转让人、受让人或继承人的书面同意，视具体情况对上述商标的申请，应推定为特殊情况，注册官可允许多名商标所有人的相同或相似商标共存。比照第27条的规定适用。

第52条 注册商标所有人可请求注册官修改下列注册详情：
（1）通过删除某些项目变更商品规格；
（2）商标所有人及其可能存在的代理人的姓名、国籍、地址和职业；
（3）用于与注册官联络的办公室或地址；
（4）部长令中可能规定的其他详情。

依第一款提出的注册详情修改申请应遵守部长令。

第52/1条❶ 商标转让或继承的注册申请不符合第51条第二款规定的，或注册详情变更申请不符合第52条规定的，注册官应自收到通知之日起六十日内书面通知申请人或商标所有人进行修改。

如申请人或商标所有人未遵守上述通知，则应视具体情况，认定申请人放弃注册申请转让或继承或放弃注册详情变更申请。

第四部分　商标注册续展及注销

第53条 依第42条规定，商标注册的有效期为自注册之日起十年，并可依第54条的规定续展。

第一款规定的商标注册有效期不包含依第38条规定向法院提起诉讼的时间。

第54条❷ 商标所有人需续展商标注册的，应在期满前三个月内向注册官提交续展申请，并缴纳续展费。

商标所有人未按上述规定提交续展申请的，但仍需续展，可在期满后六个月内向注册官提交续展申请，并缴纳续展费及其20%的附加费。

在第二款规定的期限内，或商标所有人在第一款或第二款规定的期限内提交续展申请并缴纳续展费的（视情况而定），视为商标已注册，注册官另行命令的除外。

---

❶ 第52/1条，通过商标法(No.3)B.E.2559增加。
❷ 第54条，经商标法(No.3)B.E.2559修订。

商标注册的续展应遵守部长令。

第 55 条❶　凡商标所有人在第 54 条第一款或第二款规定期限内提交续展申请并缴纳续展费，且注册官认为该续展符合第 54 条第四款下部长令的规则和程序的，注册官应将该注册续展十年，自首次注册或最后一次续展（视情况而定）期满之日起计算。

凡商标所有人在第 54 条第一款或第二款规定期限内提交续展申请并缴纳续展费，但注册官认为该续展不符合第 54 条第四款下部长令的规则和程序的，注册官应立即书面通知商标所有人自收到通知之日起六十日内更正申请。商标所有人未在规定期限内更正申请的，注册官应命令撤销商标注册。

第 56 条❷　商标所有人未在第 54 条第二款规定期限内申请续展注册，视为注销注册商标。

第 57 条　商标所有人可请求注册官撤销商标注册，但如果商标已作为注册许可协议的标的，则需征得被许可人的同意，许可协议另有约定的除外。

上述撤销注册商标请求，应遵守部长令。

第 58 条　如果注册官认为注册商标所有人违反或未能遵守注册官在注册时规定的条件或限制，则注册官可裁定撤销该商标注册。

第 59 条　如果权利人或其代理人在泰国不再设有注册办事处或注册地址，则注册官应命令撤销商标注册。

如果注册官有正当理由认为注册商标所有人或其代理人已撤销其泰国注册办事处或注册地址，则注册官应自收到通知之日起十五日内在注册办事处或注册地址书面通知所有人或其代理人，向注册官作出书面说明。

如果在第二款规定期限内未收到答复，注册官应依部长令，注销商标并予以公告。

自第三款规定的公告之日起十五日内仍未收到答复的，注册官应命令撤销商标注册。

---

❶　第 55 条，经商标法（No. 3）B. E. 2559 修订。
❷　第 56 条，经商标法（No. 3）B. E. 2559 修订。

第 60 条　依本法第 55 条第二款、第 58 条或第 59 条第一款撤销商标注册的裁定，应说明理由，并立即书面通知商标所有人。

商标所有人有权自收到裁定通知之日起六十日内，就注册官依第一款作出的裁定向商标委员会提出申诉。在规定期限内无人提出申诉的，注册官的命令为终局命令。❶

委员会依第二款作出的决定为最终决定。

第 61 条❷　利害关系人或注册官可请求委员会裁定注销任何商标，前提是商标注册时出现以下情况之一：

（1）　不满足第 7 条下的显著特征；

（2）　包含或构成第 8 条下的禁止性特征；

（3）❸　商标与他人在同一类别商品或具有相同特征的不同类别商品的注册商标相同；

（4）❹　商标与他人注册的商标相似，可能使公众对商品的所有权或原属地与同一类别商品或具有相同特征的不同类别商品产生混淆或误认。

第 62 条　任何人认为任何商标违反公序良俗或公共政策的，均可请求委员会撤销商标注册。

第 63 条　经证明在注册时商标所有人并无在注册商品上使用该商标的善意意图，事实上也并未出于任何目的善意使用该商标，或在申请撤销前三年内未善意使用该商标所注册的商品的，任何利害关系人或注册官均可请求委员会撤销商标注册，除非所有人能够证明此类不予使用出于贸易中的特殊情形，而非出于有意停用或放弃商品注册商标的意图。

第 64 条　委员会在收到第 61 条、第 62 条或第 63 条规定的请求书后，应书面通知商标所有人和可能存在的被许可人，自收到委员会通知之日起六十日内向委员会作出答复。

第 65 条　委员会依第 61 条、第 62 条或第 63 条规定作出商标注册撤销

---

❶　第 60 条第二款，经商标法（No.3）B.E.2559 修订。
❷　第 60 条，经商标法（No.2）B.E.2543 修订。
❸　第 61(3)条，经商标法（No.3）B.E.2559 修订。
❹　第 61(4)条，经商标法（No.3）B.E.2559 修订。

或不予撤销的裁定后，应立即书面通知撤销请求人、商标所有人和可能存在的被许可人。

撤销请求人、商标所有人或被许可人均可自收到通知之日起九十日内，就委员会的裁定向法院申诉。在规定期限内无人提出申诉的，注册官的命令为终局命令。

第 66 条 如果申诉时已成为特定类别商品的通用商标，且公众认为此类商标在贸易领域已丧失商标意义的，任何利害关系人或注册官均可向法院请求撤销注册商标。

第 67 条 注册官依第 40 条规定，命令商标注册之日起五年内，任何利害关系人均可向法院请求撤销商标注册，并证明其对该商标享有更优先的权利。

如果上述请求人仅能证明其对已注册商标的部分商品享有更优先的权利，则法院应限定该商标注册的范围，仅保留请求人无法证明其享有更优先权利的商品。

第五部分 商标许可

第 68 条 注册商标所有人可许可他人在全部或部分商品上使用其注册商标。

第一款下的商标许可协议应采用书面形式，并由注册官登记。

第二款下的商标许可协议申请书应遵守部长令，并至少包含以下信息：

（1）商标所有人和被许可人之间的条件或条款，以确保商标注册所有人有效控制被许可人的商品质量；

（2）使用商标的商品。

第 69 条 注册官认为第 68 条规定不会混淆或误导公众，也不违反公序良俗或公共政策的，应命令对该协议进行登记，并可附加条件或限制。注册官认为许可协议会混淆或误导公众，或违反公序良俗或公共政策的，应拒绝登记该许可。

依第一款规定，注册官作出命令后，应立即书面通知商标所有人和被许可人。如果许可协议已附加条件或限制，或已被拒绝登记，注册官也须将拒绝登记的理由通知上述人员。

商标所有人或被许可人可自收到命令通知之日起六十日内，就注册官依第一款规定作出的命令向商标委员会提出申诉。在规定期限内无人提出申诉的，注册官的命令为终局命令。❶

委员会依第三款规定作出的决定应为最终决定。

第 70 条 被许可人在其经营的商品上使用商标视为商标所有人本人使用该商标。

第 71 条 商标所有人和被许可人均可向注册官申请修改商标许可协议的注册，修改事项涉及许可涵盖的商品或所有人规定的其他条件和限制，比照第 69 条规定适用。

依第一款修改许可协议登记申请应遵守部长令。

第 72 条 商标所有人和被许可人均可向注册官申请撤销许可协议的登记。

许可协议期限届满的，商标所有人或被许可人均可向注册官申请撤销许可协议登记。

如遇以下情形之一，任何利害关系人或注册官均可请求委员会撤销商标许可协议登记：

（1）被许可人的商标使用混淆或误导公众，或违反公序良俗或公共政策；

（2）商标所有人无法有效控制许可使用商标的商品质量。

依本条规定撤销商标许可应遵守部长令。

第 73 条 注册官或委员会在收到第 72 条第二款或第三款下的申请后，应视具体情况，书面通知商标所有人或被许可人自收到通知之日起在十五日至六十日的规定期限内作出答复。

注册官或委员会在受理第 71 条和第 72 条下的申请时，可视具体情况，要求任何相关人员提交证据或附加资料。

第 74 条 依第 72 条第二款规定，注册官作出命令后，应立即将该命令及理由书面通知商标所有人和被许可人。该命令自收到通知之日起生效。

商标所有人或被许可人可自收到通知之日起六十日内，就注册官依第

---

❶ 第 69 条第 3 款，经商标法（No. 3）B. E. 2559 修订。

一款规定作出的命令向商标委员会提出申诉。在规定期限内无人提出申诉的，注册官的命令为终局命令。❶

委员会依第二款的规定作出的决定为最终决定。❷

第75条 依第72条第三款规定，委员会作出命令后，应立即将该命令及理由书面通知商标所有人、被许可人、提出请求的利害关系人和注册官。此类命令自收到通知之日起生效。

利害关系人或注册官可自收到通知之日起九十日内就委员会的命令向法院提出申诉。无人在规定期限内提出申诉的，注册官的命令为终局命令。

第76条 撤销商标注册的，商标使用许可也失效。

第77条 除非许可协议另有规定，商标所有人可自行使用商标，也可许可除被许可人以外的人使用商标。

第78条 除非许可协议另有规定，被许可人可在国内对该商标注册的所有商品及在商标注册期间及其续展期限内使用该商标。

第79条 除非许可协议另有规定，被许可人不得将许可转让给第三人，也不得再将商标许可他人使用。

第79/1条❸ 除非商标许可协议另有规定，该协议不得因商标的转让或继承而失去效力。

第1/1章❹ 马德里议定书的商标注册

第79/2条 本章中：

"马德里议定书"是指与1989年6月27日于马德里通过的《商标国际注册马德里协定》及其修正案有关的议定书；

"国际申请"是指依《马德里议定书》提出的商标、服务商标、证明商

---

❶ 第74条第二款，经商标法(No.3)B.E.2559修订。
❷ 第74条第三款，通过商标法(No.3)B.E.2543增加。
❸ 第79/1条，通过商标法(No.3)B.E.2559增加。
❹ 第1/1章"依马德里议定书的商标注册"第79/2条至第79/15条，通过商标法(No.3)B.E.2559增加。

标或集体商标的国际注册申请；

"国际局"是指世界知识产权组织国际局；

"原属局"是指受理作为国际申请基础的商标申请或准予注册的商标局。

第 79/3 条 依《马德里议定书》进行的商标注册应符合本章规定，比照第一章商标的规定适用（第 10 条、第 40 条第二款和第 59 条除外）。

第 79/4 条 有资格在泰国提交国际申请的人员应为已在泰国提交商标注册申请或获得商标注册的人员，并具备下列资质之一：

（1）系泰国国民或主要营业地驻泰国的法人；

（2）定居泰国；

（3）在泰国设有有效的工业或商业机构。

第 79/5 条 任何人在泰国提出国际申请，可指定其他成员国予以保护，并可在获得国际注册后请求领土延伸保护。

第 79/6 条 当国际局通知在泰国请求保护的国际申请时，该申请应视作在泰国的申请，注册官应依本法处理该申请。

注册官认为第一款下的商标缺乏可注册特征或商标申请不符合本法规定的，应拒绝注册，同时在规定期限内依部长令通知国际局，并说明理由。

注册官推测在本条第二款规定期限之外除申请人外的其他人会提出异议的，应在该规定期限内，依部长令，书面通知国际局。注册官以异议为由作出拒绝注册的命令后，应在该规定期限内，依部长令的规则、程序和条件书面通知国际局，并说明异议理由。

如果注册官未依第二款或第三款规定通知国际局，则应视为注册官批准该商标注册，且无须依第 29 条的规定公布该商标。

商标一经注册，应享有与在泰国申请注册的商标同等保护地位。

第 79/7 条 商标注册过程中，申请人向原属局提交国际申请的日期应视为商标注册日期，但国际局收到国际申请时已超过部长令规定期限的，应以国际局收到国际申请之日为商标注册日期。

如第一款所述，商标注册的有效期为十年，自注册之日起计算，并可依本法的相关规定续展。

第 79/8 条 如果国际局批准注册后，申请人在泰国内享有领土延伸保护权，则比照第 79/6 条的规定适用。在这种情况下，该商标应视为自国际局在国际注册簿上注册延期申请之日起在泰国受到保护，注册到期之日应与国际注册到期之日一致，并可依本法的相关规定续展。

第 79/9 条 如果在泰国注册的商标与涵盖泰国在内的国际注册商标相同，且二者归属同一所有人，则商标所有人可请求注册官登记国际注册，取代所有同种商品或特定物品的国家注册。

任何人行使第一款规定的权利，不得损害国家注册取得的任何在先权利。

第 79/10 条 如果在部长令规定期限内，撤回、放弃、驳回或撤销针对全部或部分商品向原属局提交的商标申请，包括后续注册或在原属局完成的商标注册（用作提交国际申请的基础），且国际局通知撤销该商标的国际注册，则在国际注册撤销之日视具体情况视作同意撤回、放弃、驳回或撤销针对全部或部分产品在泰国请求保护的申请或注册。

商标注册申请的撤回、放弃、驳回或撤销诉讼在第一款下部长令规定期限届满前开始和该期限届满后结束的，也适用第一款的规定。

泰国为原属局的，第一款或第二款规定的情形发生时，注册官应依部长令通知国际局。

第 79/11 条 如果国际局以第 79/10 条的规定为由撤销请求泰国保护的商标国际注册，则被撤销国际注册的所有人可在泰国就相同商品对该商标提出注册申请，但须在规定期限内按规定办理。部长令中规定的程序和条件及第 79/7 条规定的国际注册日期或第 79/8 条规定的国际延期的记录日期，视具体情况视为在泰国的申请日期。

第 79/12 条 国际申请的申请人或国际注册的所有人、代理人、律师或其他人员依本法规定发出传票、通知或其他信函的，应送交国际局，再逐级递送相关人员。除部长令规定情况外，上述信函的递送应遵守部长令。

依第一款规定，上述信函一经递送且部长令规定期限届满的，则视为已送达。

第 79/13 条 申请和注册、国际注册的登记（取代在泰国的注册）、保护请求、注册信息的修改，依《马德里议定书》对注册官命令提出申诉和注册续展及其他诉讼，应遵守部长令。

第 79/14 条 依第 79/6 条、第 79/7 条、第 79/10 条、第 79/11 条、第 79/12 条和第 79/13 条发布的部长令应符合《马德里议定书》。

依《马德里议定书》，国外诉讼的支出依国际局任命局长的通知执行。

第 79/15 条 视具体情况，依《马德里议定书》申请国际注册的服务商标、证明商标和集体商标比照本章的规定适用。

第二章 服务商标和证明商标

第 80 条 服务商标比照商标的相关规定适用，其中的"商品"是指"服务"。

第 81 条 除非本章另有规定，证明商标比照商标的相关规定适用。

第 82 条 申请人在注册证明商标，应遵守商标注册规定，同时：

（1）在提交注册申请书时，应一并提交证明商标使用管理规则；

（2）依第（1）项的规定，能够证明商品或服务的特征。

上述第（1）项的使用规定应指明原属地、成分、生产方法、质量或其他需要认证的特征，包括许可使用证明商标的规则、程序和条件。

第 83 条 注册官可要求证明商标注册申请人自收到命令之日起六十日内，酌情修改证明商标使用管理规则，并立即将该命令及理由书面通知申请人。针对注册官命令提出的申诉比照第 18 条和第 19 条的规定适用。

第 84 条 如果注册官认为证明商标的注册申请人无足够能力展现证明商标使用管理规则中规定的商品或服务的特征，或认定证明商标的注册不符合公众利益，注册官须拒绝注册，并须立即将拒绝注册的命令及理由书面通知申请人。针对注册官命令提出的申诉比照第 18 条和第 19 条的规定适用。

第 85 条 公告证明商标的注册申请时，注册官应说明证明商标使用管理规则的基本要素。

第 86 条 在不影响公共利益的前提下，证明商标注册人可申请修改证明商标使用管理规则。

上述修改应遵守部长令。

第87条　注册官接受依第86条规定修改的管理规则的，应命令对经修改的管理规则的基本要素予以注册和公告。

注册官须立即书面通知证明商标所有人有关上述命令。

第88条　注册官不接受依第86条的规定修改的管理规则的，应拒绝注册，并立即书面通知证明商标所有人，并说明理由。

第89条❶　证明商标的所有人或任何其他人因注册官命令（第87条或第88条）而遭受或即将遭受损害，可自通知之日（第87条）或收到命令通知之日（第88条）起六十日内，就该命令向商标委员会提出申诉。

委员会依第一款规定作出的决定为最终决定。

第90条　已注册的证明商标所有人不得在自己的商品或服务上使用该标志，也不得通过授权证明商标而许可他人担任证明人。

第91条　授权他人使用商品或服务的证明商标，应采用书面形式，并由证明商标所有人签字。

第92条　证明商标的注册权可在下列情况下转让：

（1）受让人展现足够能力证明商品或服务的特征符合证明商标使用管理规则的规定，并经注册人批准；

（2）转让采用书面形式；

（3）由注册官注册。

注册官不予批准或拒绝注册转让时，比照第84条的规定适用。

依第一款申请批准转让权利和转让注册，应遵守部长令。

第93条　证明商标所有人死亡或丧失法人资格，则证明商标权终止。

第三章　集体商标

第94条　除第一章第五部分规定外，集体商标比照商标的相关规定适用。

---

❶ 第89条第一款,经商标法(No.3)B.E.2559修订。

第四章　商标委员会

第 95 条❶　商标委员会由知识产权局局长担任主席，组成人员包括司法理事会秘书长或其代表。总检察长或其代表，以及部长委员会任命的在法律或商业领域具有知识产权或商标经验的其他合格人员作为成员，人数介于八名至十二名之间。

上述合格成员中，至少 1/3 应为私营企业成员。

委员会可任命任何人员担任秘书或助理秘书。

第 96 条　委员会拥有下列权力和职责：

（1）对注册官在本法下作出的命令或决定的申诉进行裁决；

（2）❷ 受理并命令依本法的规定撤销商标、服务商标、证明商标、集体商标或商标许可协议的申请；

（3）就本法下部长令和通知发布向部长提供建议和咨询；

（4）受理部长交办的其他事项。

第 97 条　部长委员会任命的理事会成员任期四年。

临时接任者的任期为前任成员的未满任期，不论该接任者是增补成员还是替换成员。

成员在任期届满后可连任。

第 98 条　除依第 97 条规定任期届满离职外，遇到下列情况的，部长委员会成员应视为离职：

（1）死亡；

（2）辞职；

（3）被部长委员会解职；

（4）宣告破产；

（5）认定为无行为能力或限制行为能力人；

（6）依最终判决处以监禁，过失犯罪或情节轻微的除外。

---

❶　第 95 条，经商标法（No. 2）B. E. 2543 修订。

❷　第 96 条第（2）项，经商标法（No. 2）B. E. 2543 修订。

第 99 条　委员会会议的法定人数不得少于全体委员人数的 1/2。

主席缺席委员会会议的，委员会应从各委员中选出一名委员主持会议。

会议决定以多数票表决方式通过，每一名委员享有一票投票权。票数相同时，会议主席额外享有决定性一票。

委员会委员与第 96 条第（1）项或第（2）项下审议的事项存在利益关系的，不得出席相关会议。❶

第 99 条之二❷　委员会在履行第 96 条第（1）项和第（2）项下的职责时，可任命一个或多个专门委员会，审查对注册官在本法下的命令或决定提出的申诉。审查完毕后，专门委员会应向委员会提交报告，由委员会作出命令或决定。

专门委员会会议比照第 99 条的规定适用。

第 100 条　委员会可任命小组委员会，受理或执行委员会委托的事宜。

小组委员会会议比照第 99 条的规定适用。

第 101 条❸　注册官有权接收对其命令和决定提出的申诉，以及依本法规定注销商标、服务商标、证明商标、集体商标和商标或服务商标许可协议的申请，具体形式由局长规定。

上述撤销商标的申诉和请求裁决程序应由委员会规定。

第 102 条　委员会在履行本法规定的职责时，可书面询问或要求注册官、申诉人或其他相关人员当面接受询问，提供相关信息、解释或意见，或提交相关文件或其他证据，供其参考。

第五章　其他规定

第 103 条　任何人均有权在工作时间查阅商标、服务商标、证明商标和集体商标的注册及其档案，获取文件的副本或证明副本，并在支付部长令规定的费用后，向特定注册的注册官申请认证。

---

❶ 第 99 条第 4 款，通过商标法（No. 3）B. E. 2543 增加。
❷ 第 99 条第 4 款，通过商标法（No. 3）B. E. 2543 修订。
❸ 第 101 条，经商标法（No. 2）B. E. 2543 修订。

第104条 向申请人、异议方、注册商标、服务商标、证明商标或集体商标的所有人发出的传票、通知和其他信函,被许可人或任何其他人应依本法规定,视具体情况通过挂号信邮寄至注册申请中提供的办事处或地址或注册地址。

相关信函无法通过上述方式交付的,可安排职员或再次通过挂号信邮寄送达。职员送达的情况下,收件人不在场的,相关信函可交付给其同住的成年家属或同事,或张贴在收件人办公室或收件地址的显著位置。

依第二款的规定,相关信函交付七日后,视为送达。

第105条 依本法规定,任何人将商标、服务商标、证明商标或集体商标相关的案件提交至法院或提起诉讼的,如果申请人或所有人不在泰国居住,则申请或注册中记录的人员或其代理人的办公室或地址视为申请人或所有人的住址。

第106条 若注册官向委员会呈请撤销商标、服务商标、证明商标或集体商标,或撤销商标或服务商标许可协议,应免除本法规定的费用。

第106条之二[1] 注册官或主管官员在履行本法下的职责时,具有以下权力:

(1)进入任何企业经营者或个人的营业场所、生产场所、分销场所、采购场所和储存场所,或有正当理由怀疑可能发生违反本法规定行为的任何场所,或命令车辆所有人或驾驶人员停车或泊车,进入其车辆执法检查。还可针对证据或依本法可没收的财产进行搜查或扣押,或在下列情形下进行逮捕:

(a)在某一场所或车辆内公然犯罪;

(b)追捕期间罪犯公然避难,或有重大理由怀疑其藏匿在该场所或车辆内;

(c)有正当理由怀疑依本法应予没收的证据或财产存放在该场所或车辆内,有合法理由相信由于未及时获得搜查令,证据或财产可能被转移、隐藏、销毁或改变原状;

---

[1] 第106条之二,经商标法(No.2)B.E.2543修订。

(d) 被逮捕人系该场所或车辆的所有人,并且逮捕时持有逮捕令,无逮捕令也可。

为实现上述目的,官员有权询问或要求车辆的企业经营者、所有人或经营者或相关人员提交账目、注册文件、其他文件或证据,并命令在这些场所或车辆中的人员采取必要行动或执行必要任务。

(2) 注册官或主管官员有明确证据认定违反本法任何规定属实时,扣押或没收涉及此种违法行为的货物、车辆、文件或其他证据。在此情况下,注册官或主管官员应在三天内向局长提交报告,并遵守经部长委员会批准的规则和程序。

第 106 条之三❶ 注册官和主管官员在履行第 106 条之二下的职责时,应向有关人员出示其身份证明。

上述身份证件应采用部长在《政府公报》中规定的格式。

第 106 条之四❷ 注册官和主管官员在履行本法下的职责时,应为《刑法》所规定的主管官员。

第六章 处 罚

第 107 条 任何人在申请、异议或提交的其他文件中,就商标、服务商标、证明商标或集体商标或与商标或服务商标有关的许可证注册申请、注册变更、注册续展或注册撤销,向注册官或委员会作出虚假陈述的,应处六个月以下监禁或一万泰铢以下罚金,或二者并罚。

第 108 条 任何人伪造他人在泰国注册的商标、服务商标、证明商标或集体商标的,应处四年以下监禁或四十万泰铢以下罚金,或二者并罚。

第 109 条 任何人模仿他人在泰国注册的商标、服务商标、证明商标或集体商标,以误导公众认为此等商标是他人商标、服务商标、证明商标或集体商标的,应处两年以下监禁或二十万泰铢以下罚金,或二者并罚。

---

❶ 第 106 条之三,经商标法(No.2)B.E. 2543 修订。
❷ 第 106 条之四,经商标法(No.2)B.E. 2543 修订。

第 109/1 条❶　任何人使用的包装或器具带有与其本人或他人商品一同在泰国内注册的他人商标、证明商标或集体商标，以误导公众认为该商品属于商标或集体商标所有人，或该证明商标被允许与该商品一同使用的，应处四年以下监禁或四十万泰铢以下罚金，或二者并罚。

第 110 条　任何人：

（1）进口、分销、要约分销或持有商品用于分销，商品带有第 108 条规定的假冒商标、服务商标、证明商标或集体商标或第 109 条规定的仿制商标、服务商标、证明商标或集体商标的，或

（2）违反第 108 条有关假冒服务商标、证明商标或集体商标，或违反第 109 条规定有关仿制服务商标、证明商标或集体商标的规定提供服务的，

应按此类条款规定进行处罚。

第 111 条　任何人有下列行为之一的，应处一年以下监禁或两万泰铢以下罚金，或二者并罚：

（1）虚假声明注册商标、服务商标、证明商标或集体商标在泰国注册；

（2）分销或持有含第（1）项所述商标或证明商标的分销商品，且知道有关该商标或证明商标的虚假声明；

（3）在第（1）项下的服务商标、证明商标或集体商标之下提供服务，且知道有关该商标或证明商标的虚假声明。

第 112 条　任何人违反第 90 条规定的，应处两万泰铢以下的罚金。

第 112 条之二❷　任何人妨碍注册官或主管官员依第 106 条之二规定行使职能的，应处一年以下监禁或两万泰铢以下罚金，或二者并罚。

第 112 条之三❸　注册官或主管官员依第 106 条之二规定行使职能时，任何人未提供便利的，应处一个月以下监禁或两千泰铢以下罚金，或二者并罚。

第 113 条　犯本法罪行受处罚的，从处罚之日起五年内又犯本法其他罪行的，应加倍处罚。

---

❶ 第 109/1 条,通过商标法(No.3)B.E.2559 增加。
❷ 第 112 条之二,经商标法(No.2)B.E.2543 修订。
❸ 第 112 条之三,经商标法(No.2)B.E.2543 修订。

第 114 条❶ 在本法下应承担责任的犯罪者是法人，并且是由于董事、经理或负责该法人运营的任何人依其职责发布命令、采取行动或未能发布命令或未能采取行动而导致犯罪的，该人也应被处以此类罪行规定的处罚。

第 115 条 违反本法规定，为分销而进口或持有的所有商品，无论是否有人被定罪都应予以没收。

第 116 条 如果有明确证据证明任何人正在或即将实施第 108 条、第 109 条或第 110 条下的行为，则商标、服务商标、证明商标或集体商标的所有人可向法院申请制止该行为。

临时性措施

第 117 条 本法生效之日已依商标法 B. E. 2474 的规定注册并续展注册的商标应视为本法下的商标。

第 118 条 依本法规定成立商标委员会之前，本法生效之日商标法 B. E. 2474 下的现任商标委员会应继续行使其职能，但不得超过六十日。

第 119 条 依商标法 B. E. 2474 规定提交的所有商标注册申请、注册变更申请、商标权利转让申请和商标续展申请，如果在本法生效日期之前，注册官：

（1）未就此下达任何命令，则视为已依本法规定提交上述申请，并应采取下一步行动；

（2）已就此下达任何命令，则应依商标法 B. E. 2474 的规定作出下一步处理，直至该事项最终裁定。

第 120 条 关于依商标法 B. E. 2474 注册的商标的续展申请，所有人均应明确说明需要保护的商品种类。在这种情况下，比照第 9 条的规定适用。

第 121 条 在本法生效之日前待决的，依商标法 B. E. 2474 对注册官的命令或决定提出的申诉或异议，应受商标法 B. E. 2474 管辖，直至最终裁定。

第 122 条 依商标法 B. E. 2474 的规定，如果在本法生效之日前，任何

---

❶ 第 114 条,经商标法(No. 2)B. E. 2543 修订。

人向注册官提交申诉、异议、反诉,以及告知已达成协议或提起诉讼但期限尚未届满,则该期限应从本法生效之日起重新计算。

第 123 条 本法下发布的部长令和通知生效前,依商标法 B.E. 2474 的规定发布的所有部长令、通知、规则和命令在不违反或违背本法的前提下,继续有效。

官方费用[1]

(1) 申请注册商标、服务商标、证明商标或集体商标:

(a) 每个类别 1 至 5 项商品或服务,每项 1 000 泰铢;

(b) 每个类别超过 5 项商品或服务,每类 9 000 泰铢。

(2) 绘制宽度或长度超过 5 厘米的商标、服务商标、证明商标或集体商标不足 1 厘米的部分应按 1 厘米计算,每厘米 200 泰铢。

(3) 依(1)反对提出的申请,每次反对 2 000 泰铢。

(4) 申请转让商标、服务商标、证明商标或集体商标的权利,每次申请 2 000 泰铢。

(5) 注册商标、服务商标、证明商标或集体商标:

(a) 每个类别 1 至 5 项商品或服务,每项 600 泰铢。

(b) 每个类别超过 5 项商品或服务,每类 5 400 泰铢。

(6) 补发注册证明,每份 200 泰铢。

(7) 申请注册商标、服务商标、证明商标或集体商标的转让或继承,每次申请 2 000 泰铢。

(8) 依(5)申请修订注册详细信息,每次申请 400 泰铢。

(9) 依(5)续展注册:

(a) 每个类别 1 至 5 项商品或服务,每项 2 000 泰铢;

(b) 每个类别超过 5 项商品或服务,每类 18 000 泰铢。

---

[1] 官方费用,经商标法(No.3) B.E. 2559 修订。

（10）依（5）向商标委员会申请取消注册，每次请求 1 000 泰铢。

（11）申请注册商标或服务商标许可，每次申请 1 000 泰铢。

（12）注册商标或服务商标许可，每份许可证 2 000 泰铢。

（13）依（12）申请修订注册详细信息，每次申请 400 泰铢。

（14）依（12）申请取消注册，每次请求 400 泰铢。

（15）依第（1）（7）或（11）申请修订已提出的申请，每次申请 200 泰铢。

（16）申请修订证明商标的规则：

（a）证明商标注册之前，每次申请 200 泰铢；

（b）证明商标注册之后，每次申请 400 泰铢。

（17）申诉：

（a）依第 16 条、第 17 条、第 27 条对注册官作出的命令，或依第 37 条对注册官作出的决定提起申诉，每次申诉 4 000 泰铢；

（b）依其他规定提起申诉，每次申诉 2 000 泰铢。

（18）查询商标、服务商标、证明商标或集体商标的注册详细信息及其档案不足一小时的部分应按一小时计算，每小时 200 泰铢。

（19）索取商标、服务商标、证明商标或集体商标的注册摘要，并附加证明，每份 400 泰铢。

（20）索取复制文件，每页 20 泰铢。

（21）请求认证同一案件的文件：

（a）不超过 40 页，每页 20 泰铢；

（b）超过 40 页，每份 800 泰铢。

（22）请求认证注册，每份 100 泰铢。

（23）其他申请，每次申请 200 泰铢。

（24）依《马德里议定书》拟备和交付国际申请或其他申请：

（a）拟备和交付注册申请，每次申请 2 000 泰铢；

（b）拟备和交付续展申请、转让申请、修订申请及其他申请，每次请求 1 000 泰铢；

（c）申请备案国际注册以取代在泰国的注册，每次请求 2 000 泰铢。

商标法 B. E. 2534

备注：颁布本法的理由如下。商标法 B. E. 2474 已颁布并实施了相当长时间，相关规定已无法有效保护商标所有人的权利。服务商标、证明商标和商标或服务商标许可在许多国家广为人知并受到法律保护，但仍未受到泰国法律的保护。此外，现行商标法还存在一些不足之处，例如，注册人和商标委员会的权力和职责及申请人的权利尚未明确得到法律认可，这种缺失在实践中造成了很多困难。因此，目前有必要修订并颁布本法。

副签人
Anand Panyarachun
总理

于佛历 2534 年（公元 1991 年）11 月 15 日《政府公报》第 108 卷第 199 部分专页 7 中公布。

商标法（No. 2） B. E. 2543

备注：颁布本法的理由如下。在乌拉圭回合的多边贸易谈判中，许多国家就《与贸易有关的知识产权协议》达成了一致，世界贸易组织（WTO）的成立也取得了成功，并已生效。因此，作为世界贸易组织的成员，泰国有义务执行上述协议，以实现对知识产权的有效保护。此外，修订商标注册的条件、特点和禁止性规定、撤销和相关程序、公告费的收取、商标委员会的组成、权力和职责，以及规定本法规定的官员的分配和加强注册官在审议注册异议时的权力也是有必要的。因此，有必要颁布本法。

第 27 条 在本法生效前提交的任何商标申请、服务商标申请、证明商标申请和集体商标申请，均应视为依修订后的商标法 B. E. 2534 的规定提出的申请。

第 28 条 商业部长负责和掌管本法的实施。

> 副签人
>
> Chuan Leekpai
>
> 总理

于佛历 2543 年（公元 2000 年）《政府公报》第 117 卷第 29a 部分第 11 页中公布

商标法（No. 3） B. E. 2559

第 2 条 本法自《政府公报》上公布之日起九十日届满时生效，但第 31 条的规定除外，该条的生效日期以皇家法令的规定为准。

第 34 条 经商标法（No. 2） B. E. 2543 修订，作为商标法 B. E. 2534 附件的官方费用应予取消，并采用本法附件的官方费用。

第 35 条 依第 36 条的规定，本法生效之前提交的申请应视为修订后的商标法 B. E. 2534 下提交的申请，并应按以下方式处理：

（1）如果注册官已发出命令，则应在申请期限届满前，依本法生效之前有效的商标法 B. E. 2534 的规定处理上述申请；

（2）如果注册官未发出命令，则应依经修订的商标法 B. E. 2534 的规定处理上述申请。

依第一款规定对申请所征收的官方费用应符合本法生效日期之前有效的商标法 B. E. 2534 的规定，直至最终确定。

本法生效之前有效的关联商标、服务商标、证明商标或集体商标应视为经本法修订的商标法 B. E. 2534 下无关联顺序的商标、服务商标、证明商标或集体商标。

第 36 条 多个申请人在本法生效日期之前共同申请商标、服务商标、证明商标或集体商标，且注册官已裁定上述商标相同或相似，但未命令各申请人就确定具体申请人为唯一注册所有人达成一致意见的，应依经本法修订的商标法 B. E. 2534 进行处理申请。

第 37 条 注册官在本法生效日期之前发布有关撤销依商标法 B.E. 2534 第 58 条和第 59 条注册的商标、服务商标、证明商标或集体商标的命令,该命令应予以执行,并依在本法生效日期之前有效的商标法 B.E. 2534 的规定征收官方费用,直至发出撤销令或不撤销令。

第 38 条 对于依本法生效日期之前有效的商标法 B.E. 2534 发布的所有部长令或通知,只要不违反或违背经本法修订的商标法 B.E. 2534 的规定,就应继续有效直至依经本法修订的商标法 B.E. 2534,发布部长令或通知。

第 39 条 商业部长负责和掌管本法的实施。

备注: 颁布本法的理由如下。截至目前,国际一级商标保护已扩大到商标法 B.E. 2534 条款未涵盖的新型商标。此外,由于泰国即将加入《商标国际注册马德里协定有关议定书》(《马德里议定书》),其突出特点是规定了在成员国提出保护商标、服务商标、证明商标和集体商标的单一国际申请。为符合《马德里议定书》规定,有必要修订本法相关部分的规定,扩大商标保护范围。此外,欺骗性使用他人注册商标、证明商标或集体商标的包装或器具,对公众和商标所有人造成损害的,应进行处罚和量刑。本法还有必要对注册程序和期限进行修订,使相关规定更加明确,更好解释,也有必要修订本法附表的官方费用,使之更加合理。故而有必要颁布本法。

　　　　　　　　　　　　　　　　　　副签人
　　　　　　　　　　　　　　　　　　General Prayut Chan-o-cha
　　　　　　　　　　　　　　　　　　总理

于佛历 2559 年(公元 2016 年)4 月 29 日《政府公报》第 133 卷第 38a 部分第 23 页中公布

　　　　　　　　　　　　　　　　　编纂人:Puttipat Jiruschamna

著作权法 B. E. 2537

经著作权法（No. 2）B. E. 2558、

著作权法（No. 3）B. E. 2558、

著作权法（No. 4）B. E. 2561 和

著作权法（No. 5）B. E. 2565 修订

国王普密蓬·阿杜德（Bhumibol Adulyadej）

签署于佛历 2537 年（即现王朝 49 年）12 月 9 日

泰国国王普密蓬·阿杜德非常高兴地宣布：

鉴于目前适合修订著作权法，因此，经泰国议会提议和通过，国王颁布法律如下：

第1条 本法称为"著作权法 B. E. 2537"。

第2条❶ 本法自《政府公报》上公布之日起九十日届满时生效。

第3条 著作权法 B. E. 2521 予以废除。

第4条 本法规定：

"作者"是指依本法制作或创作著作权作品的人；

"著作权"是指作者依本法对其创作的作品所享有的专有权；

"文学作品"是指任何种类的文学作品，如书籍、手册、著作、印刷品、讲座、宣讲、演讲、演说，包括计算机程序；

"计算机程序"是指用于计算机的指令、指令集或任何其他程序，以便操作计算机生成或输出，无论采用何种计算机语言；

---

❶ 在佛历 2537 年（公历 1994 年）12 月 21 日《政府公报》第 111 卷第 59a 部分第 1 页中公布。

"戏剧作品"是指在戏剧表演中涉及编舞、舞蹈、表演或演出的作品，包括哑剧；

"艺术作品"是指具有以下任何一种或多种特征的作品：

（1）绘画或素描作品，是指由线条、光线、色彩或其他事物组成的构图创作，或在一种或多种材料上的构图创作；

（2）雕塑作品，是指具有有形体积的空间艺术创作，空间形象的视觉艺术；

（3）平版印刷作品，是指通过印刷工艺创作的图像，包括印刷中使用的印块或印版；

（4）建筑作品，是指建筑物的设计和施工中室内或室外设计以及景观设计、建筑物模型的设计；

（5）摄影作品，是指借助器械在感光材料或其他介质上记录客观物体形象的艺术作品；

（6）插图作品，与地理或科学有关的插图、地图、结构图、草图或三维作品；

（7）应用艺术作品，是指应用第（1）项至第（6）项所述作品之一或其组合用于除欣赏作品价值以外的其他用途的作品，如用于装饰材料或电器或其他商业用途；

无论第（1）项至第（7）项中的作品是否具有艺术价值，都应包括此类作品的照片和图纸；

"音乐作品"是指歌曲、交响乐等能够演唱或演奏的带词或不带词的作品；

"音像作品"是指以类似摄制电影的方法创作的作品以外的任何有伴音或无伴音的连续相关形象、图像的录制品；

"电影作品"是指摄制在一定介质上，由一系列有伴音或无伴音的画面组成，并且借助适当装置放映或以其他方式传播的作品；

"录音制品"是指任何对表演的声音和其他声音的录制品并能进行重放，但不包括电影作品或其他音像作品的伴音；

"表演者"是指表演者、音乐家、歌唱家、舞蹈编导、舞蹈家，以及按照脚本表演、唱歌、演讲、解说或以其他方式表演的人；

"音像广播作品"是指通过无线电广播、电视声音和（或）视频其他类似方式向公众传播的作品；

"复制"包括对原件、复制件全部或部分进行拷贝、模仿、复制、翻制、录音、录像或录音录像的任何方式，就计算机程序而言，是对程序的全部或部分进行复制或拷贝的任何方式，且不创造新作品；

"改编"是指对下列原作品的主要部分进行改变、完善、修改或模仿，而不以创造新作品的方式进行复制，无论是全部还是部分：

（1）文学作品，包括翻译、改编或汇编；

（2）计算机程序，包括通过改变、完善、修改程序的主要部分，但不以创造新作品的方式进行的复制；

（3）戏剧作品，包括用原语言或其他语言将非戏剧作品改成戏剧作品，或将戏剧作品改成非戏剧作品；

（4）艺术作品，包括将二维作品或三维作品改成三维作品或二维作品，或在原作品基础上制作的模型；

（5）音乐作品，包括曲调的编排、歌词或旋律的改动；

"向公众传播"是指通过表演、演讲、宣讲、音乐演奏等其他方式向公众提供作品；

"出版"是指在征得作者同意的情况下，以任何形式或性质分发作品的复制件，依作品的性质，公众可获得合理数量的复制件，但戏剧作品、音乐作品或电影作品的演出或播放、文学作品的演讲或朗诵、艺术作品的展览以及建筑作品的建造不构成出版；

"服务提供商"[1]是指作为中间人提供计算机数据传输服务或以其他方式允许通过计算机系统进行通信的人，还包括提供计算机数据临时存储服务的人、提供计算机数据存储服务的人和提供计算机数据定位工具服务的人，无论其提供的服务是以自己的名义还是以他人的名义进行的，或是为了他人的利益而提供的；

---

[1] 通过著作权法(No.5)B.E.2565增加了"服务提供商"定义。

"用户"❶ 是指使用服务提供商服务的用户，不论是否付费；

"权利管理信息"❷ 是指表明作者、作品、表演者、表演、著作权人或作品使用条款和条件的信息，以及表示这些信息的数字或代码，此类信息附于或出现在与著作权作品或表演录制材料有关的地方；

"技术保护措施"❸ 是指用于保护著作权人权利或表演者在本法下享有的权利的技术，或用于有效控制访问著作权作品或表演录制品的技术；

(废除)❹

"主管官员"是指为实施本法由部长任命的人；

"局长"是指知识产权局局长，包括由知识产权局局长委托的任何代理人；

"委员会"是指著作权委员会；

"部长"是指负责和掌管本法实施的部长。

第 5 条 商业部长负责和掌管本法的实施，并有权为实施本法任命主管官员和颁布部长令。

此类部长令自《政府公报》上公布之日起生效。

第一章 著作权

第一部分 著作权作品

第 6 条 依本法，著作权作品指文学、戏剧、艺术、音乐、视听、电影、录音、音像广播作品，或文学、科学或艺术领域的任何其他作品，不论其表达方式或形式。

著作权保护范围不包括任何想法、程序、过程、系统、操作方法、概念、原理、理论及发现的部分。

第 7 条 依本法，下列作品不视为著作权作品：

---

❶ 通过著作权法(No. 5)B. E. 2565 增加了"用户"定义。
❷ 通过著作权法(No. 2)B. E. 2558 增加了"权利管理信息"定义。
❸ 通过著作权法(No. 5)B. E. 2565 增加了"技术保护措施"定义。
❹ "规避技术保护措施"定义经著作权法(No. 5)B. E. 2565 废除。

（1）具有纯信息性质的当日新闻和事实，不属于文学、科学或艺术领域的作品；

（2）宪法和法律；

（3）各部、部门或任何其他政府或地方单位的规则、规章、通告、命令、解释和官方信函；

（4）司法决定、命令、裁决和官方报告；

（5）各部、部门或任何其他政府或地方单位对第（1）项至第（4）项内容的翻译和汇编。

第二部分　著作权获取

第8条　符合以下条件的，著作权人为作品的作者：

（1）作品未出版的，作者必须是泰国国民或居住在泰国，或是泰国加入的著作权保护公约成员国的国民或居住在该公约成员国，但创作作品的全部或大部分时间必须居住在该地；

（2）作品已出版的，首次出版必须在泰国境内或在泰国加入的著作权保护公约成员国境内，首次出版在泰国境外或在泰国未加入的著作权保护公约成员国境内，但该作品随后在泰国境内或在泰国加入的著作权保护公约成员国境内出版，且出版日期在首次出版后三十日内，作者具备第（1）项规定的资格。

作者是泰国国民且作者是法人的，法人的成立程序须符合泰国法律法规规定。

第9条　除非另有书面约定，否则作者在工作期间创作的作品的著作权归作者所有，但委托人有权依其工作目的向公众传播该作品。

第10条　除非作者与委托人另有约定，委托人享有在委托过程中创作的作品的著作权。

第11条　依本法规定，经著作权人同意对作品进行改编的作品，其著作权归改编者所有，但行使著作权时不得侵犯原作品的著作权。

第12条　依本法规定，经著作权人同意汇编或编排的作品、数据、材料等，且未模仿他人作品的方式进行汇编或编排，其著作权归汇编者或编排者所有，前提是行使著作权时不得侵犯原作品的著作权。

第 13 条 第 8 条、第 9 条及第 10 条比照适用于依第 11 条或第 12 条获得著作权的情况。

第 14 条 各部、部门或地方部门在工作、指导或管理过程中创作的作品，其著作权归创作者所有，另有书面约定的除外。

第三部分　著作权保护

第 15 条 依第 9 条、第 10 条和第 14 条的规定，著作权人享有以下专有权：

（1）复制或改编；

（2）向公众传播；

（3）出租计算机程序、音像作品、电影作品和录音制品的原件或复制件；

（4）将著作权产生的利益给予他人；

（5）著作权人可有条件或无条件地许可他人使用第（1）（2）（3）项中所述的权利，但上述条件不得违背公平、限制竞争。

第一款第（5）项中所述的条件是否属于违背公平、限制竞争，应依部长令规定的规则、方法进行审议。

第 16 条 著作权人依本法授权个人行使第 15 条第（5）项规定的权利时，并不限制著作权人向其他人授予此类授权，书面授权中明确规定了此类限制的除外。

第 17 条 著作权可转让。

著作权人可全部或部分转让著作权，并可在一定期限内或在整个著作权保护期限内转让著作权。

转让著作权应当订立书面合同，并由转让人和受让人签字，继承的除外。转让合同中未规定期限的，转让期限为十年。

第 18 条 依本法规定，著作权人有权表明自己是作者，并有权禁止受让人或任何人歪曲、缩减、改编等作出任何有损作品或损害作者的名誉尊严的行为。作者死亡的，作者的继承人有权在著作权保护期限内通过诉讼的方式行使权利，另有约定的除外。

第四部分　著作权保护期限

第 19 条　依本法第 21 条和第 22 条的规定，著作权有效期为作者终生及其死亡后五十年。

对于共同创作的作品，著作权有效期为共同作者终生以及最后死亡的作者死亡后五十年。

如果作者或所有共同作者在作品出版前死亡，著作权有效期为自作品首次出版起五十年。

如果作者是法人，著作权有效期为自取得著作权起五十年，但如果作品在此期间出版，著作权有效期为自首次出版起五十年。

第 20 条　依本法规定，作者使用笔名或匿名创作的作品，著作权有效期为自取得著作权起五十年，但如果作品在此期间出版，著作权有效期为自首次出版起五十年。

如果作者的身份已为人所知，则第 19 条经必要变更后比照适用。

第 21 条❶　音像作品、电影作品、录音制品或音像广播作品的著作权有效期为自取得著作权起五十年，但如果作品在此期间出版，著作权的有效期为自首次出版起五十年。

第 22 条　应用艺术作品的著作权有效期为自取得著作权起二十五年，但如果作品在此期间出版，著作权的有效期为自首次出版起五十年。

第 23 条　依第 14 条的规定，在工作、指导或管理过程中创作的作品，其著作权有效期为自取得著作权起五十年，但如果作品在此期间出版，著作权的有效期为自首次出版起五十年。

第 24 条　第 19 条、第 20 条、第 21 条、第 22 条或第 23 条中规定的作为著作权保护期开始的出版是指经著作权人同意的作品出版。

第 25 条　如果著作权保护期一年内到期，而到期日非该年的最后一个日历日，但不知道确切的到期日，则著作权延续至该日历年的最后一日。

---

❶　经著作权法（No. 5）B. E. 2565 修订。

第 26 条 著作权保护期届满后出版作品的,不视为重新获得著作权。

第五部分 侵犯著作权

第 27 条 未经第 15 条第（5）项的授权,对在本法下享有著作权的作品实施下列任何行为的,视为侵犯著作权:

（1）复制或改编;

（2）向公众传播。

第 28 条 未经第 15 条第（5）项的授权,对在本法下享有著作权的音像作品、电影作品或录音制品实施下列任何行为的,无论是针对声音还是图像,均视为侵犯著作权:

（1）复制或改编;

（2）向公众传播;

（3）出租作品原件或复制件。

第 28/1 条❶ 未经第 15 条第（5）项的授权,电影院放映本法规定的电影作品期间,通过录音或录像或同时通过录音和录像复制电影作品的,无论是全部还是部分,均视为侵犯著作权,且不适用第 32 条第二款第（2）项的规定。

第 29 条 未经第 15 条第（5）项的授权,对在本法下享有著作权的音像广播作品实施下列任何行为的,视为侵犯著作权:

（1）制作音像作品、电影作品、录音制品或音像广播作品的全部或部分;

（2）转播全部或部分作品;

（3）制作供公众收听或收看的音像广播作品以获取利益。

第 30 条 未经第 15 条第（5）项的授权,对在本法下享有著作权的计算机程序实施下列任何行为的,视为侵犯著作权:

（1）复制或改编;

（2）向公众传播;

---

❶ 经著作权法(No.3)B.E.2558 增加了第 28/1 条。

（3）出租作品原件或复制件。

第 31 条 任何人知道或应当知道作品是通过侵犯他人著作权而制作的，为牟利而对该作品实施以下任何行为的，视为侵犯著作权：

（1）销售、占位销售、许诺销售、出租、许诺出租、以分期付款方式销售或许诺以分期付款方式销售；

（2）向公众传播；

（3）以可能损害著作权人的方式分发；

（4）自行进口或定制进口到泰国。

第六部分 侵犯著作权的例外情况

第 32 条 依本法规定，他人对著作权作品实施的行为，未与著作权人对著作权作品的正常使用相抵触，也无不合理地损害著作权人的合法权利的，不得视为侵犯著作权。

在不违反第一款规定的情况下，实施任何针对第一款所述著作权作品的行为均不视为侵犯著作权，前提是必须符合以下情形之一：

（1）不以营利为目的对作品进行研究或学习；

（2）个人或家庭或近亲使用作品；

（3）对作品提出的评论、批评或建议，并承认作品的著作权归属；

（4）通过媒体进行新闻报道，并承认作品的著作权归属；

（5）由负责或获得授权的官员进行复制、改编或演示以作为证据在法院审案时使用；

（6）教师为教学目的对作品进行复制、改编、展览或展示，但不得以营利为目的；

（7）教师或教育机构对作品进行复制、部分改编、删节或制作摘要，以便向班级或教育机构的学生分发或销售，但不得以营利为目的；

（8）将作品用作考试问题和答案的一部分；

（9）（废除）❶

---

❶ 第 32 条第二款第（9）项经著作权法（No. 4）B. E. 2561 废除。

第32/1条❶　合法取得著作权作品原件或其复制件所有权的人分发该著作权作品原件或其复制件的，不视为侵犯著作权。

第32/2条❷　为使计算机系统中配备的设备或通过计算机系统提交著作权作品的过程能够正常运行，从而在计算机系统中以复制的方式使用合法获得的著作权作品或其复制件的，不视为侵犯著作权。

第32/3条❸　（废除）

第32/4条❹　对于因视力、听力、行动能力、智力、学习障碍或部长在《政府公报》中规定的其他障碍而无法依本法获取著作权作品的残疾人，经授权或认可的他人或实体为其需要而实施的下列任何行为均不视为侵犯著作权，前提是此类行为不以营利为目的，且符合第32条第一款的规定：

（1）复制或改编已出版或向公众传播并合法获得的著作权作品；

（2）向公众传播依第（1）项的规定复制或改编的著作权作品的复制件，包括从国内外另一经授权或认可的实体获得的著作权作品复制件。

经授权或认可的实体、出于残疾人需要，复制或改编格式及复制或改编和向公众传播的规则和程序应符合部长在《政府公报》中规定的条款。

第33条　依本法对著作权作品进行合理的朗诵、引用、复制、仿效或部分引用，并承认该作品的著作权归属的，不视为侵犯著作权，前提是符合第32条第一款的规定。

第34条　在下列情况下，图书馆员按照本法的规定复制著作权作品不得视为侵犯著作权，前提是此类复制不以营利为目的，且符合第32条第一款的规定：

（1）在本图书馆或其他图书馆使用复制品；

（2）出于研究或学习目的，为他人合理复制部分作品。

第35条　在下列情况下，依本法使用属于著作权作品的计算机程序的行为不视为侵犯著作权，前提是不以营利为目的，且符合第32条第一款的规定：

---

❶　通过著作权法(No.2)B.E.2558增加了第32/1条。
❷　通过著作权法(No.2)B.E.2558增加了第32/2条。
❸　第32/3条经著作权法(No.3)B.E.2565废除。
❹　通过著作权法(No.4)B.E.2561增加了第32/4条。

（1）计算机程序的研究或学习；

（2）为计算机程序副本所有者的需要而使用；

（3）对作品进行评论、批评或建议，并承认计算机程序的著作权归属；

（4）通过媒体进行新闻报道，并承认计算机程序的著作权归属；

（5）为维护或防止丢失，便于妥善保存，合法购买或从他处获得计算机程序的人制作合理数量的计算机程序副本；

（6）由负责或获得授权的官员进行复制、改编或演示以作为证据在法院审案时使用；

（7）将计算机程序用作考试问题和答案的一部分；

（8）检查；

（9）依使用需要改编计算机程序；

（10）为公共利益需要，便于妥善保存而制作计算机程序的副本，供参考或研究之用。

第 36 条 视具体情况，戏剧作品或音乐作品不以营利为目的公开表演，表演者也未因此收取报酬的，不视为侵犯著作权。前提是该表演是由协会、基金会或其他以慈善、教育、宗教或社会福利为目的的组织进行的，且符合第 32 条第一款的规定。

第 37 条 除建筑作品外，对在公共场所公开展示的艺术作品进行描绘、绘制、构建、版刻、塑模、雕刻、石版印刷、摄影、电影拍摄、视频广播或任何类似操作的，均不视为侵犯该艺术作品的著作权。

第 38 条 对建筑作品进行描绘、绘制、版刻、塑模、雕刻、平版印刷、摄影、电影拍摄或视频广播的，均不视为侵犯该建筑作品的著作权。

第 39 条 对以艺术作品为组成部分的作品进行摄影、电影拍摄或视频广播的，均不视为侵犯该艺术作品的著作权。

第 40 条 作者以外的其他人共同拥有艺术作品著作权的，作者以复制原艺术作品的一部分或使用在原艺术作品创作中应用的印刷图案、草图、平面图、模型或从研究中得出的数据的方式创作该艺术作品，只要作者没有复制或抄袭原艺术作品的实质性部分，不视为侵犯该艺术作品的著作权。

第 41 条 按照本法的规定对属于著作权建筑作品的建筑物进行原貌修

复的，不视为侵犯著作权。

第 42 条 在电影作品的保护期届满时向公众传播该电影作品的，不视为侵犯文学作品、戏剧作品、艺术作品、音乐作品、音像作品、录音制品或先前用于制作该电影作品的任何作品的著作权。

第 43 条 授权官员或按照该官员的命令为政府服务而依本法复制著作权作品的，如果属于政府所有，不视为侵犯著作权，前提是遵守第 32 条第一款的规定。

第七部分　服务提供商的责任豁免❶

第 43/1 条❷　为了免除因提供服务而侵犯著作权的责任，服务提供商必须明确宣布终止向屡次侵犯著作权的用户提供服务的措施，并执行此类措施，以第 43/2 条、第 43/3 条、第 43/4 条或第 43/5 条（视情况而定）规定的方式提供服务。

第 43/2 条❸　凡作为通过计算机系统提供计算机数据传输或以其他方式允许通信的服务，并希望有资格免除第 43/1 条项下责任的，必须基于以下条件提供服务：

（1）服务提供商未主动传输计算机数据；

（2）服务提供商通过自动技术程序传输计算机数据，而未选择传输的计算机数据；

（3）服务提供商未选择计算机数据的接收者，但自动系统的响应除外；

（4）服务提供商传输计算机数据时未修改数据内容；

（5）服务提供商未在计算机系统或网络上以他人通常可访问的方式保存在临时储存过程中复制的计算机数据副本，也未将计算机数据副本保存超过必要的时间。

---

❶ 通过著作权法（No.5）B.E.2565 增加了第 7 部分"服务提供商的责任豁免"第 43/1 条至第 43/8 条。

❷ 通过著作权法（No.3）B.E.2565 增加了第 43/1 条。

❸ 通过著作权法（No.5）B.E.2565 增加了第 43/2 条。

第 43/3 条❶　凡提供计算机数据临时存储服务，并希望免除第 43/1 条项下责任的，必须基于以下条件提供服务：

（1）服务提供商通过自动技术程序临时存储计算机数据；

（2）服务提供商传输计算机数据时不修改数据内容；

（3）服务提供商定期更新计算机系统或网络上的计算机数据；

（4）服务提供商不干扰各服务提供商为以获取用户使用数据而广泛认可和使用的技术；

（5）服务提供商遵守原网站规定的访问计算机数据的条件；

（6）在获悉原网站已从计算机系统或网络中删除临时储存的计算机数据，或已禁止访问此类计算机数据或获悉法院已命令原网站采取此类行动后，服务提供商迅速从计算机系统或网络中删除此类计算机数据或禁止访问此类计算机数据。

第 43/4 条❷　凡提供计算机数据存储服务，并希望有资格免除第 43/1 条项下责任的，必须基于以下条件提供服务：

（1）服务提供商不知道或没有合理理由知道侵犯著作权的计算机数据存在于其提供的计算机系统或网络中的，按照用户的命令提供计算机数据存储服务，并在获悉或收到有关侵犯著作权的通告后，立即从计算机系统或网络中删除声称侵犯著作权的计算机数据，或禁止访问此类计算机数据；

（2）如果服务提供商有权利和能力控制著作权侵犯活动，服务提供商没有直接从该活动中获得经济利益；

（3）服务提供商提供接收通告的方式，为便于联系，在易于获取的位置提供服务提供商或指定接收通告者的姓名、地址、电话号码和电子邮件地址等详细信息。

第 43/5 条❸　凡提供计算机数据定位工具，并希望有资格免除第 43/1 条项下责任的，必须基于以下条件提供服务：

（1）服务提供商不知道或没有合理理由知道计算机数据属于侵权数据

---

❶　*通过著作权法（No. 5）B. E. 2565 增加了第 43/3 条。*
❷　*通过著作权法（No. 5）B. E. 2565 增加了第 43/4 条。*
❸　*通过著作权法（No. 5）B. E. 2565 增加了第 43/5 条。*

的，提供在互联网上查找计算机数据的服务，并在获悉或收到有关侵犯著作权的通告后，立即从计算机系统或网络中删除声称侵权的计算机数据的引用或链接，或禁止访问此类计算机数据的引用或链接；

（2）如果服务提供商有权利和能力控制著作权侵犯活动，服务提供商没有直接从该活动中获得经济利益；

（3）服务提供商提供接收通告的方式，为便于联系，在易于获取的位置提供服务提供商或指定接收通告者的姓名、地址、电话号码和电子邮件地址等信息，以便于联系。

第 43/6 条❶ 如果著作权人有合理证据证明按照第 43/4 条或第 43/5 条的规定，服务提供商的计算机系统或网络存在著作权侵权的行为，著作权人可通告服务提供商在其计算机系统或网络中删除涉嫌侵权的计算机数据或其引用或链接，或禁止他人访问该数据或链接。

著作权人按照第一款的规定发出通告时，须注意第六部分"侵犯著作权的例外情况"的规定。因此，著作权人应以书面形式或通过电子系统发出通告，通告至少包括以下信息：

（1）法人的名称、地址、电话号码和电子邮件地址，便于著作权人与之联系；

（2）涉嫌侵权的著作权作品；

（3）涉嫌侵权的计算机数据及其位置，以及许可服务提供商在其计算机系统或网络中删除此类计算机数据或禁止予以访问的合理充分信息，但按照第 43/5 条的规定向服务提供商发出通告的情况除外，此时应仅对涉嫌侵权的计算机数据的引用或链接以及许可服务提供商确定此类引用或链接的合理充分信息予以识别；

（4）确认所通知的信息属实；

（5）著作权人的签名或电子签名。

服务提供商应在收到第一款所述通告后，立即在其计算机系统或网络中删除涉嫌侵权的计算机数据或其引用或链接，或禁止访问该数据或链接，

---

❶ 通过著作权法（No.5）B. E. 2565 增加了第 43/6 条。

并告知涉嫌进行侵权活动的用户有权发出反向通告。

如果通告中包含第二款规定的不完整信息,但已包含第（1）（2）和（3）项规定的信息,服务提供商应尽快联系著作权人或采取其他行动以获得完整信息。对此,如果通告包含不完整信息,则服务提供商不应视为知道或应当知道在其计算机系统或网络上发生的侵权行为。

服务提供商善意行事的,对第三款所述活动造成的损失无须承担责任。

第 43/7 条❶ 收到第 43/6 条第三款所述通告的用户有权采用书面形式或通过电子系统向服务提供商发出反向通告,通告至少包括以下信息:

（1）法人的名称、地址、电话号码和电子邮件地址,便于用户与之联系;

（2）已在服务提供商的计算机系统或网络中删除或禁止访问的计算机数据,以及在服务提供商的计算机系统或网络中删除此类计算机数据或其位置禁止予以访问前,但按照第 43/5 条的规定向服务提供商发出反向通告的情况除外,此时应仅对已在服务提供商的计算机系统或网络中删除的引用或链接或禁用访问予以识别;

（3）声明在服务提供商的计算机系统或网络中删除计算机数据或其引用或链接或禁用访问由错误或错误识别所致;

（4）用户的签名或电子签名。

服务提供商收到包含第一款所述完整信息的反向通告后,服务提供商应立即将反向通告副本转发至著作权人,并通告其计算机数据或其引用或链接会在服务提供商的计算机系统或网络予以替换,或自服务商收到反向通告之日起三十日内停止予以访问。

在第二款规定的期限届满时,服务提供商应在十五日内在服务提供商的计算机系统或网络对计算机数据或其引用或链接予以替换,或停止访问该数据或链接,除非服务提供商收到由著作权人提供的佐证通告,内容是已对用户提起诉讼。

第 43/8 条❷ 向服务提供商发出通告或反向通告的任何人,知道或应

---

❶ 通过著作权法（No.5）B.E. 2565 增加了第 43/7 条。
❷ 通过著作权法（No.5）B.E. 2565 增加了第 43/8 条。

当知道此类信息为虚假信息，导致服务提供商在其计算机系统或网络删除或替换计算机数据或其引用或链接，或禁用或停止访问该数据或链接的，应对此类虚假通告或反向通告造成的任何损失承担责任。

第二章 表演者的权利

第 44 条 表演者对其表演相关行为享有下列专有权：
（1）向公众播放或传播表演的录音录像，但录制版录音材料除外；
（2）录制未曾录制的表演；
（3）为其他目的复制未经表演者同意录制或经表演者同意录制的表演录音材料，或按照第 53 条的规定对侵犯表演者权利的例外表演录制材料。

第 45 条 任何人以商业目的向公众发行的表演录音或其复制品，须向表演者支付适当报酬。如果各方不能就报酬达成一致，按照国家著作权主管部门会同有关部门制定的付酬标准支付报酬。

依第一款规定，一方可在收到部长的命令通知之日起九十日内对该命令向委员会提出申诉。委员会的决定为最终决定。

第 46 条 表演或录音涉及多名表演者，可委托联合代理人对其权利予以监督或管理。

第 47 条 依第 44 条的规定，表演者应对其表演享有权利，但须符合下列条件：
（1）表演者具有泰国国籍或在泰国有惯常居所；
（2）表演或其主要部分发布于泰国或与泰国同属保护表演者权利公约成员国的国家。

第 48 条 依第 45 条的规定，表演者有权获得报酬，但须符合下列条件：
（1）表演者具有泰国国籍或在泰国有惯常居所；
（2）表演录音或其主要部分发布于泰国或与泰国同属保护表演者权利公约成员国的国家。

第 49 条 依第 44 条的规定，表演者的权利自表演发布的日历年末日起五十年内有效。对于录制表演，表演者的权利自表演录制的日历年末日起五十年内有效。

第 50 条　依第 45 条的规定，表演者的权利自表演录制的日历年末日起五十年内有效。

第 51 条　依第 44 条和第 45 条的规定，表演者的权利可在某段固定期限或整个保护期内全部或部分转让。

涉及多名表演者时，各表演者有权仅转让各自权利。

转让权利应当订立书面合同，并由转让人和受让人签字，继承转让的除外。转让合同中未规定期限的，转让期限为三年。

第 51/1 条❶　表演者有权在其表演中表明表演者身份，并有权禁止表演者权利的受让人或任何人歪曲、缩减、改编或做出任何有损作品或损害作者的名誉尊严的行为。表演者死亡的，表演者的继承人有权在表演者权利保护期限内通过诉讼的方式行使权利，另有约定的除外。

第 52 条　任何人未经表演者同意或未按照第 45 条的规定支付报酬而作出第 44 条下的行为，视为侵犯表演者的权利。

第 53 条❷　第六部分第 32 条、第 32/2 条、第 32/4 条、第 33 条、第 34 条、第 36 条、第 42 条和第 43 条，侵犯著作权的例外情况，以及第 7 部分第 43/1 条、第 43/2 条、第 43/3 条、第 43/4 条、第 43/5 条、第 43/6 条、第 43/7 条和第 43/8 条，服务提供商的责任豁免，比照适用于表演者的权利。

第 2/1 章　权利管理信息和技术保护措施❸

第 53/1 条❹　在明知可能诱发、引起、助长著作权或表演者权利侵权

---

❶　通过著作权法（No. 2）B. E. 2558 增加了第 51/1 条。
❷　第 53 条经著作权法（No. 5）B. E. 2565 修订。
❸　通过著作权法（No. 2）B. E. 2558 增加了第 2/1 章"权利管理信息和技术保护措施"第 53/1 条至第 53/5 条。
❹　通过著作权法（No. 2）B. E. 2558 增加了第 53/1 条。

行为的情况下，删除或改变权利管理信息的，视为侵犯权利管理信息。

第53/2条❶　在明知著作权作品或其复制品的权利管理信息已删除或改变的情况下，如果有下列行为之一，则视为侵犯权利管理信息：

（1）自行进口或订制进口作品至泰国予以分销；

（2）向公众传播作品。

第53/3条❷　下列任一行为均不视为侵犯权利管理信息：

（1）有执法权的主管官员出于国防需要、维护国家安全或任何其他类似目的，删除或改变权利管理信息；

（2）教育机构、档案馆、图书馆或视听传播机构不以营利为目的删除或改变权利管理信息；

（3）不以营利为目的向公众传播其权利管理信息已由教育机构、档案馆、图书馆或音像广播组织删除或改变的著作权作品或其复制品。

第（2）项所述权利管理信息的特征及第（3）项所述权利管理信息已删除或改变的著作权作品或其复制品，应符合部长令的规定。

第53/4条❸　以任何方式实施的导致控制访问所用技术保护措施无效的任何行为，应视为违反技术保护措施。

第53/5条❹　依第53/4条的规定，实施以下行为，不应视为违反技术保护措施：

（1）❺依据《政府公报》中公布的部长令的规定，针对享有著作权侵权豁免的作品，允许采取的必要行为；

（2）用于分析与其他计算机程序共用的计算机系统的必要部件；

（3）为了研究、分析和找出加密技术的缺陷，行为人已合法获得著作权作品或其复制品，并付出真诚努力，善意请求著作权人的许可；

（4）出于测试、检查或补救计算机、计算机系统或计算机网络的安全系统的特定目的，视具体情况获得计算机、计算机系统或计算机网络的所

---

❶　通过著作权法(No.2)B.E.2558增加了第53/2条。
❷　通过著作权法(No.2)B.E.2558增加了第53/3条。
❸　通过著作权法(No.5)B.E.2565修订。
❹　通过著作权法(No.2)B.E.2558增加了第53/5条。
❺　通过著作权法(No.5)B.E.2565增加了第53/5(1)条。

有者的许可；

（5）暂停汇编或分发显示著作权作品任何访问者的互联网活动的个人命令信息的技术保护措施的功能，但不得影响他人访问著作权作品；

（6）有执法权的主管官员为执行法律、出于国防需要、维护国家安全或任何其他类似目的而采取的行动；

（7）教育机构、档案馆、图书馆、公共音像广播组织为获取他法无法获取的著作权作品而实施的不以营利为目的行为。

第 53/6 条[1]　任何人提供、制造、销售或供应任何服务、产品或装置，知道或应当知道该服务、产品或装置主要出于致使技术保护措施无效目的，或在销售中宣传该服务、产品或装置能够致使技术保护措施无效，视为违反技术保护措施。

就本条而言，产品还包括计算机程序。

第 53/7 条[2]　依第 53/6 条的规定，在下列情况下，为使他人使用保护权利所用技术保护措施无效而实施的行为，不视为侵犯技术保护措施：

（1）分析计算机程序的关键要素，以实现与其他计算机程序的互操作性；

（2）确保依法授权的官员能够执行法律或出于国防需要、维护国家安全或为任何其他类似目的采取必要行动，但该官员须出示为此目的采取行动的合理证据。

第 53/8 条[3]　依第 53/6 条的规定，在下列情况下，为使他人使用控制访问所用技术保护措施无效而实施的行为，不视为侵犯技术保护措施：

（1）分析计算机程序的关键要素，以实现与其他计算机程序的互操作性；

（2）为研究、分析和发现加密技术的缺陷，行为人合法获得著作权作品或其复制品，并付出善意努力获得著作权人的授权；

（3）仅出于测试、调查或纠正计算机、计算机系统或计算机网络的安

---

[1] 通过著作权法（No.5）B.E. 2565 增加了第 53/6 条。
[2] 通过著作权法（No.5）B.E. 2565 增加了第 53/7 条。
[3] 通过著作权法（No.5）B.E. 2565 增加了第 53/8 条。

全系统的目的，视具体情况获得计算机、计算机系统或计算机网络的所有者授权；

（4）确保依法授权的官员能够执行法律或出于国防需要、维护国家安全或为任何其他类似目的采取必要行动，但须该官员出示为此目的采取行动的合理证据。

第三章　特殊情况下使用著作权

第 54 条　凡泰国国民希望为其已依本法以印刷材料或其他类似形式向公众传播的作品申请著作权许可，且出于教学或研究目的非营利目的，可向部长提交使用著作权的申请，并附证据，证明此前曾向著作权人请求泰语译本或复制泰语译本的许可，但该请求遭拒绝或经过合理期限后未获得同意，在提交申请时须满足下面条件：

（1）自作品首次出版后三年内，著作权人未对作品进行翻译或授权他人出版泰语译本；

（2）著作权人已出版泰语译本，但在末次出版三年后停止出版，且市场无译本复制本流通。

依第一款提出的申请应遵循下列规则、程序和条件：

（1）如果第一款第（1）项或第（2）项规定的时间已过去不超过六个月，部长不得对依第一款提出的申请授予许可证；

（2）在部长授予许可证的情况下，被许可人拥有翻译或出版许可译本的唯一权利，但在许可证规定的时间未过或过期不超过六个月的情况下，部长不得允许他人依同一著作权原作品制作泰语译本；

（3）被许可人不得将授予的许可证转让给他人；

（4）如果著作权人或被许可人能够向部长证明，他已经制作了泰语译本或出版了泰语译本，其内容与依第 55 条作为许可对象的印刷材料完全相同，并且已在泰国销售的相关作品或以相当的合理价格发行了印刷材料，部长应命令终止授予被许可人的许可证，并应立即向被许可人通知该命令；被许可人可使用在部长命令终止许可证之前已经制作或出版的印刷材料，直至印刷材料脱销；

（5）除以下情况外，被许可人不得出口许可译本或出版的泰语印刷材料：

（a）国外接收者为泰国国民；

（b）印刷材料用于学习、教学或研究目的；

（c）非商业目的交付印刷的材料；

（d）接收印刷材料的国家允许泰国向该国或在该国境内交付或分发印刷材料。

第55条 在收到依第54条提出的申请后，部长应安排有关各方就许可证的报酬和条件达成协议。如果各方无法达成一致，部长应发布命令，其中按此类业务的正常报酬率规定公平的报酬，并可规定其认为适当的许可证条件。

在规定报酬和条件后，部长应向申请人签发许可证书。

任一方可在收到部长的命令通知之日起九十日内依第一款对部长的命令向委员会提出申诉。委员会的决定为最终决定。

第四章 著作权委员会

第56条 设立"著作权委员会"，由商业部常务秘书（任主席）及部长委员会任命的12名适格成员组成，其中从著作权或表演者权利所有者协会代表和著作权或表演者权利使用者协会代表中任命的成员不得少于6人。

委员会可任命任何人担任秘书和助理秘书。

第57条 适格成员每届任期两年。离任成员可重新任命。

如果一名成员在任期届满前离职，或部长委员会已任命其他成员，而已任命的成员仍在任，尽管是额外任命或替换任命，被任命者的任期应为已任命成员的剩余任期。

在第一款规定的任期届满时，如果尚未任命新的成员，任期届满时离

任的成员应留任继续履行职责，直至任命新的成员。❶

第58条 除在任期届满时离任外，遇下列情况的，视为符合条件的成员离任：

（1）死亡；

（2）辞职；

（3）被部长委员会解职；

（4）破产；

（5）变成无行为能力或限制行为能力人；

（6）依终审判决被判处监禁，但因过失或轻罪的犯罪者除外。

第59条 委员会会议的法定人数为不得少于全体委员人数的 1/2。主席缺席委员会会议的，委员会应从各委员中选出一名委员主持会议。会议决定以多数票表决方式通过。

每一名委员享有一票投票权。票数相同时，会议主席额外享有决定性一票。

第60条 委员会拥有下列权力和职责：

（1）就本法下制定的部长令而言，向部长提供建议或咨询；

（2）依第45条和第55条的规定，裁定对部长命令的申诉；

（3）支持作者或表演者协会等组织向著作权作品或表演者权利的使用者收取版税，保护本法规定的权利或任何其他利益；

（4）受理部长委托的其他事项。

委员会有权任命一个小组委员会，负责审议或执行委员会委托的任何事项，第59条比照适用于小组委员会会议。

委员会或小组委员会在履行职责时，有权依需要发出书面命令，要求任何人作出陈述或提交任何相关文件或其他资料。

第五章 国际著作权和表演者权利

第61条 作者的著作权作品以及表演者权利，凡是属于泰国加入的著

---

❶ 通过著作权法（No.5）B.E.2565增加了第57条第3款。

作权保护公约或表演者权利保护公约的成员国的，均受本法保护。

部长有权在《政府公报》中公布著作权保护公约或表演者权利保护公约的成员国名称。

第六章　有关著作权、表演者权利、权利管理信息和技术保护措施的诉讼❶

第 62 条　在有关著作权或表演者权利的诉讼中，无论是民事案件还是刑事案件，均应推定争议作品属于本法规定的著作权作品或表演者权利的主体，原告是该作品著作权或表演者权利的所有者。除非被告辩称无人拥有著作权或表演者权利或对原告的权利提出异议。

对于标有著作权或表演者权利的人的姓名或姓名替代物的作品或主体，应推定拥有该姓名或姓名替代物的人为作者或表演者。

对于没有姓名或姓名替代物，或有姓名或姓名替代物但未提出著作权或表演者权利所有权的作品或主体，如果有证据是印刷者或出版者或印刷者和出版者的姓名或姓名替代物，则应推定印刷者或出版者或印刷者和出版者是该作品著作权或表演者权利的所有者。

第 63 条　自著作权或表演者权利所有者知道侵权行为和侵权者身份之日起三年后，不得提起侵犯著作权或表演者权利的诉讼，如侵权行为仍在继续，提起诉讼的时间不得晚于侵犯著作权或表演者权利行为发生之日起十年。

第 64 条　在著作权或表演者权利受到侵犯的情况下，法院有权责令侵权者向著作权或表演者权利所有者赔偿损失，赔偿金额由法院依损害的严重程度确定，包括著作权或表演者权利所有者的利益损失和维权所需的费用。

如果有确凿证据表明侵权者故意或蓄意侵犯著作权或表演者权利，导致著作权作品或表演者权利被公众广泛获取，法院有权责令侵权者支付更

---

❶ 第 6 章标题"有关著作权、表演者权利、权利管理信息和技术保护措施的诉讼"经著作权法（No. 2）B. E. 2558 修订。

多的损害赔偿，但最高不得超过第一款规定的损害赔偿额的两倍。❶

第 65 条　如果有确凿证据表明某人正在或即将做出侵犯著作权或表演者权利的行为，著作权或表演者权利的所有者可申请司法禁令，责令作出一定行为或禁止作出一定行为等措施。

依第一款发出的司法禁令不影响著作权或表演者权利所有者依第 64 条要求损害赔偿的权利。

第 65/1 条❷　有关权利管理信息和技术保护措施的诉讼比照第 63 条、第 64 条和第 65 条的规定适用。

第 66 条　本法中的罪行是一种可加重处罚的罪行。

第七章　主管官员

第 67 条　为履行本法规定的职责，主管官员应是《刑法典》中规定的官员，并拥有以下权力和职责：

（1）在工作时间进入任何人的建筑物、办公室、工厂或仓库，或在有合理理由怀疑有人犯下本法规定的罪行时进入车辆搜查商品或进行检查；

（2）有合理理由怀疑有人犯下本法规定的罪行时，出于诉讼目的，扣押或查封与罪行有关的文件或材料；

（3）有合理理由相信任何人作出的陈述或提供的账目、文件或证据有助于找到证据或用作证明本法所规定罪行的证据的，命令此类人作出相应的陈述或提供相应的账目、文件或其他证据。

任何有关人应适当协助主管官员履行职责。

第 68 条　在履行职责时，主管官员应向有关人出示其身份证。

官员的身份证应符合部长规定的形式。

---

❶　通过著作权法（No.2）B.E.2558 增加了第 64 条第 2 款。
❷　通过著作权法（No.2）B.E.2558 增加了第 65/1 条。

第八章 处 罚

第 69 条 任何人如有第 27 条、第 28 条、第 29 条、第 30 条或第 52 条中规定的著作权或表演者权利侵犯行为，应处两万泰铢至二十万泰铢罚金。

如果第一款规定的罪行出于商业目的，犯罪者应处六个月至四年监禁或十万泰铢至八十万泰铢罚金，或二者并罚。

第 69/1 条❶ 任何人犯第 28/1 条规定的著作权侵犯行为的，应处六个月至四年监禁或十万泰铢至八十万泰铢罚金，或二者并罚。

第 70 条 任何人犯第 31 条中规定的著作权侵犯行为，应处一万泰铢至十万泰铢罚金。

出于商业目的，犯第一款规定的罪行，犯罪者应处三个月至两年监禁或五万泰铢至四十万泰铢罚金，或二者并罚。

第 70/1 条❷ 任何人犯第 53/1 条或第 53/2 条规定的权利管理信息侵犯行为，或第 53/4 条或第 53/6 条规定的技术保护措施侵犯行为的，应处十万泰铢以下罚金。

出于商业目的，犯第一款规定的罪行，犯罪者应处两年以下监禁或四十万泰铢以下罚金，或二者并罚。

第 71 条 任何人未遵守委员会或小组委员会在第 60 条第三款下发出的命令，作出陈述或提供文件或材料，应处三个月以下监禁或五万泰铢以下罚金，或二者并罚。

第 72 条 任何人阻碍或不协助主管官员履行第 67 条下的职责，或藐视或无视主管官员按照第 67 条的规定发布的命令，应处三个月以下监禁或五万泰铢以下罚金，或二者并罚。

第 73 条 任何人犯罪并受到本法规定的处罚，但在刑罚执行完毕后五年内又犯本法规定的罪行的，应处该罪行的两倍刑罚。

---

❶ 通过著作权法(No.3)B.E.2558 增加了第 69/1 条。
❷ 经著作权法(No.5)B.E.2565 修订。

第74条❶　凡犯罪者是法人，并且是由于董事、经理或负责该法人运营的负责人发布命令或采取行动，或该人未能依据职责发布命令或采取行动而导致法人犯罪的，该人也应被处以就此类罪行规定的处罚。

第75条❷　所有在泰国制造或进口到泰国的侵犯著作权或表演者权利的物品及用于实施本法规定的犯罪的物品应全部予以没收，法院认为在适当的情况下，命令禁止使用此等物品或销毁此等物品，侵权者应承担由此产生的任何费用。

第76条　依判决支付的罚金的一半应支付给著作权或表演者权利所有者，但著作权或表演者权利所有者就超出著作权或表演者权利所有者收到的罚金金额提起民事诉讼并要求损害赔偿的权利不得受到损害。

第77条❸　部长有权处理第69条第一款、第70条第一款和第70/1条第一款中规定的罪行。

附属条款

第78条　依文学和艺术作品保护法B.E.2474或著作权法B.E.2521享有著作权的现有作品，自本法生效之日起，受本法保护。

本法生效前创作的作品，不属于文学和艺术作品保护法B.E.2474或著作权法B.E.2521下的著作权作品，但属于本法下的著作权作品的，应受本法保护。

副签人：
Chuan Leekpai
总理

---

❶　第74条经法人代表刑事责任修正法B.E.2560修订。
❷　第75条经著作权法(No.2)B.E.2558修订。
❸　第77条经著作权法(No.2)B.E.2558修订。

著作权法部长令[1] B. E. 2540

依著作权法 B. E. 2537 颁布

依著作权法 B. E. 2537 第 5 条和第 15 条第二款授予的权力，商业部长颁布部长令：

第 1 条 著作权法第 15 条第（5）项下的任何许可条件是否属于不公平限制竞争的方式，须逐个审议，考虑造成不公平限制竞争的目的或意图，及许可条件产生或可能产生的后果。

除前款规定外，依著作权法第 15 条第（5）项规定，以下列方式之一设立许可条件的，视为不公平限制竞争的条件：

（1）约束被许可人从著作权人或其指定的卖方处获得制作被许可作品所用的全部或部分材料，无论是否有报酬。除非该条件是使复制品达到著作权人设定的标准必需的，或无法从境内其他途径获得制作许可作品的材料，且报酬不高于可从其他人处获得的同等质量材料的价格的；

（2）禁止被许可人从著作权人指定的一位或多位销售商处获得制作被许可作品所用的全部或部分材料，放弃该条件会使制作的复制品达不到著作权人设定的标准，或无法从境内其他途径获得制作许可作品的材料的除外；

（3）约束被许可人雇用他人制作被许可作品的复制品，该条件或限制使复制品达到著作权人设定的标准，或为著作权人保守商业秘密，或提供必要的技术服务所必需的除外；

（4）规定著作权许可的著作权税率，且该税率与著作权人在同一著作权作品的另一许可中规定的税率相比并不公平（在另一许可中，上述被许

---

[1] 于佛历 2540 年 2 月 20 日在《政府公报》第 114 卷第 3a 部分中公布。

可人具有类似的关系或地位，且许可发生在同一时期）；

（5）约束被许可人研究或学习许可著作权作品；

（6）除非著作权人或上述人员向被许可人支付合理的报酬，否则被许可人必须将由被许可著作权作品改编或开发的作品的著作权转让给著作权人或任何其他人，或授权著作权人或其他人独家拥有改编或开发作品的权利；

（7）规定许可人可在缺少合理理由的情况下随意终止许可。

第 2 条 依著作权法第 15 条第（5）项规定提出的许可条件，具有以下特点的，应视为以不公平限制竞争的方式提出的条件：

（1）约束被许可人有偿使用著作权人的其他著作权作品，共同使用此类作品，或关联技术作品系统或使作品的复制品达到著作权人设定标准的除外；

（2）禁止被许可人使用他人的著作权作品，使用许可作品是为达到设定的目的或目标，或关联技术工作系统的除外。

签署于佛历 2540 年 2 月 14 日
Narongchai Akaraseranee
商业部长

光盘制造法 B. E. 2548

国王普密蓬·阿杜德（Bhumibol Adulyadej）

签署于佛历 2548 年（即现王朝 60 年）3 月 22 日

依国王普密蓬·阿杜德（Bhumibol Adulyadej）的王室法令，特此宣布：目前适合制定光盘制造法。

本法中包含的有关限制公民人身权利和自由的内容均符合泰国宪法第 29 条、第 35 条、第 48 条和第 50 条之规定。

本法经泰国议会提议和通过，现颁布法律如下：

第 1 条 本法命名为"光盘制造法 B. E. 2548"。

第 2 条 本法自《政府公报》上公布之日起九十日届满时生效。

第 3 条 本法规定：

"光盘"是指用以记录数据的圆盘，该数据能以视觉、听觉或视听方式连续呈现。本术语还包含受部门规章管辖的其他产品；

"制造"是指引起光盘生产的任何行为；

"权利人"是指著作权法规定的著作权人、权利受让人及获得著作权许可的人；

"制造设备"是指受部门规章管辖的机械制造设备；

"制造标志"是指由知识产权局局长分配的用于标明光盘制造来源的标志和代码；

"母版标志"是指由知识产权局局长分配的用于标明著作权作品的标志和代码；

"制造场所"是指安装制造设备的厂房、营业场所和车辆；

"政府工作人员"是指由部长任命颁布本法的人；

"局长"是指知识产权局局长；

"部长"是指本法规定的主管部长。

第 4 条 商业部长负责制定本法并有权任命政府工作人员、发布部长令和部门通告，以执行本法。

部长令和部门通告自《政府公报》上公布之日起生效。

第一章 制 造

第 5 条 制造商应在生产制造前事先向政府工作人员报备。

有意制造或委托他人制造的著作权人，均应事先向政府工作人员报备，出于教育目的、公共利益目的或保护国家艺术和文化目的的除外。

政府工作人员知悉第一款或第二款所述情况后，应于当日下发书面形式的报备确认书。

上述报备所用文件及报备确认书均应采用规定制式。

第 6 条 制造商的报备文件应至少包括以下信息：

（1）制造商名称和地址；

（2）制造场所名称及地址；

（3）制造设备信息；

（4）其他规定项目。

权利人的报备文件应至少包括以下信息：

（1）权利人的姓名及地址；

（2）制造场所名称及地址；

（3）待制造或委托制造的光盘信息；

（4）其他规定项目。

第一款、第二款所列事项的变更应符合规定标准和流程。

第 7 条 制造场所不止一处的，制造商应按照第 5 条第一款的规定，对其所有制造场所的制造情况进行报备。

报备文件所载制造场所的变更应事先向政府工作人员报备。

第二款所列事项的变更应符合规定标准和流程。

第 8 条 局长应为制造商分配制造标志，并为著作权人分配母版标志。

对于已按照第 5 条规定报备其制造意图的制造商，在其制造的光盘上应带有上述标志。

制造标志和母版标志的生产和展示应符合规定标准。

第 9 条 局长在明确知悉第 5 条第一款所述的制造商报备信息后，应立即签发制造标志，供制造商在光盘上展示，并应许可其自签发之日起进行制造。

局长在明确知悉第 5 条第二款所述的著作权人自行制造或委托他人的报备信息后，应立即向著作权人签发母版标志，供其在光盘上展示。自母版标志签发之日起，著作权人可制造或委托他人制造。

制造标志和母版标志的颁发应符合规定标准和流程。

第 10 条 制造商有义务：

（1）在规定的制造场所公开展示报备确认书；

（2）编制载有光盘编号、生产量、销售量、报废量和库存清单的登记簿。该登记簿的信息、项目条目和保存时间由局长宣布。

第 11 条 制造商应按照第 8 条第二款的规定展示制造标志和母版标志。

第 12 条 著作权人应按照第 8 条第二款的规定展示母版标志。

第 13 条 除非已按照第 5 条第一款完成制造意图报备，且按照第 9 条第一款获得制造标志，否则禁止任何人使用制造标志。

除非著作权人已对其制造或委托制造意图进行过报备，并已按照第 9 条第二款获得母版标志，或者制造商已按照第 5 条第二款对其制造或委托制造意图进行过报备，且按照第 9 条第二款获得母版标志，否则禁止任何人使用母版标志。

第 14 条 如果制造商关停业务或因其他原因无法继续制造，其他人拟继续制造的，应在前任制造商关停业务或因其他原因无法继续制造后的三十日内按第 5 条规定进行报备。

在第一款所述期限内，后续制造商被视为第 5 条规定的报备方。

第 15 条 禁止以误导他人为目的伪造或复制制造标志或母版标志。

第二章　制造设备和高分子光盘基片颗粒或其他材料

第 16 条　任何人已获得或持有制造设备的，应于三十日内报备。

第一款所述报备应符合规定标准和流程。

第 17 条　任何人已出售、赠与或转让制造设备的，应于七日内报备。

第一款规定的时效适用于制造设备因任何其他原因超出第 16 条所述所有人的管辖范围内的情况。

第一款所述报备应符合规定标准和流程。

第 18 条　在将要持有或已持有高分子光盘基片颗粒或制造光盘所用其他材料的三十日内，应报备材料型号、种类、数量和储存场所。

第一款所述高分子光盘基片颗粒或其他材料的型号、种类和数量以及报备应符合规定标准和流程。

第三章　政府工作人员

第 19 条　政府工作人员在执行本法时，享有以下权利。

（1）有权在工作时间或该制造场所营业时间内进入该场所，对报备文件、报备确认书、制造设备、高分子光盘基片颗粒或其他材料，以及可能违反本法的其他证据材料进行检查；

（2）发现可能存在的违法行为时，有权要求工作人员提供登记簿或其他证据。

第 20 条　政府工作人员在履行第 19 条所述的职责时，应向相关人员出示其证件。

第一款所述证件应符合官方公报中记载的规定制式。

第 21 条　在执行本法时，政府工作人员视为刑法意义上的政府工作人员。

第四章 处 罚

第 22 条 违反本法第 5 条第一款、第 7 条第一款或第二款的，应处一年以下监禁或二十万泰铢以下罚金，或二者并罚。

第 23 条 违反本法第 5 条第二款的，应处二十万泰铢以下罚金。

第 24 条 违反本法第 10 条第（1）项的，应处一万泰铢以下罚金。

第 25 条 违反本法第 10 条第（2）项的，应处十万泰铢以下罚金。

第 26 条 违反本法第 11 条的，应处一年以下监禁或二十万泰铢以下罚金，或二者并罚。

第 27 条 违反本法第 12 条的，应处二十万泰铢以下罚金。

第 28 条 违反本法第 13 条的，应处三年以下监禁或六十万泰铢以下罚金，或二者并罚。

第 29 条 违反本法第 15 条的，应处六个月以上五年以下监禁和十万泰铢以上一百万以下罚金。

第 30 条 违反本法第 16 或第 17 条的，应处一年以下监禁或二十万泰铢以下罚金，或二者并罚。

第 31 条 违反本法第 18 条的，应处六个月以下监禁或十万泰铢以下罚金，或二者并罚。

第 32 条 政府工作人员根据第 19 条规定执行本法时，阻碍或拒不配合的，应处三个月以下监禁或五万泰铢以下罚金，或二者并罚。

第 33 条 按照第 16 条或第 17 条的规定进行报备时，提供虚假信息的，应处一年以下监禁或二十万泰铢以下罚金，或二者并罚。

第 34 条 按照第 18 条的规定进行报备时，提供虚假信息的，应处六个月以下监禁或十万泰铢以下罚金，或二者并罚。

第 35 条 只处罚金的违法行为，违法者已付清罚金金额的，依《刑事诉讼法》的规定，本案视为结案。

第 36 条 公司法人有违法行为的，视为该公司董事会成员或全体管理人员参与违法行为，但有证据证明对该公司法人的违法行为未同意或不知情的除外。

第 37 条 因违法行为受到本法处罚，自处罚期限届满之日起五年内，再次从事本法规定的违法行为的，以前次处罚的两倍进行处罚。

第 38 条 （宪法法院于佛历 2548 年 2 月 1 日作出的第 30/2548 号裁决废除了《光盘制造法》第 38 条）①

第 39 条 本法规定的案件由知识产权和国际商贸法院管辖。

附属条款

第 40 条 在本法颁布前已进行制造的，如果继续制造，应在本法颁布后三十日内按第 5 条规定报备。超过期限的，按第 22 条规定处罚。

第 41 条 在本法生效日前已取得或持有制造设备的，应在本法生效后三十日内按第 16 条规定报备。超过期限的，按第 30 条规定处罚。提供虚假信息的，按第 33 条规定处罚。

第 42 条 在本法生效日前已取得或持有用于制造的高分子光盘基片颗粒或其他材料的，应在本法生效后三十日内按第 18 条规定进行报备。超过期限的，按第 31 条规定处罚，提供虚假信息的，按第 34 条规定处罚。

会签人
Taksin Shinnnawatra
总理

备注：本法立法目的在于，目前在泰国侵犯知识产权，特别是通过光盘产品侵犯著作权的现象十分猖獗，而现有国家机制无法有效控制或防范此类行为。因此，采取措施对光盘制造行为进行管制十分必要，通过建立

---

① 第 38 条 任何人不遵或违反第 5 条第一款、第 7 条第一款或第二款规定的，根据第 11 条、第 13 条、第 15 条或第 17 条规定，其制造设备依法院令没收。

被没收的制造设备须用于政府工作，或出售给政府机关或国有企业，或按部长要求的标准、方式和条件进行销毁。

报备机制，光盘制造者可向政府部门报备其制造意图。此外，该系统还可用于监控制造所用制造设备、原材料的数量及其存储场所。这些措施将有助于强化侵犯著作权的防治机制，提升效率和系统性，产生征收税款效力，并规范光盘制造从业人的违法行为。特制定本法。

地理标志保护法 B. E. 2546

国王普密蓬·阿杜德（Bhumibol Adulyadej）

签署于佛历 2546 年（即现王朝 58 年）10 月 20 日

泰国国王普密蓬·阿杜德（Bhumibol Adulyadej）非常高兴地宣布：

鉴于目前适合颁布地理标志保护法；

本法中包含的有关限制公民人身权利和自由的内容均符合《泰国宪法》第 29 条及第 50 条之规定；

因此，经泰国议会提议和通过，国王颁布法律如下：

第 1 条 本法称为"地理标志保护法 B. E. 2546"。

第 2 条 本法自《政府公报》公布之日起一百八十日届满时生效。

第一章　一般规定

第 3 条 本法规定：

"地理标志"是指标示或指代某一地理原产地的名称、符号或任何其他标志，可据此鉴别产自该地理原产地的商品，且商品质量、信誉或其他特征亦主要决定于地理原产地；

"地理原产地"是指表示国家、地区、地域和地方的区域，应包括海洋、湖泊、河流、水道、岛屿、山脉或任何其他类似区域；

"商品"是指可交易、交换或转让的物品，无论是天然产品还是农产品，包括手工艺品和工业品；

"通用名"是指普遍使用的任何一种商品的名称；

"委员会"是指地理标志委员会；

"主管官员"是指为执行本法由局长任命的人；

"注册官"是指为执行本法由局长或部长任命的注册官；

"局长"是指知识产权局局长；

"部长"是指负责和掌管本法实施的部长。

第 4 条 商业部长负责和掌管本法的执行情况、有权任命注册官、颁布部长令、确定不超过本法附表所列金额的费用、减免费用及规定执行本法的其他事宜。

本条第一款的部长令自《政府公报》公布之日起生效。

第二章 地理标志注册

第 5 条 地理标志，申请注册用于任何商品的，不得具有下列任一特征：

（1）使用该地理标志的商品通用名；

（2）违反公共秩序、社会公德或公共政策的地理标志。

第 6 条 外国地理标志可在本国受到本法的保护，前提是须有明确的证据表明该地理标志受该国法律的保护，且在向泰国提交注册申请之前一直使用。

第 7 条 下列人员有资格申请地理标志注册：

（1）法人对商品的地理原产地区域有管辖权的政府机关、公共团体、国营企业、地方行政组织或其他国家组织；

（2）与地理标志商品交易有关且在该商品地理原产地定居的自然人、团体或法人；

（3）该地理标志商品的消费者团体或消费者组织。

第 8 条 非泰籍申请人，符合第 7 条规定并拟申请注册外国地理标志的，还必须具备下列任一资格：

（1）申请人的国籍所在国与泰国同为地理标志公约或协定的成员国；

（2）在泰国或泰国加入的地理标志保护公约或国家间有关地理标志保护协定的成员国有住所或实际营业所。

第 9 条 地理标志的注册申请应遵守部长令规定的规则和程序。

第 10 条　地理标志的注册申请须包含有关商品质量、信誉或其他特征、地理原产地的详细信息以及部长令规定的其他详细信息。

第 11 条　收到地理标志的注册申请后，主管官员应审查该申请是否符合第 5 条、第 6 条、第 7 条、第 8 条、第 9 条和第 10 条的规定，并于收到申请之日起一百二十日内向注册官报告审查结果并提出意见。

第 12 条　根据第 11 条的规定审查申请时，主管官员可要求申请人或任何相关人员向其作出解释或提交补充材料。凡有必要就审议事宜征求相关领域的专家意见的，注册官须将该事宜送交专家，供其审议并发表意见。

第 13 条　如果注册申请不符合第 5 条、第 6 条、第 7 条、第 8 条、第 9 条和第 10 条的规定，注册官应在收到审查报告之日起三十日内下令驳回申请，并于下令之日起十五日内向申请人发出书面通知，说明驳回申请的理由。

申请人有权在收到注册官命令的通知之日起九十日内，就该命令向委员会提起申诉。申诉应遵守部长令规定的规则和程序。

第 14 条　委员会对申请人的申诉作出决定后，应于作出决定之日起十五日内向申请人发出该决定的书面通知，并说明理由。

如申请人对委员会的决定有异议，申请人有权于收到决定的通知之日起九十日内向法院提起诉讼。申请人未在该期限内提起诉讼的，委员会的决定为最终决定。

第 15 条　如果注册申请符合第 5 条、第 6 条、第 7 条、第 8 条、第 9 条和第 10 条的规定，且注册官同意注册（不论是否附带条件），则注册官应按照部长令规定的程序发布同意注册的公告命令。

第 16 条　根据第 15 条公示之日九十日内，利害关系人可对所申请注册地理标志的注册事宜提出异议。

根据第一款提出的异议应遵从部长令规定的规则和程序。

第 17 条　利害关系人按照第 16 条的规定提出异议时，应于提出异议之日起十五日内向申请人发送异议副本。

申请人应于收到异议副本之日起九十日内提交一份反驳声明，同时主管官员应向异议方发送该反驳声明的副本。申请人未提交反驳声明的，视为放弃申请。

第 12 条比照适用于对异议和反驳声明的审议和决定。

第 18 条　注册官对异议和反驳声明作出决定后，应于作出决定之日起十五日内书面通知申请人和异议方其决定，并说明理由。

申请人和异议方有权于收到该决定的通知之日起九十日内，向委员会提起申诉。申诉应遵守部长令规定的规则和程序。

如任一方对委员会的决定有异议的，有权于收到决定的通知之日起九十日内向法院提起诉讼。有权提起诉讼的一方未在该期限内提起诉讼的，委员会的决定为最终决定。

第 19 条　如果没有人按照第 16 条的规定提出异议，或有人提出异议，但注册官或委员会或法院已按照第 18 条的规定，视具体情况作出了最终决定，或作出驳回异议的最终决定，则注册官应于第 16 条第一款所述最后期限的次日或收到该决定或裁决的次日起十五日内，按照部长令规定的规则和程序，处理申请注册地理标志的注册事宜。

第 20 条　注册官按照第 15 条或第 19 条的规定注册地理标志的，该地理标志的保护应于提交注册申请之日起生效。

第三章　地理标志注册的修改和撤销

第 21 条　如果注册细节包含细小错误或不准确之处，则注册官可依职权或应申请人的申请，修改此类错误或不准确之处。

第 22 条　注册官按照第 19 条的规定同意地理标志的注册后，如果有证据显示该注册申请或注册违法、有虚构或含有不实陈述，任一利害关系人或主管官员可要求注册官提请委员会决定该注册的修改或撤销事宜。修改或撤销应遵守部长令规定的规则和程序。

委员会按照第一款的规定决定修改或撤销地理标志的注册的，应于作出该决定之日起十五日内向申请人发出修改或撤销注册的书面通知及理由，并按照部长令规定的程序公示此类修改或撤销的决定。

第 23 条　地理标志依第 19 条的规定注册后发生情形变化，此类变化会引起地理标志含有第 5 条下任何禁止特征，或引起有关地理原产地的细节或其他细节不同于注册细节，任一利害关系人或主管官员可要求注册官提请委员会决定该注册的修改或撤销事宜，比照第 22 条第二款的规定适用。

第 24 条 除因第 5 条第（2）项规定的原因撤销注册外，凡委员会根据第 22 条或第 23 条决定修改或撤销注册，如利害关系人有异议，利害关系人有权于收到该决定通知之日起九十日内向法院提起诉讼。利害关系人未在该期限内提起诉讼的，委员会的决定为最终决定。

第四章 地理标志的使用和暂停使用令

第 25 条 任一商品的地理标志注册一经生效，在此商品地理原产地特定区域内的生产商或该商品的交易者均有权在注册官指定的情况下使用该商品已注册的地理标志。

第 26 条 如第 25 条指定的使用者未按注册官指定的情况使用地理标志，注册官应书面通知使用人在其指定的期限内加以改正。如使用者在上述期限内无正当理由拒绝改正的，注册官可发出书面命令，要求其自收到命令之日起两年内不得使用该地理标志。

任何人收到第一款下暂停使用地理标志命令的，可在收到注册官的命令之日起九十日内向委员会提起申诉。申诉应遵守部长令规定的规则和程序。

任何人对委员会的决定有异议的，可于收到决定的通知之日起九十日内向法院提起诉讼。异议方未在该期限内提起诉讼的，委员会的决定为最终决定。

第 27 条 遇有下列行为的，应认定违法：

（1）使用地理标志意在向他人表明或误导他人非原产于所申请注册地域的商品原产于这一地域；

（2）以任何方式使用地理标志而引起混淆或误解商品的地理原产地、质量、信誉或任何其他特征，从而损害了其他交易者的利益。

第一款所述行为实施于地理标志注册日前的，应认定合法。

第五章　特定商品地理标志的保护

第 28 条　部长可通过在部长令中作出规定，宣布某一商品类型为特定商品。

除第四款规定以外，凡按照第一款宣布某一商品类型为特定商品的，即使使用者表明了商品的真实地理原产地，或使用措辞或采取任何行为以表明商品的真实地理原产地，在非原产地注册申请中指定地理原产地的商品上使用地理标志亦属于违法行为。

第二款所述的商品真实地理原产地标志应包括使用"种类""类型""式样"等表述，包括与商品所使用地理标志有关的任何类似表述或措辞。

如果地理标志的使用者在 1994 年 4 月 15 日之前已连续十年使用该地理标志，或在该日期之前已善意使用该地理标志，第二款下的行为不得视为违法行为。

第 29 条　部长令规定的特定商品，其地理标志相同或同名，但地理原产地不同的，注册此类商品的地理标志时，地理标志的使用应遵守部长令规定的规则和程序。

第六章　地理标志委员会

第 30 条　设立"地理标志委员会"，该委员会由商业部常务秘书（担任委员会主席）、农业合作部常务秘书、司法委员会秘书长、总检察长、律师协会代表以及不超过 14 名适格成员组成，此等成员由内阁任命，来自法律、政治学、科学、农业、经济、文科、历史、地理或考古领域，其中至少应有 6 人来自私营企业，以及来自与消费者保护有关的组织或机构的合格人士，担任委员会成员。

知识产权局局长担任委员会成员兼秘书。

委员会可任命任何人担任助理秘书。

第 31 条　委员会应具有下列权力和职责：

（1）在根据本法颁布部长令时向部长提出建议或意见；

（2）审议并裁决根据本法提出的申诉；

（3）根据本法下令修改或撤销地理标志的注册事宜；

（4）审议部长指定的与地理标志有关的其他事宜；

（5）审议根据第 12 条任命专家的相关事宜；

（6）执行本法规定的任何其他行为。

第 32 条 委员会的适格成员每届任期四年。卸任成员可连任，但不得超过两届。

第 33 条 除任期届满卸任外，委员会的适格成员出现下列情况的应离任：

（1）死亡；

（2）辞职；

（3）被内阁解职；

（4）破产；

（5）变成无行为能力人或限制行为能力人；

（6）终审判决判处监禁的，但轻微犯罪和过失犯罪除外。

第 34 条 如果成员在任期未届满之前离任或在现任成员任期未届满的情况下内阁任命了新成员，新任成员的任职期限为现任成员的剩余期限。

第 35 条 如现任委员会成员任期已满，但尚未任命新成员，卸任的委员会成员应继续临时履行职责，直至新成员获委任为止。

第 36 条 委员会的每一次会议应有不少于总数一半的成员参加才能达到法定人数。如果主席缺席任何会议或不能履行职责，委员会应从成员中选出一名成员主持会议。

会议作出的任何决定应经委员投票多数通过。在投票过程中，每一名成员只有一票。票数相同时，主持会议的主席应享有另外的决定性一票。

第 37 条 委员会有权成立小组委员会，审议或执行委员会指派的任何行动。第 36 条的规定应比照适用小组委员会会议。

第 38 条 委员会或小组委员会在履行职责时有权根据委员会规定的规章，酌情发出书面命令，要求任何相关人员提供陈述或提交文件或任何支持审议的资料。

第七章　处　罚

第 39 条　任何人犯第 27 条规定的任何行为的,应处二十万泰铢以下罚金。

第 40 条　任何人犯第 28 条第二款规定的任何行为的,应被处以二十万泰铢以下的罚金。

第 41 条　任何人未按照第 38 条的规定向委员会或小组委员会陈述意见或提交相关文件或任何资料,应处五千泰铢以下罚金。

第 42 条　根据本法规定,法人应受处罚的,其总经理、经理或法人代表也应对违法行为承担刑罚,其能够证明不知道违法行为或违法行为未经本人同意的除外。

第 43 条　根据本法规定,局长有权就某罪行进行刑事和解。涉嫌犯罪者已按照刑事和解要求缴纳罚金的,案件应根据《刑事诉讼法》予以结案。

费用列表

(1) 地理标志注册申请　　　　　　　　　　　　　　　1 000 泰铢/次

(2) 对地理标志注册提出异议　　　　　　　　　　　　1 000 泰铢/次

(3) 对注册官的命令或决定提起申诉　　　　　　　　　1 000 泰铢/次

(4) 地理标志注册变更申请　　　　　　　　　　　　　 200 泰铢/次

(5) 地理标志注册撤销申请　　　　　　　　　　　　　 200 泰铢/次

(6) 其他申请　　　　　　　　　　　　　　　　　　　 200 泰铢/次

使用相同或相似地理标志的特殊商品名录、规则和方法的部长令 B.E.2547

地理标志保护法 B E.2546 第 4 条、第 28 条第一款和第 29 条包含有关限制个人权利和自由的部分规定,《泰国宪法》第 29 条及第 50 条规定,依法律规定的授权,商业部长颁布部长令:

第 1 条 特定商品名录:
(1) 大米;
(2) 丝绸;
(3) 葡萄酒;
(4) 烈酒。

第 2 条 如果第 1 条所述特定商品的地理标志相同或相似,而特定商品的地理标志已注册或正在注册,但其地理原产地不同,后一种特定商品的地理标志申请应在地理标志附件中注明该商品的地理原产地和生产国。

第 3 条 本令自佛历 2547 年 4 月 28 日起生效。

签署日期:佛历 2547 年 4 月 27 日
(签名)
(Wattana Muangsook 先生)
商业部长

商业秘密法 B.E. 2545

经商业秘密法（No.2）B.E. 2558 修订

国王普密蓬·阿杜德（Bhumibol Adulyadej）

签署于佛历 2552 年（即现王朝 57 年）4 月 12 日

泰国国王普密蓬·阿杜德（Bhumibol Adulyadej）非常高兴地宣布：

鉴于目前适合修订商业秘密法；

本法中包含的有关限制公民人身权利和自由的内容均符合《泰国宪法》第 29 条及第 31 条、第 35 条、第 48 条和第 50 条之规定；

因此，经泰国议会提议和通过，国王颁布法律如下：

第 1 条 本法称为"商业秘密法 B.E. 2545"。

第 2 条 本法自《政府公报》上公布之日起九十日届满时生效。

第 3 条 本法规定：

"商业秘密"是指不为公众所知悉，具有商业价值，并经权利人采取相应保密措施的技术信息、经营信息等商业信息；

"商业信息"是指以任何方法和形式传达某项陈述、事实或其他信息含义的任何媒介，包括配方、方式、编辑作品、汇编作品、程序、方法、技术或工艺；

"制造"是指制作、配制、合成或改造，包括改变包装的形式或特性；

"销售"是指出于商业目的的处置、分发、给予或交换，包括带有出售意图的占有；

"药品"是指适用于药品相关法律规定的任何药品；

"农用化学品"是指任何用于农业目的的化学品，包括对危害农业的昆虫、动物、植物具有杀菌、驱虫作用的化学品；

"商业秘密权利人"是指发现、发明、汇编或创造属于商业秘密的商业信息的人，且未侵犯他人商业秘密，或未侵犯测试结果或作为商业秘密的商业信息的权利人之利益，还包括本法规定的受让人；

"商业秘密控制人"是指商业秘密的权利人，包括商业秘密的所有人、权利人或管理人；

"法院"是指根据有关设立知识产权和国际贸易法院及其程序的立法所设立的知识产权和国际贸易法院；

"委员会"是指商业秘密委员会；

"成员"是指商业秘密委员会的成员；

"主管官员"是指由部长任命履行本法规定职责的任何人；

"局长"是指知识产权局局长，还包括知识产权局局长委托的任何代理人；

"部长"是指负责掌管本法实施的部长。

第4条 农业暨合作部部长、商业部部长和卫生部部长应负责本法实施，并有权任命官员、颁布部长令和规则，依据其职责执行本法。

上述部长令和规则自《政府公报》上公布之日起生效。

第一章 商业秘密的保护

第5条 商业秘密可转让。

商业秘密权利人有权披露、剥夺或使用商业秘密，或许可他人披露、剥夺或使用商业秘密。商业秘密权利人还可规定任何保密条款和条件。

第一款规定的商业秘密转让应当订立书面合同并由转让人和受让人签字，继承转让的除外。如果合同未规定期限，转让期限为十年。

第6条 本法规定的侵犯商业秘密权是指未经权利人许可，以违背商业诚信的方式披露、剥夺或使用商业秘密的行为。且侵权人从事上述行为时，意识到或应当意识到其正在从事违反商业诚信的行为。

第一款所述违背商业诚信的行为包括违反合同、侵权或诱导他人侵权、行贿、胁迫、欺诈、盗窃、收受他人盗窃的财物或通过电子或其他任何手段的间谍行为。

第 7 条 下列任何侵犯商业秘密的行为均不视为侵权：

（1）在不知情的情况下，通过合法渠道获取他人通过上述侵权手段获取的商业秘密，并且披露或使用的；

（2）国家机关出于维护商业秘密需要，遇下列情形的，可披露或使用商业秘密：

（a）为了公共卫生、公共安全的需要；

（b）为了其他非商业目的的公共利益的需要。在这种情况下，负责维护商业秘密的国家机关或有权获悉商业秘密的其他国家机关或个人有义务采取合理措施保护该商业秘密，防止其被不正当商业活动使用；

（3）独立发现或者自行研发，例如研究人员凭借自身的专业知识发明创造或改进他人的商业秘密；

（4）反向工程，例如人们对已公开产品进行测算和分析而得知产品的发明、制造或开发方法，从而获悉他人的商业秘密。

然而，反向工程不适用于曾经与商业秘密权利人或产品的销售者有书面协议规定不从事如此行为的人，不能将第（4）项下的行为视作正当理由。

第 8 条 如果有明显的证据证明侵犯商业秘密的行为正在进行或将要发生，受到侵害或将要受到侵害的商业秘密权利人可采取以下两种法律救济措施：

（1）向法院申请临时禁令，暂时中止侵犯商业秘密的行为；

（2）提起诉讼请求法院下达永久禁令，永远停止侵权并要求侵权行为人赔偿损失。

上述权利人在提起第（2）项的诉讼之前可提交第（1）项的申请。

第 9 条 根据第 8 条提起诉讼前，受到侵害或将要受到侵害的商业秘密权利人和另一方当事人可将争议提交商业秘密委员会进行协商与和解。协商与和解未能解决争议的，不影响任何一方要求通过仲裁或向主管法院提起诉讼解决争议的权利。

根据第一款规定，向委员会提出协商与和解请求以及协商与和解程序应遵守部长令规定的规则和方式。

第 10 条 商业秘密的保护时效为三年,自商业秘密权利人知道侵权行为或侵权人的事实之日计算,然而,商业秘密侵权行为发生后超过十年不再追究。

第二章 商业秘密侵权诉讼程序

第 11 条 如果商业秘密权利人按照第 8 条第（2）项的规定提起禁令诉讼,法院认定商业秘密受到侵犯但不应授予禁令的,法院可责令侵权人向商业秘密的权利人支付适当的赔偿金,并规定商业秘密的使用期限。

根据第 8 条第（2）项的规定,法院颁布禁令,禁止进一步侵犯商业秘密的,如果商业秘密因披露为公众知晓或不再具有秘密性,则受禁令约束的一方可申请撤销禁令。

在根据第 8 条第（2）项提起的禁令诉讼中,商业秘密权利人可请求法院下令销毁或没收用于侵犯商业秘密的材料、仪器、工具或其他设备。

凡在侵犯商业秘密的情况下生产产品且所有权归侵权人所有的,应依据法院判决,此类产品归国家或商业秘密权利人所有。如果侵权人继续非法拥有此类产品,法院可下令销毁此类产品。

第 12 条 商业秘密权利人提起民事诉讼,指控他人侵犯与制造工艺相关的商业秘密,除非被告能够证明未使用原告商业秘密,否则,如果权利人能够证明被告所生产的产品与使用权利人商业秘密生产的产品相同,即可推定被告使用了原告诉称的商业秘密进行生产。

第 13 条 根据第 8 条第（2）项的规定,原告提起诉讼后,法院有权适用以下规则,以确定损害赔偿额：

（1）除对原告所遭受的实际损失进行赔偿外,法院可要求被告因侵权行为获得的利益赔偿；

（2）如果上述损失无法计算,法院可命令侵权人向商业秘密权利人支付其认为适当的损害赔偿额；

（3）如果有证据证明商业秘密因故意或恶意的侵权行为丧失秘密性,法院则有权判令被告除支付第（1）项和第（2）项的赔偿金以外,另行支付惩罚性赔偿金。但是，惩罚性赔偿金不超过第（1）项或第（2）项所述赔偿额的2倍。

第14条 除本法规定外，通过法院保护商业秘密的权利和商业秘密诉讼程序，应遵守设立知识产权和国际贸易法院的立法及其程序。

第三章 国家机关对商业秘密的维护

第15条 按照法律要求申请生产、进口、出口或销售含有新化学物质的药品或农用化学品的许可证需要申请人提交证明材料；若该证明材料全部或部分属于商业秘密的保护内容，且申请人已请求国家机关维护商业秘密，国家机关有义务按照部长规定的规章，维护商业秘密不被披露、剥夺或用于不公平交易活动。

作为最低要求，第一款中的规章应包含以下规定：

（1）向国家机关申请维护商业秘密的条件；

（2）测试结果详情和属于商业机密的信息；

（3）商业秘密的维护期限；

（4）商业秘密维护方式，依据技术和测试结果或保密信息的类型；

（5）国家官员在维护商业秘密方面的职责。

第四章 商业秘密委员会

第16条❶ 设立"商业秘密委员会"，成员包括：

（1）商业部常务秘书长担任主席；

（2）知识产权局局长担任副主席；

（3）农业局局长和食品药品委员会秘书长担任成员；

（4）其他成员由内阁任命，来自农业、信息技术和通信、法律、商业、医学、药理学、科学、工程学、经济学、工业或其他有助于本法执行的领

---

❶ 第16条，经商业秘密法（No.2）B.E.2558修订。

域具有相关知识、技能、专长和经验的人士，其中至少应有6人来自私营企业。

委员会应任命知识产权局的政府官员担任秘书和助理秘书。

第17条❶　（废除）

第18条❷　委员会的成员每届任期四年。

如果任命一名合格成员接替在任期届满前离职的合格成员，或在已任命的合格成员任期内再任命一名合格成员，则被任命者的任期应为已任命的合格成员的剩余任期。

现任成员在第一款规定的任期届满时，如尚未任命新成员，任期届满的成员应继续任职，直至新成员获委任为止。

任期届满的成员可连任，但不得超过两届。

第19条❸　除任期届满卸任外，委员会的成员出现下列情况的应当离任：

（1）死亡；

（2）辞职；

（3）被内阁解职；

（4）渎职、失信或不能胜任；

（5）破产；

（6）变成无行为能力人或限制行为能力人；

（7）终审判决判处监禁的，但轻微犯罪和过失犯罪除外。

第20条　委员会每一次会议的法定人数应不少于总数的一半。

主席应主持会议。如果主席缺席会议或不能履行职责，副主席应主持会议。如果主席和副主席均缺席会议或不能履行职责，出席会议的成员应推选其中一人主持会议。❹

会议作出的任何一项决定应经委员投票多数通过。每名成员享有一票

---

❶　第17条,经商业秘密法(No.2)B.E.2558废除。
❷　第18条,经商业秘密法(No.2)B.E.2558修订。
❸　第19条,经商业秘密法(No.2)B.E.2558修订。
❹　第20条第2款,经商业秘密法(No.2)B.E.2558修订。

投票权。票数相同时,主持会议的主席应另外享有决定性一票。

任何成员与审议事项有利害关系的,不得参加有关该事项的会议。❶

第 21 条 委员会拥有下列权力和职责:

(1) 向商业部长提出保护商业秘密的政策和措施以及技术转让商业秘密方面的政策,并提交内阁;

(2) 根据本法颁布的部长令和其他规章向部长提供建议和咨询意见;

(3) 根据当事人的请求,对涉及商业秘密的争议进行调解或调停;

(4) 依法履行职责范围内的其他职责。

第 22 条 委员会有权任命小组委员会,审议、裁决或执行委员会指派的任何行动。

比照第 20 条的规定适用于小组委员会会议。

第 23 条 除第 21 条第(3)项规定的情况外,委员会在履行本法规定的职责时,有权命令任何人接受质询、提交其审议所需的文件或任何材料。

按照第一款规定作出的命令,委员会应清楚地说明要求提交的资料、文件或材料。

第 24 条 根据本法发出的传票、通告或书面函件应通过挂号信方式送达收件人的住所、居住地或营业地,或通过委员会确定的其他方式送达。

如果不能按照第一款的规定送达,或收件人已离开泰国,应在其住所、居住地或营业地的明显位置张贴,或张贴在收件人按照民事登记法登记的最后房屋,或通过当地报纸发布以传达。

完成上述传达后,视为收件人已收到电文。

委员会确定传票、通告或函件的送达方法及利害关系人提出异议的权利,并在《政府公报》上公布。

第 25 条 知识产权局拥有在本法下履行有关商业秘密的一般权力和职责,特别是负责委员会的管理、会议、研讨或其他活动;拥有执行委员会决议、与其他相关实体协调履行本法规定的职责以及履行委员会指派的其他职能的权力和职责。

---

❶ 第 20 条第 4 款,经商业秘密法(No.2)B. E. 2558 修订。

第 26 条❶　根据本法履行职责时，委员会成员应是刑法典规定的主管官员。

第五章　主管官员

第 27 条　主管官员在本法下履行与刑事案件有关的职责时，拥有以下权力：

（1）在白天期间或营业时间内，进入建筑物、营业场所、制造场所、储存场所或对任何车辆进行搜查或检查，有合理理由怀疑部分物品是实施本法下的侵权行为获取或产生的，且有合理理由相信与该侵权行为有关的文件或物体由于延迟获得搜查令而被移走或毁坏；

（2）有理由怀疑发生本法下的侵权行为时，为采取法律行动，扣押或查封与该侵权行为有关的任何文件或物品，扣押或查封时间不超过三个月。

第 28 条　主管官员在履行其职责时，相关人员应给予合理配合。

第 29 条　主管官员在履行第 27 条下的职责时，须向相关人员出示身份证件。

第一款下的身份证件应符合部长规定的形式，并在《政府公报》上公布。

第 30 条　主管官员在履行本法下的职责时，应视作依刑法典行事的官员。

第六章　处　罚

第 31 条　凡阻碍主管官员在第 27 条下采取行动的，应处一年以下监禁或两万泰铢以下罚金，或二者并罚。

第 32 条　凡在主管官员履行第 28 条下的职责时不予合理配合的，应处一个月以下监禁或两千泰铢以下罚金，或二者并罚。

---

❶　第 26 条，经商业秘密法（No. 2）B. E. 2558 修订。

第 33 条 凡以任何方式（通过文件、音频或视频广播等）向公众披露他人的商业秘密，并导致商业秘密公开，恶意损害商业秘密权利人权利的，应处一年以下监禁或二十万泰铢以下罚金，或二者并罚。

第 34 条[1] 根据第 15 条第一款的规定，凡在维护商业秘密的过程中，为本人或他人利益非法披露或使用商业秘密，应处两年以下监禁或二十万泰铢以下罚金，或二者并罚。

第 35 条[2] 任何人将商业秘密权利人履行本法下职责时获得或知悉的事实进行披露，而该事实通常应予保密且与权利人的业务相关的，应处一年以下监禁或十万泰铢以下罚金，或二者并罚，以执行公务、调查、法律诉讼为目的披露的除外。

凡在执行公务、调查或法律诉讼的过程中，从第一款所述人员处获得或知悉某些事实并披露此类事实的，亦须承担同等责任。

凡披露因执行公务、调查或法律诉讼而获得或知悉的事实，亦须承担同等责任。

第 36 条 在本法下应受处罚者为法律实体，且该法律实体的董事、经理或任何管理人员在其职责范围内指示、作为、不作为或疏忽而实施罪行的，此类人员应承担该罪行相关的责任。

第 37 条 第 33 条和第 36 条下罪行是一种可加重处罚的罪行。

第 38 条 委员会有权按照第 33 条和第 36 条的规定，以罚金的方式处理违法行为。在这种情况下，委员会有权指派一个小组委员会、局长、一名调查官员或主管官员处理该违法行为，依据为受托人设定其认为合适的处理规则。

在不违反第一款规定的情况下，如果调查官员在调查中发现某人犯有本法下罪行，且该人同意接受处置，调查官员应在此人表示同意接受处置之日起七日内，将此事转交委员会或委员会指派的人员处理。

根据刑事诉讼法的规定，在规定期限内按和解协议规定的金额缴纳罚金后，即视为结案。

---

[1] 第 34 条,经商业秘密法(No. 2) B. E. 2558 修订。

[2] 第 35 条第一款,经商业秘密法(No. 2) B. E. 2558 修订。

犯罪者不同意和解，或同意和解后在规定期限内仍不缴纳罚金的，案件将继续审理。

过渡性规定

第 39 条 本法不适用于本法生效前商业秘密的披露、剥夺或使用。

在本法生效前制造、进口或出口违反本法规定商品的所有者，应在本法生效之日起一年内处置或出口此类商品。

副签人：
Thaksin Shinawatra
总理

备注：本法颁布的理由：鉴于泰国的政策是促进自由贸易和防止不公平贸易行为，以及泰国法律规定的侵权责任尚未涵盖侵犯商业秘密的责任，因此有必要颁布本议会法案。

于佛历 2545 年（2002 年）4 月 23 日《政府公报》第 119 卷第 36a 部分中公布。

商业秘密法（No.2）B.E. 2558

备注：制定本法的理由如下。由于商业秘密法（B.E. 2545）的部分条款妨碍了商业秘密委员会成员的任命和职责的履行，且对商业秘密权利人和根据该法从工作中获得或知悉某些事实而披露的人的处罚也不符合当前形势，因此适宜修订上述条款，使其更加合适。因此有必要颁布本法。

第 1 条 本法称为"商业秘密法 B.E. 2558"。

第 2 条 本法自《政府公报》上公布之日起生效。

副签人
General Prayut Chan-o-cha
总理

于佛历 2558 年（公元 2015 年）2 月 5 日《政府公报》第 132 卷第 6a 部分中公布。

编纂人：Puttipat Jiruschamna

植物品种保护法 B. E. 2542

国王普密蓬·阿杜德（Bhumibol Adulyadej）

签署于佛历2542年（即现王朝54年）11月14日

泰国国王普密蓬·阿杜德（Bhumibol Adulyadej）非常高兴地宣布：

鉴于目前适合制定植物品种保护法；

本法中包含的有关限制公民人身权利和自由的内容均符合《泰国宪法》第29条、第48条和第50条之规定；

因此，经泰国议会提议和通过，国王颁布法律如下：

第1条 本法称为"植物品种保护法 B. E. 2542"。

第2条 本法自《政府公报》上公布之日起生效。❶

第3条 本法规定：

"植物"是指植物界中的生物体，包括蘑菇和海藻，但不含其他微生物；

"植物品种"是指具有相似或相同遗传学和植物学特征的植物类群，具有一致性、稳定性和有别于同种植物其他类群的特异性等特征，并应包括依赖繁殖形成的具有上述特征的植物类群的树木；

"本地栽培植物品种"是指仅存在于泰国境内某一特定地方、未注册为植物新品种，按照本法规定注册为本地栽培植物品种的植物品种；

"野生植物品种"是指目前或曾经存在于自然栖息地且未经普遍栽培的植物品种；

"一般栽培植物品种"是指原产于或存在于国内并经普遍利用的植物品种，包括不属于植物新品种、本地栽培植物品种或野生植物品种的植物品种；

---

❶ 本法于1999年11月25日在《政府公报》第116卷第118A中公布。

"遗传物质"是指确定生物体特定特征的化学物质，能作为一种自我模式并传给下一代；

"基因改造"是指将来自生物体的遗传物质（无论是天然、诱导还是合成的遗传物质）与某一植物的初始遗传物质永久结合，从而产生一种在自然环境中不存在的特征的过程；

"基因型"是指确定生物体在其所处环境中特性表现的总体基因数据；

"繁殖材料"是指能够通过普通农业手段培育出新植物的植物或其任何部分；

"育种者"是指培育或开发某一品种并由此获得植物新品种权利的人；

"地方人口"是指居住并共同继承和传承文化并在本法下进行登记的群体；

"委员会"是指"植物品种保护委员会"；

"主管官员"是指部长为执行本法而任命的人；

"局长"是指农业局局长；

"部长"是指负责和掌管本法实施的部长。

第4条 农业合作部部长负责和掌管本法的实施，有权任命主管官员，制定部长令，规定不超出附表上确定的费用，规定其他活动，并发布执行本法的通告。

部长令和通告自《政府公报》上公布之日起生效。

第一章 植物品种保护委员会

第5条 设立植物品种保护委员会，由农业合作部常务秘书（任主席）、消费者保护委员会秘书长、内贸局局长、知识产权局局长、渔业局局长、皇家林业局局长、农业推广局局长、国家遗传工程和生物技术中心主任、泰国传统医药协会会长、植物园组织主任，以及由部长委员会任命的12名适格成员组成，其中6名必须为农民，1名为来自教育机构植物品种培育领域的学者，1名为来自教育机构自然资源保护领域的学者，2名为来自农业和自然资源保护相关的非营利性非政府组织的代表，2名为来自植物品种培育和繁殖协会的代表。农业局局长作为成员和秘书。

农民身份的适格成员必须具有植物品种保护、开发或利用方面的经验，应从各地区的农业团体、俱乐部、协会、农民团体或农业合作社的提名中选出，每个地区至少有一名成员。

应从第一款所述的农业和自然资源保护相关的非营利性和非政府组织中选出来自此类组织的适格成员。

适格成员的选择应符合部长令规定的规则和程序。

第 6 条　委员会应具有下列权力和职责：

（1）根据本法发布部长令和通告向部长提出建议；

（2）根据第 25 条和第 26 条的规定，审议和裁定对局长命令提出的申诉；

（3）就执行本法向部长提出意见或建议；

（4）制定有关植物品种的研究、实验、调查、培育或开发的规章，包括从本地栽培植物品种、一般栽培植物品种和野生植物品种或其任何部分中选取的植物品种；

（5）制定有关植物品种保护基金管理的规章；

（6）规定支付国家雇员或官员特殊报酬的规则和程序，国家雇员或官员的范围限于为所属机构培育植物新品种的人士；

（7）确定有权检查并评估生物和环境安全影响的机构；

（8）执行法律规定由委员会负责的其他行动。

第 7 条　适格成员每届任期两年。

适格成员任期届满的，可连任，但任期不得连续超过两届。

第 8 条　除第 7 条下任期届满离任外，遇下列情况的，适格成员应离任：

（1）死亡；

（2）辞职；

（3）破产；

（4）变成无行为能力人或限制行为能力人；

（5）终审判决判处监禁的，但轻微犯罪和过失犯罪除外。

如果适格成员在任期届满前离职，部长委员会应任命其他人填补空缺。如果适格成员的任期剩余时间不足九十日，则可忽略这项任命。填补空缺者的任期应为其替代者的剩余任期。

第 9 条 委员会的每一次会议的法定人数为不少于总数一半的成员数。

如果主席未出席会议或无法履行职责，出席会议的成员应在与会者中选择一人主持会议。

会议决定应以多数票表决方式获得通过。每名成员享有一票投票权。票数相同时，主持会议的主席应享有额外的决定性一票。

如果成员与任何特定事项有直接或间接的利害关系，则该成员不得出席会议。

第 10 条 在履行本法规定的职责时，委员会有权任命一个小组委员会来执行委员会委托的事项。

第一款规定的小组委员会在委托事项方面拥有与委员会相同的权力和职责。

第 9 条参照适用于小组委员会的会议。

第二章　植物品种

第 11 条 本法下的植物品种应符合以下条件：

（1）植物品种在形状和外观方面，或其特有的基因所表达的其他特征方面，具有特征的一致性；

（2）植物品种的特征稳定，在其繁殖材料的每个生长周期中都能表现出此类特征；

（3）植物品种在形状或外观方面具有不同于其他品种的特征，或在基因表达方面具有不同于其他植物的任何特征。

第（1）项中对植物品种的描述不适用于野生植物品种。

第三章　植物新品种保护

第 12 条 植物品种可按照本法规定注册为植物新品种，需符合以下条件：

（1）在提出申请之日前一年以上，植物品种的繁殖材料（无论是由育种者本人，还是在育种者同意下）均未在泰国境内或境外以任何方式进行过销售或分销；

（2）与提出申请之日已存在的其他植物品种有区别，但这种区别必须与有利于种植、消费、制药、生产或转化的特征有关，包括与下列植物品种的区别：

（a）在提出申请之日前，已在泰国境内或境外注册并受到保护的植物品种；

（b）已在泰国申请注册且随后将获得注册的植物品种。

第13条 植物新品种对环境、健康或公共福利有直接或间接的严重不利影响的，不得按照本法规定进行注册。

植物新品种属于基因改造衍生品种的，只有在农业局或委员会指定的其他机关或机构根据部长令规定的规则和程序对环境、健康或公共福利进行安全评估并取得成功后，才可注册为植物新品种。

第14条 注册申请经委员会批准后，部长可在《政府公报》中指定任何特定类型的植物为受保护的新植物，并指定任何特定类型的植物为对国家安全具有重要意义的植物。

第15条 植物新品种注册申请人应是符合下列条件之一的育种者：

（1）泰国国民或总部位于泰国的法人；

（2）允许泰国国民或总部位于泰国的法人在该国申请保护的国家的国民；

（3）在泰国或泰国加入的植物品种保护国际公约或协定的成员国的国民；

（4）泰国或泰国加入的植物品种保护国际公约或协定的成员国，有住所或有真实、有效的工商业机构。

第16条 受雇从事植物新品种培育工作的雇员或承包商，除非合同另有规定，否则其培育的植物新品种申请保护的权利，应视具体情况属于雇主。因此，在注册植物新品种时，雇主还必须具备第15条第（1）（2）（3）或（4）项规定的资格。

如果植物品种属于国家官员在执行公务时培育的品种，则保护申请权应属于该官员所属的机构。

如果雇主或国家官员所属的机构从植物新品种的培育中获益，该雇员、承包商或国家官员除正常工资或薪金外，视具体情况还将获得特别报酬。

雇员、承包商或国家官员享受第三款下的特别报酬的，应符合委员会规定的规则和程序。

第 17 条 多人共同培育或开发植物新品种的，这些人应有权共同申请注册该品种。

任何共同育种者拒绝共同注册申请或无法联系或不符合第 15 条要求的资格，其他共同育种者可以本人名义申请注册共同培育的植物新品种。

共同育种者未参加注册申请的，可在植物新品种注册证书颁发之前的任何时候提出参加注册申请。主管官员收到该共同育种者的申请后，应对其申请资格进行审查。为此，主管官员应告知拟审查的日期，并为申请人和共同申请人提供申请书副本。

主管官员进行第三款下的审查过程时，可要求申请人和共同申请人亲自到场回答任何问题或提交任何相关文件或证据。主管官员应在审查后向局长提出意见，并在局长作出决定后通知申请人和共同申请人。

第 18 条 多个育种者单独培育或开发了相同的植物新品种，而不是共同培育或开发的，首先提出植物新品种保护申请的人应享有更优先的权利。

如果申请日相同，申请人应协商将植物新品种的权利授予其中一人或共同享有该权利。多个申请人在局长指定期限内不能达成一致的，应在该期限届满后九十日内向法院提起诉讼。多个申请人在该期限内未向法院起诉的，应视为所有申请人均放弃植物新品种的注册申请。

第 19 条 植物新品种的注册申请应符合部长令规定的规则和程序。

申请应包含以下内容：

（1）植物新品种的名称和植物新品种基本特征的细节；

（2）参与培育或开发植物新品种的育种者的名称；

（3）一份详细信息，说明植物新品种的原产地或育种或开发植物新品种所使用的遗传物质，包括育种过程，及能清楚理解育种过程的细节；

（4）一份声明，说明将在主管官员规定的时间内，向主管官员提供已提出注册申请的植物新品种的繁殖材料和第（3）项所述用于培育或开发植物新品种的遗传物质，以供审查；

（5）利润分成协议（如一般栽培植物品种或野生植物品种或其任何部分已用于商业育种）；

（6）部长令中规定的其他详情说明。

第 20 条 任何人在国内提交植物新品种注册申请，且属首次在外国提交注册申请之日起一年内在国内提出此类申请的，则有权请求以其在外国首次提交植物新品种注册的申请日作为此类申请的申请日，但应在首次向该外国提交申请后，该外国授予了泰国国民同等权利，且申请人应拥有该国国籍。

主管官员可命令第一款所述的申请人在规定期限内（不少于九十日）提供在外国提交的植物新品种注册申请的副本及其泰文译本或其他证据。

第 21 条 主管官员在审议植物新品种的注册申请时，应审查以下内容：

（1）申请书是否符合第 19 条的规定；

（2）植物品种是否符合第 11 条所述的说明，特性是否符合第 12 条所述的说明，是否不受第 13 条第一款所述禁令的限制，以及是否具有第 13 条第二款所述评估的合格结果。

同时要符合部长令中规定的规则和程序。

在植物品种的审查过程中产生任何费用的，注册申请人应自收到主管官员的通告之日起六十日内向主管官员支付实际费用。申请人未在规定期限内缴纳费用的，视为放弃申请。

第 22 条 主管官员按照第 21 条的规定进行审查时，应准备并向局长呈递审查报告。

根据第一款的规定，局长审查报告后，认为植物新品种的注册申请符合第 19 条的规定的，应在收到报告之日起三十日内，按照部长令规定的规则和程序，在申请人支付实际费用的情况下，下令对该申请予以公布。

第 23 条 任何人认为其享有植物新品种的更优先的权利的，或认为植物新品种的注册申请不符合第 12 条、第 13 条、第 15 条、第 16 条或第 20 条的规定，可于第 22 条规定的公布之日起九十日内向主管官员提出异议。

主管官员收到第一款下的异议后，应向申请人提供一份副本。申请人应自收到副本之日起九十日内提出反异议。申请人未在规定期限内提出反异议的，视为放弃植物新品种的注册申请。

异议和反异议应附证明文件。

第 24 条 为审议异议和反异议，异议人和反异议人可按照局长规定的规章提供补充证据或陈述意见。

局长应于收到主管官员的异议和反异议之日起六十日内对第一款规定的异议和反异议作出决定。

第 25 条 局长决定，异议人比植物新品种的注册申请人享有更优先权利的，应命令驳回注册申请，注册申请人有权在接到命令之日起九十日该命令向委员会提出申诉。

申请人未对该命令提出申诉或已提出申诉但委员会对局长决定予以确认，且异议人在收到该命令或委员会决定的通告之日起一百八十日内提出植物新品种的注册申请的，根据具体情况，视为异议人在最先申请人提出申请之日提出了注册申请，且对最新申请人提出植物新品种注册申请进行公布亦视为对异议人提出申请进行公布。

第 26 条 局长决定，异议人在拟议的植物新品种中不享有权利的，应命令驳回该异议。

异议人有权在收到局长驳回异议命令之日起九十日内就该命令向委员会提出申诉。

委员会应于收到申诉之日起九十日内对申诉作出决定。

第 27 条 委员会已按照第 25 条或第 26 条的规定作出决定后，植物新品种的注册申请人或植物新品种的异议人对委员会的决定不服的，有权视具体情况在收到决定通告之日起六十日内向法院提起诉讼。注册申请人或异议人在该期限内未提起诉讼的，委员会的决定为最终决定。

如果法院作出最终命令或判决，认为植物新品种权归异议人所有，则比照第 25 条第二款适用。

第 28 条 如果植物新品种的注册申请不符合第 12 条、第 13 条、第 15 条、第 16 条、第 19 条或第 20 条的规定,局长应指示驳回申请,主管官员应将该命令通知申请人,同时应通知已提出第 23 条下异议的异议人。

局长根据第 22 条的规定公布注册申请后,又驳回该注册申请的,应公布该驳回命令,且比照第 22 条适用。

第 29 条 局长在充分审理主管官员的审查报告和注册程序后,认为注册植物新品种无任何障碍的,应指示予以注册。

申请人应于收到通告之日起六十日内缴纳植物新品种注册证书费用。申请人未在规定期限内缴纳费用的,视为放弃申请。

申请人已缴纳第二款下的费用的,主管官员应于收到规定费用之日起七日内,办理植物新品种的注册事宜并发放注册证书。申请人未在规定期限内缴纳费用的,视为放弃申请。

植物新品种的注册证书应符合部长令规定的格式。

第 30 条 局长应在《政府公报》上公布在本法下注册的植物新品种。

第 31 条 植物新品种注册证书的有效期为:

(1)繁殖材料种植不超过 2 年的时间即能结出该品种预期具有的特异性特征的植物产物的植物:12 年;

(2)繁殖材料种植超过 2 年的时间方能结出该品种预期具有的特异性特征的植物产物的植物:17 年;

(3)能够作为树木利用且繁殖材料种植超过 2 年时间方能结出该品种预期具有的特异性特征的植物产物的植物:27 年。

第一款下植物新品种注册证书有效期限自签发之日起算。

第 32 条 获签发植物新品种注册证书的人员为该植物新品种的权利人。

植物新品种的权利人可授权任何人员使用其植物新品种权,或可将此类权利转让予其他人员。

共同权利人为多人时,仅在全体权利人同意时,才可转让权利或授权使用权利。

第二款下权利转让或权利使用授权应采用书面形式,并按照部长令的规则、程序和条件向主管官员注册。

第 33 条 为任何上述行为目的，植物新品种的权利人享有以任何方式生产、销售或分销、进口、出口或拥有该植物新品种的繁殖材料的专有权。

第一款的规定不适用于下列情形：

（1）与受保护植物新品种有关的行为，但无意将其用作繁殖材料；

（2）为培育或研制植物品种所做的与受保护植物新品种有关的教育、学习、实验或研究；

（3）与受保护植物新品种有关的善意行为；

（4）农民用自制繁殖材料栽培或繁殖受保护植物新品种，但须部长经委员会批准，将该植物新品种公布为推广植物品种，农民栽培或繁殖的数量不得超过所获数量的三倍；

（5）与受保护的非商业用途的植物新品种有关的法案；

（6）以上述任何活动为目的，以任何方式销售、分销、进口、出口，持有由权利人或经权利人授权分销的受保护植物新品种的繁殖材料。

第 34 条 销售、分销植物新品种繁殖材料的，植物新品种权利人应在植物新品种繁殖材料、容器或包装上标明标志。

第一款规定的标志应符合局长规定的形式。

第 35 条 以继承方式转让植物新品种权的注册应符合部长令规定的规则和程序。

第 36 条 如需预防疾病、促进健康、维护公共利益、保护环境和生物多样性或符合其他公共利益，部长经委员会批准，有权发出通告，禁止在通告规定期限内，以任何方式生产、销售、分销、进口或出口植物新品种。

为维护国家安全、维持营养供给稳定、防止垄断或其他公共利益之目的，经委员会批准，部长有权发出通告，授权普通民众采取第 33 条第一款规定的行动，但须向植物新品种权人支付适当报酬。该通告还应规定授权期限和报酬数额。

如果在根据第二款采取行动后，无法有效预防或减轻第二款规定的情况，部长经委员会批准，可撤销该植物新品种的注册证书。

第 37 条 如果在注册申请时发现并未销售该植物新品种的繁殖材料，或销售数量不符合局长要求，或以过高价格出售，自植物新品种注册之日起满三年后，其他人可向局长提出申请，要求授权使用第 33 条第一款规定的权利，除非权利人能够证明并未销售或销售数量不能满足泰国公民的需要，或以过高价格销售系其无法控制的情况所致，或植物新品种为仅用作杂交种子生产的衍生品，但须杂交种子的生产数量能满足泰国公民的需求，并且销售价格合理。

经委员会批准，局长有权在申请人向植物新品种的权利人支付合理报酬后，授权使用第 33 条第一款规定的权利。

植物新品种使用权的授权申请和报酬确定应符合部长令中规定的规则、程序和条件。

第 38 条 经委员会批准，局长有权在下列情况下撤销植物新品种的注册证书：

（1）该植物品种不符合第 11 条和第 12 条规定的说明；

（2）植物新品种注册证书的签发与第 13 条、第 15 条、第 16 条、第 17 条、19 条和第 20 条不符；

（3）根据第 19 条向主管官员提交的注册申请书所述信息为虚假信息。

如有第（1）（2）或（3）项所述的情况，任何人员均可援引或向法院提起诉讼，要求撤销该植物新品种的注册证书。

第 39 条 植物新品种的权利人应按照部长令规定的费率和程序缴纳年费，并应于收到植物新品种注册证书之日起九十日内以及连续年度同样期限内予以缴纳。

植物新品种的权利人，如未按照第 39 条的规定缴纳年费，应承担未缴纳年费 30% 的附加费。

第 40 条 如果植物新品种的权利人未能在第 39 条下的年费和附加费的到期之日起九十日内予以缴纳，局长经委员会批准，有权撤销该植物新品种的注册证书。

第 41 条 植物新品种的注册申请、注册异议、注册证书及其权利许可注册申请、植物新品种注册证书、植物新品种替代注册证书下的权利转让注册申请均应缴纳部长令规定的费用。

第 42 条　如植物新品种登记证书遗失或实质性损坏，该植物新品种的权利人可按照部长令的规则和程序申请更换证书。

第四章　本地栽培植物品种保护

第 43 条　根据本法规定，植物品种注册为本地栽培植物品种的，应符合以下条件：

（1）仅存在于泰国境内某一特定地区的植物品种；

（2）未注册为植物新品种的植物品种。

第 44 条　凡居住在泰国并共同继承和传承文化的具有完全行为能力的人，参与第 43 条所述植物品种的保育或研制时，可根据本法注册社区团体。为此，应任命一名代表，该代表负责以书面形式向当地省长提交申请书。

申请书至少应当包含下列细节：

（1）共同保育或研制的植物品种及其方法；

（2）社区团体成员的姓名；

（3）地形以及标明社区团体边界和邻近地区的简明地图。

申请书的提交、审议和批准应符合部长令规定的规则和程序。

第 45 条　当一种植物品种仅存在于某一特定地区，并由某一特定社区团体专门保育或研制时，该社区团体有权向管辖所属地方政府组织，以社区团体名义请求提出本地栽培植物品种注册申请。

在收到社区团体根据第一款提出的请求后，地方政府组织应自正式获得注册所需的文件和信息之日起，继续向委员会申请本地栽培植物品种的注册。

如果第一款所述社区是根据合作社法成立的农民团体或合作社，则该农民团体或合作社有权以社区团体名义申请注册本地栽培植物品种。

第 46 条　本地栽培植物品种的注册申请、申请审议和注册证书的签发均应符合部长令的规则和程序。

第 47 条　为保护本地栽培植物品种而进行注册的，该地方享有以任何方式开发、学习、实验或研究、生产、销售、出口或分销其繁殖材料的专有权。为此目的，当地政府组织、农民、社区或合作社已获予当地栽培植物品种的注册证书，应以上述地方的名义成为该植物品种的权利人。

第一款的规定不适用于下列情形：

（1）与受保护本地栽培植物品种有关的行为，但无意将其用作繁殖材料；

（2）与受保护本地栽培植物品种有关的善意行为；

（3）农民用自制繁殖材料栽培或繁殖受保护本地栽培植物品种，但须部长经委员会批准，将该本地栽培植物品种公布为推广植物品种，农民栽培或繁殖的数量不得超过所获数量的三倍；

（4）与受保护的本地栽培植物品种有关的非商业行为。

第 48 条　任何人为品种研制、教育、实验或研究的目的，出于商业利益而收集、采购或采集本地栽培植物品种或其任何部分，须就使用该本地栽培植物品种所获利润签订利润分成协议。

在授权任何人执行第一款所述行动时，及在签订利润分成协议时，获得本地栽培植物品种注册证书的地方政府组织、农民、团体或合作社应以社区的名义签订协议，但须先取得委员会批准。

第 49 条　授权他人使用本地栽培植物品种权所得利润的，20%应分配给保育或研制该植物品种的人员，60%分配给社区作为其共同收入，其余20%分配给签订协议的当地政府组织、农民小组或合作社。

保育或研制植物品种的人分享利润的，应符合委员会规定的规章。

任何与第一款规定的利润分成相关的争议，应提交至委员会解决。

第 50 条　比照第 31 条适用授予本地栽培植物品种注册证书的期限。

如果局长认为植物品种仍符合第 43 条规定的说明，且仍符合第 44 条和第 45 条规定的说明，则第一款规定的本地栽培植物品种的注册证书的有效期可延长十年。

延长保护期限的申请及其许可应符合部长令规定的规则和程序。

第 51 条　比照第 36 条和第 37 条适用本地栽培植物品种。

第五章　一般栽培植物品种和野生植物品种的保护

第 52 条　任何人为品种研制、教育或其他目的而收集、采购或集中一般栽培植物品种、野生植物品种或其任何部分，出于商业利益进行的试验或研究的，应获得主管官员的许可，并签订利润分成协议。根据协议约定，累计收入应按照部长令规定的规则、程序和条件汇入植物品种保护基金。

利润分成协议至少应包括以下内容：

（1）收集或集中植物品种的目的；

（2）预期植物品种的样品数量；

（3）获予许可人员的义务；

（4）关于产品知识产权的规定，此类产品为植物品种的开发、学习、实验或研究，以及根据协议使用植物品种的衍生品；

（5）关于利润分成协议中针对该植物品种使用衍生产品的利润分成额、比率或期限的规定；

（6）协议期限；

（7）协议的撤销；

（8）关于争议解决程序的规定；

（9）部长令中规定的其他细节。

第 53 条　对一般栽培植物品种或野生植物品种或其任何部分进行非商业目的的学习、实验或研究的人，须遵守委员会规定的规章。

第六章　植物品种保护基金

第 54 条　农业合作部应设立一项基金，称为"植物品种保护基金"，用于协助和资助与植物品种保育、研究和开发有关的活动，包括以下财产：

（1）根据第 52 条规定的利润分成协议累计收入；

（2）因植物品种注册而收到的资金或财产；

（3）政府补贴；

（4）捐赠的资金或财产；

（5）基金收益或其他利息。

第一款规定的资金或其他财产应汇入基金，不得作为国家收入汇出。

第 55 条 基金中的资金应用于以下活动：

（1）协助和资助与植物品种的保育、研究和开发有关的任何社区活动；

（2）用作地方政府组织经费，用于资助社区植物品种的保育、研究和开发；

（3）用作基金管理经费。

基金管理和经费管控应符合财政部批准的委员会指定的规定。

第 56 条 设立基金委员会，由农业合作部常务秘书担任主席，并由委员会任命至少 7 名其他成员，农业局局长应担任秘书兼成员。

第 57 条 基金委员会应具有下列权力和职责：

（1）按照第 55 条规定的标的处置基金款项，向委员会建议有关的指示、规则、条件及优先级；

（2）就基金补助金或补贴的分配和申请的规则和程序制定规章；

（3）按照委员会所决定的指示、规则、条件及优先级，审议并分配基金款项作为第 55 条所规定的标的的开支；

（4）审议并批准按照第 55 条的规定提出的优化及协助请求；

（5）委员会委托的任何其他活动。

第 58 条 比照第 7 条和第 8 条适用基金委员会的任期和休假。

比照第 9 条适用基金委员会的会议。

第 59 条 植物品种保护基金的资金及第 52 条下的按照利润分成协议开发一般栽培植物品种而产生的累计资金，应按照部长令中规定的规则、程序和费率分配给属于此类一般栽培植物品种开发来源的地方政府组织。

第 60 条 自日历年结束后 120 日内，基金委员会应向审计局局长办公室提交资产负债表和上一年度基金收支报表，供其检查和审计，然后将其提交给委员会。

委员会应将此类资产负债表和收支报表提交给部长，而部长应将其提交给部长委员会以供参考，并在《政府公报》上公布。

第七章　植物品种权利人权利的保护

第 61 条　如果植物新品种的权利人或本地栽培植物品种的权利人的权利受到第 33 条或第 47 条下的侵犯，法院有权视具体情况，考量损害和利益损失的严重程度以及权利人行使权利所需的费用后，命令侵权人向权利人支付法院认为适当的赔偿金额。

第 62 条　根据第 33 条或第 47 条的规定，视具体情况，任何人侵犯植物新品种权利人或本地栽培植物品种权利人的权利，其持有的所有植物品种或物品应予以没收。

法院没收的物品归国家所有，并由农业部根据局长制定并经委员会批准的规章进行处置。

第八章　处　罚

第 63 条　任何主管官员，负责植物新品种注册保护的，非法或未经注册申请人同意使用或允许他人使用或向他人提供第 19 条第（4）项中植物新品种或遗传材料的繁殖材料，应处两年以下监禁或四十万泰铢以下罚金，或二者并罚。

第 64 条　任何人未经植物品种权利人授权实施第 33 条或第 47 条规定的任何行为，应处两年以下监禁或四十万泰铢以下罚金，或二者并罚。

第 65 条　植物新品种的任何权利人违反第 34 条规定的，应处一个月以下监禁或两万泰铢以下罚金，或二者并罚。

第 66 条　任何人违反第 48 条或第 52 条规定的，应处两年以下监禁或四十万泰铢以下罚金，或二者并罚。

第 67 条　任何人伪造或模仿标志，或采取行动，使他人误认为某一植物品种是本法规定的受保护植物品种的，应处六个月至五年监禁，并处两万至二十万泰铢罚金。

第 68 条　任何人在申请植物新品种或本地栽培植物品种注册时，向主管官员作出虚假陈述，以期取得植物新品种或本地栽培植物品种的注册证明，应视具体情况，处两年以下监禁或四十万泰铢以下罚金，或二者并罚。

第69条 根据本法规定，如果应受处罚者为法人，则法人代表也应对违法行为承担责任，经证明该法人是在其不知情或未经其同意的情况下实施违法行为的除外。

会签人：
Chuan Leekpai
总理

费用表

1. 植物新品种注册申请书	1 000 泰铢/次
2. 对植物新品种注册申请的异议申请书	1 000 泰铢/次
3. 植物新品种注册证书	1 000 泰铢/次
4. 植物新品种保护年费	1 000 泰铢/次
5. 植物新品种注册证书项下权利授权使用的注册申请书	500 泰铢/次
6. 植物新品种注册证书项下权利转让的注册申请书	500 泰铢/次
7. 植物新品种注册证书更换	500 泰铢/次

集成电路布图设计保护法 B.E.2543

国王普密蓬·阿杜德（Bhumibol Adulyadej）
签署于佛历 2543 年（即现王朝 55 年）5 月 4 日

泰国国王普密蓬·阿杜德（Bhumibol Adulyadej）非常高兴地宣布：

鉴于目前适合制定集成电路布图设计保护法；

本法中包含的有关限制公民人身权利和自由的内容均符合《泰国宪法》第 29 条及第 48 条和第 50 条之规定；

因此，经泰国议会提议和通过，国王颁布法律如下：

第 1 条 本法应称为"集成电路布图设计保护法 B E. 2543"。

第 2 条 本法自《政府公报》上公布之日起九十日届满时生效。

第一章 总 则

第 3 条 本法规定：

"集成电路"是指用于执行电子功能的最终或中间产品，此类产品由能够激发电子操作的元件和连接部分或所有这些元件的互联组成，分层放置并集成在同一片半导体材料之上或其中；

"布图设计"是指为显示集成电路的布局而制作的任何图案、布局或图像，无论以何种形式或方法制作的；

"布图设计证书"是指根据本法规定签发以保护布图设计的证书；

"商业应用"是指通过出售、租赁或任何其他行为获取报酬或任何其他利益的开发行为，包括以开发为目的的此类行为；

"权利人"是指接受布图设计证书的人,包括受让人;

"委员会"是指布图设计委员会;

"主管官员"是指部长为执行本法而任命的人;

"局长"是指知识产权局局长;

"部长"是指负责和掌管本法实施的部长。

第 4 条 商业部长负责和监督本法的实施,并有权任命主管官员,发布部长令,规定不超过本法附件规定的费用,减少或免除费用,并规定执行本法的其他事项。

部长令自《政府公报》上公布之日起生效。

第 5 条 集成电路布图设计的保护应符合本法的规定,不受《专利法》的约束。

第二章 布图设计的保护

第一部分 申请保护布图设计

第 6 条 符合本法保护条件的布图设计如下:

(1) 设计人自行创作、在集成电路产业中不常见的布图设计;

(2) 设计人通过组合集成电路工业中常见的布图设计或将集成电路的元件相互连接组合,从而设计出集成电路工业中不常见的布图设计。

第 7 条 布图设计者有权依照本法规定申请布图设计保护。

第 8 条 设计人为官员或雇员的,布图设计申请保护的权利属于该官员或雇员,另有书面约定的除外。

设计人在委托过程中创作的布图设计,雇主应有权申请布图设计保护,另有书面约定的除外。

第 9 条 国家机关、国有企业、地方政府组织或其他国家机关是法人的,亦有权申请保护在其服务合同过程中或根据其命令或在其控制下创作的布图设计,另有书面约定的除外。

第 10 条 布图设计保护的申请权可通过继承方式转让。按照本法的规定，申请保护权的转让应采用书面形式，并由转让人及受让人签名。

第 11 条 如果两个或两个以上的人共同创造了布局设计，他们具有布局设计保护的共同申请权。

如果任何共同布图设计者拒绝参加布图设计保护申请，或无法联系、无权申请保护的，其他布图设计者可以本人名义申请保护共同创作的布图设计。

未参与布图设计保护申请的布图设计联合设计人，可以在向之前提出布图设计保护申请的共同设计人颁发布图设计证书之前，通过提交能够证明申请人为实际共同设计人的证据，提出参与布图设计保护申请的请求，主管官员在调查该申请人是否为联合设计人后，向局长提交报告，由局长作出决定。主管官员在调查时，应将调查日期告知布图设计保护申请人和其他联合申请人，并将申请书副本送交所有申请人。

布图设计联合设计人有权在收到通告之日起九十日内就该局长命令向委员会提起申诉。申诉应遵守部长令的规则和程序。

委员会作出决定后，布图设计联合设计人对该决定有异议的，有权在收到通告之日起九十日内就该决定向法院提起诉讼。如未在规定期限内提起诉讼，委员会的决定为最终决定。

根据第三款提出申请和调查应遵守部长令的规则和程序。

第 12 条 两个及两个以上的申请人独立创作出相同的布图设计的，最先提交申请的人享有保护申请权。如果申请是在同一天提交的，申请人应就保护申请权的归属进行协商，明确归一人单独享有还是归所有申请人共同享有。如果所有申请人未在局长指定的期限内达成协议，则当日首先提交申请的人享有保护申请权。

第 13 条 有权依照本法申请布图设计保护的人，应当具备下列条件之一：

（1）拥有泰国国籍或法人的主要办事场所位于泰国；

（2）拥有泰国加入的保护集成电路布图设计的国际公约或者协定的缔约国的国籍；

（3）在泰国或泰国加入的关于保护集成电路布图设计的国际公约或协

议的缔约国拥有住所或场所，以开展与布图设计创作或集成电路生产有关的真实有效业务。

第二部分 布图设计的登记和保护期

第 14 条 根据第 7 条、第 8 条、第 9 条、第 10 条、第 11 条或第 12 条的规定有权申请保护并具备第 13 条规定资格的人，亦有权申请登记布图设计。

布图设计已在国内或国外商用的，应于布图设计首次商用之日起两年内提出登记申请。

布图设计自创作完成之日起十五年内未商用的，不得申请登记。

第 15 条 任何人为获得本法保护而申请布图设计登记的，应遵守部长令的规则、程序和条件。

登记申请至少应包括以下内容：

（1）设计人的姓名、国籍、住所、地址及可能存在的对申请保护的权利转让；

（2）布图创作完成日和首次商用日期，包括对商用的说明；

（3）能够辨别布图设计的图画或其照片，或具备类似效果的其他物品，包括集成电路的电子功能数据；

（4）布图设计已投入商业应用的，提交含有该布图设计的集成电路样品；

（5）部长令中规定的其他细节。

第 16 条 在进行布图设计登记时，主管官员应审查登记申请是否符合第 14 条和第 15 条规定的要求，并应准备一份审查报告提交给局长。

第 17 条 布图设计的登记申请符合第 14 条和第 15 条规定的要求，局长应发布命令准许登记，向申请人签发布图设计证书，公布登记，并以书面形式告知申请人按照部长令规定的程序和期限缴纳布图设计证书的签发费和公布费。

如果申请人未缴纳第一款规定的费用的，视为申请人放弃登记申请。

布图设计证书应当采用部长令规定的格式。

布图设计证书遗失或损坏严重的，权利人可依据部长令的规则和程序申请补发布图设计证书。

第 18 条　布图设计的登记申请不符合第 14 条或第 15 条规定的要求的，局长应下令拒绝该登记申请，并立即以书面形式将该命令连同理由告知申请人。

申请人有权在收到通告之日起九十日内向委员会提出上诉。上诉应遵守部长令的规则和程序。

委员会作出决定后，申请人对委员会决定有异议的，有权在收到通告之日起九十日内就该决定向法院提起诉讼。如果申请人未在规定期限内提起诉讼，委员会的决定为最终决定。

第 19 条　布图设计经登记并颁发证书后，其权利受本法保护。

布图设计专有权的保护期为十年，自布图设计登记申请之日或在泰国境内或境外首次投入商业应用之日起计算，以较前日期为准，但布图设计自创作完成之日起十五年后，不再受本法保护。

第 20 条　自布图设计保护期的第二年起，权利人应按部长令的规定缴纳年费，年费应在第二年开始之日起六十日内缴纳，以后每年缴纳一次。

权利人未按照第一款规定缴纳年费的，应按照年费的 30% 缴纳滞纳金。

权利人自第一款规定的期限届满之日起六个月内未缴纳年费和滞纳金的，视为布图设计权利失效。在此情况下，主管官员应当宣布终止布图设计保护。

第 21 条　权利人可一次性预缴全部年费，无须按年缴费。

权利人已预缴年费，但年费随后发生变化，或权利人放弃布图设计权利，或布图设计的登记被撤销的，权利人无须补缴年费，也无权要求退还预缴年费的年费。

第 22 条　布图设计权利人享有下列专有权：

（1）复制受本法保护的布图设计；

（2）以任何方式向泰国进口、销售或分销其受保护的布图设计或含有该布图设计的集成电路或者含有该集成电路的物品投入商业应用。

未经权利人授权实施的第一款规定的行为，视为侵犯权利人的权利。

对包含权利人布图设计的集成电路或产品实施第（2）项中的任何行为侵犯了权利人权利，以下情形除外：侵权人从集成电路或产品中删除了权利人的布图设计，或后续从权利人处获得了执行此类行为的授权。

第 23 条　对受本法保护的布图设计，有下列行为之一的，不视为侵犯权利人的权利：

（1）单纯为评价、分析、研究或教育等目的而复制受保护的布图设计的；

（2）在依据第（1）项下所述行为下创作，并具有第 6 条所述特征的布图设计纳入集成电路，或执行第 22 条下有关此类布图设计的行为；

（3）为自身利益而复制，而非商业利益行为；

（4）对包含权利人受保护布图设计的集成电路，或就包含此类集成电路的产品执行第 22 条第（2）项规定的行为；前提是实施该行为的行为人在获得此类集成电路或产品时不知道或无正当理由知道其含有侵犯权利人权利的布图设计。在这种情况下，行为人在被告知此类集成电路或产品含有侵犯权利人权利的布图设计后，可继续对通告前仍有库存或已订购用于分销的集成电路或产品执行第 22 条第（2）项规定的任何行为，但应在贸易过程中向权利人支付适当金额的特许权使用费；

（5）根据第 22 条第（2）项的规定，对从权利人的商业应用活动中合法获得的布图设计或集成电路，可以提起行政诉讼；

（6）任何与权利人独立完成的受保护的布图设计相同的设计受条例第 22 条的保护。

第三章　布图设计权的行使及权利转让

第 24 条　布图设计权利人可以依据第 22 条将其专有权转让或者许可他人使用其布图设计。行使权利和转让权利的授权应以书面形式作出，并向局长登记。

在有共有权利人的情况下，根据第一款对布图设计行使权力或转让权利的授权，应经全体权利人同意。局长已下令对许可合同或转让合同实施登记的，局长应下令公布该合同的登记情况。

许可合同和转让合同的登记申请应遵守部长令的规则和程序。

第 25 条 在根据第 24 条授予许可时，权利人不得用限定条件、限制权利或报酬的方式，限制或阻止贸易竞争法规定的竞争。

如果局长认为许可合同中的任何条款与第一款的规定相抵触，应向委员会提交报告，由委员会裁决。如果委员会认为该条款违反第一款的规定，则局长应拒绝合同登记，除非双方拟将合同的有效部分与无效部分分割。在后一种情况下，局长可下令对合同的有效部分实施登记。

当委员会按照第二款的规定作出决定后，任何利害关系方对委员会决定有异议的，有权在收到通告之日起九十日内就该决定向法院提起诉讼。如未在规定期限内提起诉讼，委员会的决定为最终决定。

第 26 条 权利人违反第 24 条第一款的规定，授权他人行使布图设计权利的，局长可请求委员会根据部长令的规则和程序，撤销布图设计的登记。

第 27 条 以继承方式转让布图设计权利的登记申请应遵守部长令的规则、程序和条件。

权利人无继承人的，该布图设计证书的保护即行终止。

第四章 布图设计登记的撤销和保护的终止

第 28 条 自布图设计登记公布之日起一年内，任何利害关系人均可请求局长命令撤销不符合第 14 条或第 15 条规定的布图设计登记。

局长审议审查报告并发布驳回撤销登记申请的命令或撤销布图设计登记的命令时，应立即将该命令和理由告知申请人和权利人。

申请人或权利人有权在收到通告之日起九十日内就该局长命令向委员会提起申诉。

按照第一款规定提起的撤销登记申请和按照第三款规定对局长命令提起的申诉，应遵守部长令的规则和程序。

第 29 条 委员会按照第 28 条的规定就申诉作出决定后，应立即将该决定和理由告知申请人及权利人。

申请人或权利人对委员会的决定有异议的，有权在收到通告之日起九十日内就此异议向法院提起诉讼。如未在规定期限内提起诉讼，委员会的决定为最终决定。

第 30 条 如若布图设计的登记不符合第 6 条规定的，该登记视为无效。

局长认为已登记的布图设计不符合第 6 条规定的特征，应对实际情况进行调查，并向委员会报告，以撤销该布图设计登记。在调查过程中，权利人可作出陈述或提供证据，局长可要求任何人作出陈述或提供任何进一步的证据。

如果权利人不同意委员会撤销其登记的命令，有权在收到通告之日起九十日内就此向法院提起诉讼。如未在规定期限内提起诉讼，委员会的命令为最终决定。

第 31 条 当出现以下情况时，布图设计权利人的布图设计权利终止：

（1）权利人退还布图设计证书，放弃布图设计权利的；

（2）布图设计的保护期按照第 19 条的规定届满，或按照第 20 条第三款的规定视为终止的；

（3）权利人死亡且无继承人的；

（4）局长或委员会作出命令或决定，或法院作出终审判决，撤销该布图设计登记的。

第五章 布图设计权利的强制许可

第 32 条 自布图设计证书登记和颁发之日起三年期满后，任何人均可向局长申请许可，要求行使第 22 条下授予权利人的布图设计权利，但权利人行使其权利的方式不得限制或阻止贸易竞争法规定的竞争行为。

根据第一款的规定申请许可时，申请人必须证明其已遵守部长令的规则、程序和条件，且已尽力从权利人处获得许可，并提出了在此情形下合理且充分的条件和报酬，但仍然无法在合理期限内获得许可。

第 33 条　局长就第 32 条下提交的许可申请发布命令后，申请人、权利人或被许可人可在收到通告之日起九十日内就该命令向委员会提起申诉。申诉应遵守部长令的规则和程序。

委员会根据第一款就申诉作出决定后，应立即将该决定和理由告知有关各方。

申请人、权利人或被许可人对委员会的决定有异议的，有权在收到通告之日起九十日内就此向法院提起诉讼。如未在规定期限内提起诉讼，委员会的决定为最终决定。

第 34 条　出于国防、维护国家安全、维持稳定、健康或环境的需要，或出于其他非商业性公共利益的需要，国家机构、国有企业，地方行政机关或其他国家机关作为法人，可自行或委托他人申请许可使用本法第 22 条规定的布图设计权利。

申请许可的机构在行使第一款规定的权利时，应按照第 24 条的规定向权利人或被许可人支付合理的报酬，局长应立即以书面形式告知权利人或被许可人。

申请许可的机构在根据第一款申请许可时，应向局长提交申请，就报酬和行使权利的条件提出建议。局长不同意报酬金额的，权利人或被许可人有权在收到通告之日起九十日内向委员会提起申诉。申诉应遵守部长令的规则和程序。

委员会作出决定后，该决定为最终决定。

第 35 条　在战争或出于国防和维护国家安全需要的紧急状态下，经部长委员会批准，总理有权发布命令，向权利人或被许可人支付公平报酬后获得行使布图设计的权利，并应立即以书面形式告知权利人或被许可人。

如果权利人或被许可人对非自愿许可报酬有异议的，有权在收到通告之日起九十日内向委员会提起申诉。申诉应遵守部长令的规则和程序。

委员会作出决定后，该决定为最终决定。

第 36 条　行使依据本章规定获得的强制许可权利，不得损害布图设计权利人自行实施或者许可他人实施的权利，获得强制许可的人无权再许可他人实施。

第 37 条 自授权行使本章规定的权利之时起情况发生变化的,第 24 条下的权利所有人或被许可人可向局长提出申请,要求修改被授权人应当遵守的规定期限。

凡授权行使权利的原因已不复存在且不可能再次出现,且取消授权不会影响被许可人的合法权益,或被许可人违反条款规定的,则权利人或被许可人可根据第 24 条向局长提出取消授权的申请。

按照第一款的规定修改期限或按照第二款的规定取消行使权利授权的申请应遵守部长令的规则和程序。

第 38 条 权利人或被许可人可在收到通告之日起九十日内,就局长按照第 37 条的规定作出的决定向委员会提起申诉。申诉应遵守部长令的规则和程序。

权利人或被许可人对委员会的决定有异议的,有权在收到通告之日起九十日内就此向法院提起诉讼。如未在规定期限内提起诉讼,委员会的决定为最终决定。

第六章　布图设计委员会

第 39 条 设立"布图设计委员会",由商业部常务秘书担任主席,由部长任命的,在自然科学、工程、工业和法律领域的不超过 12 名符合条件的成员组成,且其中 6 人必须为来自私营部门的符合条件的成员。

委员会应任命知识产权部的官员担任其秘书和助理秘书。

第 40 条 委员会应具有下列权力和职责:
(1) 就根据本法颁布的部长条例向部长提出建议或意见;
(2) 审议和裁决对局长根据本法发布的命令所提起的申诉;
(3) 审议部长委托的有关布图设计的其他事项;
(4) 执行本法规定的其他行为。

第 41 条 符合条件的成员每届任期两年。即将离任的符合条件的成员可连任,任期不超过两届。

第 42 条 除在任期届满时离任外,遇下列情况的,视为成员离任:

（1）死亡；

（2）辞职；

（3）被部长委员会解职；

（4）破产；

（5）成为无行为能力人或限制行为能力人；

（6）终审判决判处监禁的，但过失犯罪和轻微犯罪除外。

第 43 条 如果任命一名合格成员接替在任期届满前离职的合格成员，或在已任命的合格成员任期内再任命一名合格成员，则被任命者的任期应为已任命的合格成员的剩余任期。

第 44 条 在合格成员任期届满后仍未任命新的合格成员的情况下，任期届满的合格成员应暂时履行其职责，直至任命新的合格成员。

第 45 条 委员会会议的法定人数为不少于成员总数的一半。如主席未出席会议或不能履行职责，出席会议的成员应选举一名成员主持会议。

会议决定应以多数票通过的方式进行表决。每名成员享有一票投票权。票数相同时，主持会议的主席应享有额外的决定性一票。

第 46 条 委员会应有权任命小组委员会，以审议或执行委员会委托的任何行为，小组委员会会议比照本法第 45 条执行。

第 47 条 在履行职责时，委员会或小组委员会有权发出书面命令，要求任何相关人员在必要时根据委员会的条例，提供声明或任何相关文件或物品作为审议的佐证材料。

第七章　处　罚

第 48 条 任何人未经权利人同意而作出第 22 条第（1）项下的行为的，应处五万泰铢至五十万泰铢罚金。

第 49 条 任何人未经权利人同意而作出第 22 条第（2）项下的行为的，应处两万泰铢至二十万泰铢罚金。

第 50 条 任何人通过向主管官员或委员会提交虚假陈述，申请或提供任何其他与布图设计登记或布图设计权利行使的转让或授权有关的文件的，应处六个月以下监禁或十万泰铢以下罚金,或二者并罚。

第 51 条 任何人违反第 47 条规定的,应处五千泰铢以下罚金。

第 52 条 法人犯本法规定的应受惩罚的罪行的,执行董事、经理或法人代表也应就该违法行为承担法律责任,有证据证明该法人的行为是在其不知情或不同意的情况下实施的除外。

第 53 条 法院判决侵权人犯有第 48 条或第 49 条所规定罪行的,应命令扣押其所拥有的所有侵犯权利人权利的布图设计、集成电路或产品。法院认为适当的情况下,可命令销毁该布图设计、集成电路或产品,或采取任何其他可防止其进一步传播的措施。

侵权人将权利人的布图设计或集成电路从侵犯权利人权利的集成电路或产品中删除的,法院仅可对仍在侵犯权利人权利的集成电路或产品强制执行扣押令或根据第一款采取任何其他措施。

会签人

Chuan Leekpai

总理

费用表

布图设计登记的申请	1 000 泰铢
布图设计登记的公布	500 泰铢
布图设计证书	1 000 泰铢
撤销布图设计登记的申请	500 泰铢
对局长命令的申诉	1 000 泰铢

年费

第 2 年	2 000 泰铢
第 3 年	4 000 泰铢
第 4 年	6 000 泰铢
第 5 年	20 000 泰铢
第 6 年	30 000 泰铢
第 7 年	40 000 泰铢
第 8 年	50 000 泰铢
第 9 年	60 000 泰铢
第 10 年	70 000 泰铢
或一次付清	280 000 泰铢

行使布图设计的许可合同的登记申请	500 泰铢
布图设计权利转让的登记申请	500 泰铢
布图设计行使权力的授权申请	500 泰铢
行使布图设计权利的许可	1 000 泰铢
布图设计证书的补发	100 泰铢
布图设计权利行使许可的补发	100 泰铢
文件复印（每页）	10 泰铢
超过十页的文件的核证副本，每页	100 泰铢
未超过十页，每页	10 泰铢
其他任何申请	100 泰铢

工业产品标准法 B. E. 2511

国王普密蓬·阿杜德（Bhumibol Adulyadej）

签署于佛历 2511 年（即现王朝 23 年）12 月 27 日

泰国国王普密蓬·阿杜德（Bhumibol Adulyadej）非常高兴地宣布：

鉴于目前适合制定工业产品标准法；经泰国议会提议和通过，国王颁布法律如下：

第1条 本法称为"工业产品标准法 B. E. 2511"。

第2条 本法自《政府公报》上公布之日起生效。

第3条 本法规定：

"标准"是指关于以下一项或多项描述的规范：

（1）工业产品的种类、类型、形状、尺寸、制造、设备、质量、等级、组件、性能、耐久性和安全性；

（2）工业产品的制造方法、设计方法、绘图方法及使用方法，所用材料以及与工业产品制造有关的安全；

（3）包装或其他种类容器的种类、类型、形状、尺寸，包括包装或其他种类容器的制造，包装、包裹或捆扎的方法以及所用的材料；

（4）工业产品的实验、分析、比较、检验、测试方法以及体积、尺寸的称量方法；

（5）工业产品的专有名称、缩写、符号、标志、颜色、编号和工艺流程单位；

（6）部长通告或王室法令规定的其他工业产品规格；

"协会"是指工业产品标准协会；

"委员会"是指工业产品标准委员会；

"主管官员"是指为实施本法由部长任命的人员；

"部长"是指负责和掌管本法实施的部长。

第 4 条 工业部设立工业产品标准协会，权力和职责如下：

（1）审查根据第 16 条提出的关于使用标准标志的申请，以及按照第 20 条、第 20 条之二、第 21 条和第 21 条之二的规定提出的关于许可制造或进口工业产品的申请，以便进一步提交委员会；

（2）检查和控制工业产品的制造，即王室法令要求达标的工业产品以及按照第 20 条之二的规定允许制造的工业产品；

（3）检查和控制王室法令要求达标并为销售而进口的工业产品，包括第 21 条之二下允许进口的工业产品；

（4）监督标准标志的使用；

（5）履行委员会委托的其他事项。

第 4 条之二 工业产品标准协会秘书长有责任监督和管控工业产品标准协会的行政管理工作。

第 5 条 经委员会批准，部长有权在《政府公报》上公布，将政府机构、政府组织、国有企业或其他机构任命为负责检查工业产品的检查员，以便进一步向委员会报告这些产品是否符合标准。

第 6 条 部长有权在《政府公报》上公布第 16 条、第 20 条、第 20 条之二、第 21 条、第 21 条之二和第 44 条第（1）项下的工业产品或材料的检查费用标准，但仅限于使用第 16 条规定的标准标志的工业产品，或按照第 20 条、第 20 条之二、第 21 条或第 21 条之二的规定获得许可的工业产品。

第一款所指的工业产品或材料的检查费用标准，应视具体情况向许可申请人、被许可人、获得许可之人士、制造商、进口商、销售商或销售产品之人士收取。

第 7 条 设立工业产品标准委员会，该委员会由工业部常务秘书担任主席，其成员包括工业工程司司长、工业促进司司长、农业合作部代表、内政部代表、商业部代表、科技能源部代表、卫生部代表、海关署代表、泰国科学技术研究院代表、投资促进委员会办公厅代表、国家经济与社会发展委员会办公室代表，以及由部长委员会任命的不超过 6 名适格人员。

工业产品标准协会秘书长应担任成员和秘书。

工业产品标准法 B.E.2511

第 8 条 委员会具有下列权力和职责：

（1）就标准的确定、修改和撤销向部长提出建议；

（2）允许使用标准标志；

（3）允许制造王室法令要求达标的工业产品；

（4）允许进口王室法令要求达标的工业产品在泰国销售；

（第 4 项之二）就确定王室法令要求达标或符合第 20 条之二和第 21 条之二所规定的外国或国际标准的工业产品制造或进口的规则和条件，向部长提出建议；

（5）为任命技术委员会成员，向部长提交适格人员；

（6）执行本法规定的其他事项。

第 9 条 部长委员会任命的成员任期为三年。离任成员可重新任命。

第 10 条 除根据第 9 条第一款在任期届满时离任外，遇下列情况，视为部长委员会任命的成员离任：

（1）死亡；

（2）辞职；

（3）破产；

（4）变成无行为能力或限制行为能力人；

（5）终审判决判处监禁的，但轻微犯罪和过失犯罪除外；

（6）根据部长委员会的决议予以撤职。

部长委员会任命的成员在任期结束前离职时，部长委员会可任命任何其他人接替该成员。

按照第二款的规定任命的成员应接替离任成员履行其未满任期。

第 11 条 委员会的每一次会议的法定人数为不少于总数 1/3 的成员数。如果主席未出席会议，则出席会议的成员应在出席会议的成员中选择一人主持会议。会议决定应以多数票通过的方式进行表决。每名成员享有一票投票权。票数相同时，主持会议的人应享有额外的决定性一票。

第 12 条 委员会有权任命小组委员会，协助其履行职能或审议委员会委托的任何事项。比照第 11 条的规定适用于小组委员会会议。

第 13 条 部长有权任命委员会在第 8 条第（5）项下提名的适格人员

· 185 ·

担任一个或多个技术委员会的成员。技术委员会有责任编制标准草案，执行与标准有关的其他技术事项，并将其提交给委员会。在履行职责时，技术委员会有权任命小组委员会，协助其开展技术委员会委托的活动或审议事项。比照第 11 条的规定适用于技术委员会和技术小组委员会会议。

第 14 条　遇下列情况的，视为技术委员会成员离任：

（1）死亡；

（2）辞职；

（3）破产；

（4）成为无行为能力或限制行为能力人；

（5）终审判决判处监禁的，但轻微犯罪和过失犯罪除外；

（6）部长书面通知的。

第 15 条　为促进工业发展，部长可根据委员会的建议确定、修订和撤销工业产品标准。

第一款项下标准的确定、修改和撤销应在《政府公报》上公布。

第 16 条　除第 25 条规定外，任何制造标准已获厘定的工业产品之人士，只有在主管人员检查其工业产品并获得委员会许可后，方可在其工业产品上展示标准标志。许可证的申请、检查和签发应遵守部长令的规则和程序。

第 17 条　为确保安全或防止对公众、国家工业或经济造成有害影响，可确定任何特定种类的工业产品应符合某项标准。

根据第一款作出的决定应以王室法令形式作出，该决定的生效日期不得少于其在《政府公报》上公布之日起六十日。

第 18 条　根据第 17 条的规定发布王室法令之前，应遵守以下步骤：

（1）协会应在《政府公报》及至少一份泰国日报上发布为期不少于七日的公告，声明其旨在要求按照标准制造任何特定种类的工业产品提供详细资料的地点以及希望向该局提出异议的人向该局提出异议的期限（自发布之日起不少于三十日）；

（2）协会未收到任何异议的，应向委员会报告，则委员会应采取进一步行动；

（3）协会收到异议的，应将异议情况提交委员会；

（4）协会应在其内部张贴通知，说明异议听证会的日期、时间及地点，并以书面形式通知异议方；

（5）委员会应为所有利害关系人提供出席听证会并发表意见的机会；

（6）异议方未在规定的时间内到场的，委员会有权以其认为合适的方式进行；

（7）委员会作出决定后，协会应在其场所张贴该决定的副本，并将其中一份副本发送给异议方。

第 19 条 根据第 18 条的规定，决定副本从协会张贴之日起三十日内，与委员会决定有利害关系之人士有权向部长提起申诉。部长的决定为最终决定。

第 20 条 除第 25 条规定以外，凡按照王室法令的标准制造工业产品的，须向主管官员出示证据以供检查，并获得委员会颁发的许可证。

许可的申请、检查和签发应符合部长令中规定的规则和程序。

第 20 条之二 为保障出口利益，或当有必要制造在泰国临时使用的不同于标准的工业产品时，部长可根据第 20 条，随时允许被许可人制造王室法令要求达到可能低于或高于本法规定标准的外国或国际标准的工业产品。

第一款所指的外国或国际标准必须已得到委员会的批准，且此类工业产品的制造应当符合委员会规定的规则和条件。

第 21 条 除第 25 条规定以外，按照王室法令标准进口并销售工业产品的，应当取得委员会颁发的许可证并向主管官员出示相关证明材料以供检查。

若售往泰国境内工业产品的进口数量超过规定数量的，应当在海关官员查验货物之前通知海关，并遵守海关规定的规则。

许可证的申请、检查和签发应遵守部长令的规则和程序。

根据本条第三款，对工业产品的技术细节进行检查时，应采用委员会秘书长规定的规则和方法。

第 21 条之二 委员会秘书长可以批准进口与泰国生产标准不同的工业产品，该工业产品应符合其他国家的标准或国际标准以及本法其他规定。

前款规定中的其他国家的标准或国际标准应当经过委员会批准，向泰国进口此类工业产品应遵守委员会规定的规则和条件。

第 21 条之三 意图将符合本法标准的工业产品进口至泰国境内，经生产、混合、装配、包装或其他加工后再出口至境外的，应当在进口之前通知委员会的办公机构，并遵守委员会规定的规则和条件。

在收到前款规定的通知后，委员会的办公机构应发出确认函，进口人在收到确认函之日起方可开始进口相关工业产品。

第 22 条 被许可人应在许可证指定场所内的显著位置展示许可证。

第 23 条 许可证丢失或实质性损坏的，被许可人应在得知此情况之日起三十日内向委员会申请更换许可证。

补发许可证的申请和签发应遵守部长令的规则和程序。

第 24 条 仅在收到委员会许可后，方可进行许可证中指定经营场所的搬迁。

申请和签发许可证应遵守部长令的规则和程序。

第 25 条 按照第 16 条、第 20 条及第 21 条的规定发出的许可证的转让只有在收到委员会发出的许可证转让许可后方可进行。

申请人按照第一款的规定提交许可证转让申请后，应视具体情况继续展示或使用标准标志，或制造或进口符合标准的产品，直到委员会作出拒绝被许可人转让的最终命令或决定；但是申请人应视为必须遵守本法规定的被许可人。

委员会必须审议转让许可证的申请，并在收到申请之日起三十日内作出决定。

委员会未在第三款规定的期限内完成审议的，应视为批准上述许可证转让申请。在此情况下，委员会必须立即向申请人发出许可证转让许可。

签发许可证转让申请和许可证转让许可应符合部长令中规定的规则和程序。

第 25 条之二 按照第 16 条、第 20 条、第 21 条、第 24 条及第 25 条的规定发布许可证时，委员会可以书面形式订立条件，规定被许可人遵守以下事项：

（1）控制工业产品质量符合标准的程序；

（2）关于标准标志显示的时间规定；

（3）关于支付工业产品检验费的时间规定。

委员会可修订按照第一款的规定订立的条件。

第 26 条　按照第 16 条、第 20 条、第 21 条、第 24 条或第 25 条的规定提出的许可申请被委员会命令拒绝的，申请人有权在收到该命令之日起三十日内向部长提起申诉。

部长的决定为最终决定。

第 27 条　许可证将在以下情况下到期：

（1）被许可人停止经营；

（2）被许可人按照第 16 条的规定申请撤销在其工业产品上的标准标志展示；

（3）确定新标准、修改或撤销与此类工业产品有关的标准的通告或王室法令生效之时，在确定新标准或修改标准的情况下，被许可人同意遵守新标准或经修订的标准的，则应在新标准或经修订的标准生效日期前提交许可申请。提交申请后，被许可人应在委员会规定的期限内，继续按照先前的许可和标准开展经营，但期限不得超过自新标准或经修订的标准生效之日起一年。

第 28 条　被许可人停止经营时，应在停止经营日期起三十日内，以书面形式通知委员会。

第 29 条　第 20 条或第 21 条所指的被许可人应视具体情况，制造或进口符合其标准的工业产品。

第 30 条　部长应按照第 16 条、第 20 条和第 21 条的规定确定与工业产品有关的标准标志。

标准标志的说明、制作和显示方法应遵守部长令的规则和程序。

第 31 条　除第 16 条、第 20 条或第 21 条所指的被许可人外，任何其他人均不得使用该标准标志。

第 32 条　任何人均不得模仿标准标志误导公众。

第 33 条　将此类工业产品带离其制造的处所前，或从海关人员收到此类工业产品前，依据第 20 条及第 21 条的规定，被许可人应展示该标准标志。在后一种情况下，部长可允许在规定条件下展示标准标志。

许可人或被授权人获许可，视具体情况制造或进口不同于第 20 条之二或第 21 条之二所规定的标准的工业产品的，应按照第一款的规定，展示表明该工业产品不符合本法项下标准的标志或声明。该标志或声明应由委员会制定。

有证据表明进口的工业产品符合不低于本法下标准的外国标准，且其上显示有外国标准标志的，委员会可视具体情况，免除被许可人或被授权人使用第一款下的标准标志或第二款下的标志或声明之义务。

第 34 条 在使用标准标志时，被许可人应遵守部长令的规则和程序展示其名称或注册商标。

第 35 条 第 16 条、第 20 条或第 21 条所指的被许可人不得在不符合标准的工业产品上展示标准标志。

第 36 条 在明知工业产品不符合第 16 条、第 20 条、第 20 条之二、第 21 条、第 21 条之二、第 29 条或第 33 条第一款或第二款的规定，或工业产品上展示的标准标志违反第 31 条、第 32 条或第 35 条规定的情况下，任何人均不得宣传、销售或为销售而持有此类工业产品。

第 37 条 发现被许可人违反或不遵守第 24 条、第 25 条、第 29 条、第 33 条第一款、第 34 条、第 35 条、根据本法颁布的部长令或委员会按照第 25 条之二规定的条件的，委员会有权暂停许可，但每次暂停期间不超过三个月。

第 38 条 暂停许可后遵守本法规定的，委员会可在暂停期结束前取消暂停许可之命令。

第 39 条 发现暂停许可的被许可人曾在过去五年内曾犯过类似罪行的，委员会有权撤销其许可。

第 39 条之二 视具体情况发现被许可人或被授权人违反第 33 条第二款或委员会规定的规则或条件的，部长有权撤销根据第 20 条之二或第 21 条之二授予的许可。

第 40 条 在根据第 37 条暂停许可或根据第 39 条撤销许可之前，委员会应命令协会向被许可人发出书面警告，要求其在规定时间内纠正其做法，但这并不免除其在本法下违法行为的责任。未能寻获该被许可人的，应在许可证上的指定场所张贴书面警告，该被许可人应视为自警告张贴之日起知悉该警告。

第 41 条 根据第 37 条、第 39 条或第 39 条之二发出命令后，协会应以书面形式将许可的暂停、撤销或注销告知相关人员。未能联系到相关人员的，酌情在执照或许可证上标明的场所张贴告示，应视为该人员自告示张贴之日起知悉该命令。

第 42 条 委员会暂停或撤销许可后，被许可人有权在得知该命令之日起三十日内向部长提起申诉。

部长的决定为最终决定。

申诉期间，申诉人可要求部长暂缓执行暂停或撤销许可之命令。

第 43 条 被吊销某类工业产品牌照的人士，在收到该命令之日起六个月内，不得申请与该产品有关的新许可。

第 44 条 主管官员在履行职责时有权：

（1）在白天或办公时间，进入制造、保存或销售工业产品的场所，或进入运载工业产品的车辆，以检查工业产品或其制造是否符合本法的规定，并抽取合理数量的工业产品，及用于或有合理理由相信将用于制造该工业产品的材料作为样品，以供进一步检查；

（2）在白天或办公时间，进入有合理理由怀疑未遵守或违反本法的处所或任何其他地方或任何车辆，抽取合理数量的工业产品，以及用于或有合理理由相信将用于制造该工业产品的材料作为样品，以供进一步检查；

（3）在有合理理由相信会发生以下情况之一的，扣押或查封工业产品：

（a）工业产品不符合第 16 条、第 20 条、第 20 条之二、第 21 条、第 21 条之二、第 29 条或第 33 条第一款或第二款的规定；

（b）工业产品不符合委员会根据第 20 条之二第二款或第 21 条之二第二款规定的规则和条件；

（c）工业产品是违反第 31 条、第 32 条或第 35 条使用或展示标准标志的工业产品。

第 45 条 主管官员应持符合部长令规定的身份证件。

在根据第 44 条履行职责时，主管官员必须向有关人员出示其身份证件。

第 46 条 对于主管官员根据第 44 条第（3）项扣押或查封的工业产品，委员会应具有以下权力：

（1）第 16 条所指的被许可人违反第 35 条，或违反第 16 条进而违反第 31 条规定的，委员会可命令对工业产品进行修改或改进，直至符合标准，或命令将该标准标志从此类工业产品上除去或取下；如该标准标志无法从此类工业产品上除去或取下，则可命令销毁此类工业产品；

（2）不遵守第 20 条或第 21 条，或违反或不遵守委员会根据第 20 条之二第二款或第 21 条之二第二款规定的规则或条件的，委员会可命令销毁此类工业产品，或，对于进口工业产品，委员会可命令将其退回；如未退回，委员会可命令销毁此类工业产品，或扣留以便制造商或进口商申请许可或执照；

（3）被许可人不遵守第 29 条规定的，委员会可命令对工业产品进行修改或改进，使其符合标准，也可命令销毁此类工业产品，对于进口工业产品，委员会可命令将其退回，也可命令将该标准标志从此类工业产品上除去或取下，如未退回，或该标准标志无法从此类工业产品上除去或取下，委员会可命令销毁此类工业产品；

（4）广告商、销售商或持有产品用于销售之人士违反第 36 条规定的，委员会可命令对工业产品进行修改或改进，直至符合标准，或命令将其销毁。

被许可人、获得许可之人士、制造商、进口商、广告商、销售商或持有产品用于销售之人士，应视具体情况承担因修改、改进、销毁或退回工业产品，或扣留工业产品以申请执照或许可，或从工业产品上移除或取下标准标志所产生的费用。

第 46 条之二 根据第 44 条第（3）项被扣押或查封的工业产品，如果所有人或占有者在扣押或查封之日起九十日内未出现，其所有权应归属于国家，且经委员会批准，协会有权以其认为合适的任何方式对其进行管理。

如根据第 44 条第（3）项扣押或查封的工业产品是易腐产品，或如果其保存会有损坏风险或产生超过其价值的费用，则协会可在案件最终判决之前或在此类产品归属于国家之前，通过拍卖出售此类产品。在扣除费用和所有债务后，销售此类产品的净收益应代替此类产品。

第 47 条　因主管官员履行职责而受到影响之人士，应根据主管官员的要求向其提供便利、协助或解释。

第 48 条　任何人不遵守第 20 条或第 21 条的，应处两年以下监禁或十万泰铢以下罚金，或二者并罚。

第 48 条之二　任何人根据第 20 条之二第一款或第 21 条之二第一款获得制造或进口工业产品许可，且违反或不遵守委员会根据第 20 条之二第二款或第 21 条之二第二款的规定的规则或条件，或不遵守第 33 条第二款规定的，应视具体情况处两年以下监禁或十万泰铢以下罚金，或二者并罚。

第 49 条　任何被许可人违反第 22 条或第 23 条第一款规定的，应处一千泰铢以下罚金。

第 50 条　任何被许可人违反第 24 条、第 25 条或第 28 条规定的，应处一个月以下监禁或五千泰铢以下罚金，或二者并罚。

第 51 条　任何被许可人违反第 29 条规定的，应处两年以下监禁或十万泰铢以下罚金，或二者并罚。

第 52 条　任何人违反第 31 条或第 32 条的，应处三个月以下监禁或两万泰铢以下罚金，或二者并罚。

第 53 条　任何被许可人违反第 33 条第一款或第 34 条规定的，应处一个月以下监禁或五千泰铢以下罚金，或二者并罚。

第 54 条　任何被许可人违反第 35 条规定的，应承担以下责任：

（1）对于第 16 条所述的被许可人，应处三个月以下监禁或两万泰铢以下罚金，或二者并罚；

（2）对于第 20 条或第 21 条所述的被许可人，应处两年以下监禁或十万泰铢以下罚金，或二者并罚。

第 55 条　任何人违反第 36 条的，应处一个月以下监禁或五千泰铢以下罚金，或二者并罚。

第 56 条　任何人妨碍主管官员按照第 44 条的规定履行职责的，应处三个月以下监禁或两万泰铢以下罚金，或二者并罚。

第 56 条之二　任何人不遵守委员会按照第 46 条的规定发布的命令，应处三个月以下监禁或两万泰铢以下罚金，或二者并罚。

第 57 条 任何人未按照第 47 条的规定向主管官员提供便利、协助或解释的，应处一千泰铢以下罚金。

第 57 条之二 法人违反本法的，其代表、董事、经理及代表法人行事之任何其他人均应视为违法者，亦应受与该法人相同之处罚，除非其能证明自身并未参与该法人所犯之违法行为。

第 57 条之三 工业产品标准协会秘书长或其委托的主管官员有权处理第 49 条、第 50 条、第 53 条、第 55 条或第 57 条下的违法行为。

违法者支付依法确定的罚金后，应视为已结案。

第 58 条 工业部部长负责和掌管本法的实施，并有权任命主管官员，发布部长令规定不超过本法所附费用标准的费用，并规定关于本法实施的其他事项。

本条第一款的部长令自《政府公报》上公布之日起生效。

会签人：

Thanom Kittikachorn 陆军元帅

总理

费用标准

（1）申请　　　　　　　　　　　　　　　　　　　　　　　　　　10 泰铢/次

（2）根据第 16 条签发的许可证　　　　　　　　　　　　　　　1 000 泰铢/次

（3）根据第 20 条签发的许可证　　　　　　　　　　　　　　　1 000 泰铢/次

（4）根据第 21 条签发的许可证　　　　　　　　　　　　　　　1 000 泰铢/次

（5）根据第 24 条签发的许可证　　　　　　　　　　　　　　　　500 泰铢/次

（6）根据第 25 条签发的许可证　　　　　　　　　　　　　　　　500 泰铢/次

（7）许可证补发　　　　　　　　　　　　　　　　　　　　　　　100 泰铢/次

古迹、古董、艺术品和国家博物馆法 B. E. 2504

国王普密蓬·阿杜德（Bhumibol Adulyadej）

签署于佛历 2504 年（即现王朝 16 年）8 月 2 日

泰国国王普密蓬·阿杜德（Bhumibol Adulyadej）非常高兴地宣布：

鉴于目前适合修订古迹、古董、艺术品和国家博物馆法；因此，经泰国议会提议和通过，国王颁布法律如下：

第 1 条 本法称为"古迹、古董、艺术品和国家博物馆法 B. E. 2504"。

第 2 条 本法自《政府公报》上公布之日起三十日届满时生效。❶

第 3 条 以下法律予以废止：

（1）古迹、艺术品、古董和国家博物馆法 B. E. 2477；

（2）古迹、艺术品、古董和国家博物馆法（No. 2）B. E. 2486。

与本法雷同、抵触或不一致的其他法律、法规或条例均由本法取代。

第 4 条 本法规定：

"古迹"是指因其年代、建筑特征或作为历史证据而具有艺术、历史或考古领域科学研究价值的不动产；

"古董"是指因其年代、制作特征或作为历史证据而具有艺术、历史或考古领域科学研究价值的动产，不论是人为还是自然产生，无论是全部还是部分人类骨骼或动物尸体均包含在内；

"艺术品"是指具有艺术价值的工艺品；

"主管官员"是指为执行本法而由部长任命的人；

"局长"是指艺术局局长；

"部长"是指负责掌管本法实施的部长。

---

❶ 于佛历 2504 年（公元 1961 年）8 月 29 日《政府公报》第 78 卷第 66 期中公布。

第 5 条 局长可委托地方省长代表依据本法签发许可证或执照,委托信息应当在《政府公报》公布。

委托信息公布后,许可证或执照申请应当向地方省长提交。省长作出的命令视为局长命令。

第 6 条 教育部长负责本法实施,有权任命主管官员以及颁布相关部长令。

本条第一款的部长令于《政府公报》公布之日起生效。

第一章 古 迹

第 7 条 为保存、维护和管理古迹,局长有权在《政府公报》发布公告,对其认可的古迹进行登记,并有权确定相应的古迹保护区。上述公告内容亦可在《政府公报》上予以撤销或修改。

根据前款规定,所登记的古迹已被私人所有或合法占有的,局长应当书面通知该古迹的所有人或占有人。所有人或占有人有异议的,有权在获悉通知之日起三十日内申请法院命令,以要求局长停止古迹登记行为。如果所有人或占有人未申请法院命令,或法院对上述申请作出驳回决定,局长可继续登记流程。

第 8 条 本法生效之日前,局长根据古迹、艺术品、古董和国家博物馆法在《政府公报》上列出并公告的所有古迹视为在本法下登记的古迹。

第 9 条 被私人所有或合法占有的已登记古迹发生腐蚀或损毁时,所有人或占有人应当在知悉该情况发生之日起三十日内将腐蚀、损毁情况通知局长。

第 10 条 任何人不得修复、改造古迹,或在古迹保护区内进行发掘,上述行为属于执行局长命令或已获得局长许可的除外。许可内容包含其他条件的,必须遵守。

第 11 条 局长有权下令对已登记的古迹进行修复或采取其他复原、保存措施,古迹被私人所有或合法占有的,应当事先通知所有人或占有人。

第 12 条 转让已登记古迹的,转让人须在转让之日起三十日内以书面形式向局长说明受让人的姓名、住址以及转让日期。

通过继承或遗嘱获得已登记古迹所有权的，应当在获得所有权之日起六十日内通知局长。古迹为多人共有，且共有人中受委托提供所有权获取信息的人员已在上述期限内提供相关信息的，视为全体共有人均已提供此信息。

第 13 条 为保证登记古迹的状态和整洁程度，部长有权发布部长令以规范参观者的参观行为；对于公共古迹，部长有权决定参观费用，上限为每人次三十泰铢。

根据前款作出的决定可适用于所有古迹，亦可单独适用于特定古迹。

第二章 古董和艺术品

第 14 条 如果局长认为非艺术局所有的古董或艺术品在艺术、历史或考古领域具有研究价值，其有权在《政府公报》上发布公告，对此类古董或艺术品进行登记。

第 15 条 任何人不得修复、改造已登记的古董或艺术品，获得局长许可的除外。许可内容包含其他条件的，必须遵守。

第 16 条 已登记的古董或艺术品发生腐蚀或损毁时，所有人应在其知悉此类情况发生之日起三十日内将腐蚀、损毁情况通知局长。

第 17 条 转让已登记的古董或艺术品的，转让人应在转让之日起三十日内以书面形式向局长说明受让人的姓名、住址以及转让日期。

通过继承或遗嘱获得已登记古董或艺术品所有权的，应当在获得所有权之日起六十日内通知局长。古董或艺术品为多人共有，且共有人中受委托提供所有权获取信息的人员已在上述期限内提供相关信息的，视为全体共有人均已提供此信息。

第 18 条 除法律另有规定外，属于国家财产并由艺术局保管的古董或艺术品不得转让。如果相似古董或艺术品的数量超过需求，经部长批准，局长可通过出售或交换方式将其转让给国家博物馆，或将其作为奖金或报酬给予发掘人。

第 19 条 不得买卖古董或艺术品，亦不得以牟利为目的作为日常业务而向公众展示古董或艺术品，已取得局长颁发的许可证的除外。

前款规定的许可证的申请和颁发应采用规定制式表格。

许可申请被驳回的，申请人有权在获悉驳回之日起三十日内向部长提出对局长驳回命令的申诉，部长所作决定为最终决定。

第 20 条 根据第 19 条规定，被许可人从事古董或艺术品交易或向公众展示古董或艺术品的，应当在其营业场所或展示地点的显著位置展示许可证，且应当按照规定制式列出其实际持有的古董和艺术品清单，上述清单应当在其营业场所或展示地点备存。

第 21 条 主管官员有权进入第 19 条规定的被许可人的营业场所或展示地点，对被许可人是否遵守本法规定，或是否持有非法取得的古董或艺术品进行检查。对于可能属于非法取得的任何古董或艺术品，主管官员有权扣押或查封。

第 22 条 古董或艺术品不得出口或带离国境，已获得局长颁发的许可证的除外。许可证的申请和颁发应采用规定制式表格。

前款规定不适用于古董或艺术品的邮寄。

将古董或艺术品出口或带离国境的被许可人应当支付部长令规定的费用，此类费用不得超过本法附表中的费用金额。

第 23 条 在将古董或艺术品暂时带离国境前，应向局长申请许可证，若申请被驳回，申请人有权在获悉驳回之日起三十日内向部长提出申诉，部长所作决定为最终决定。

局长或部长决定向申请人签发许可证，且申请人同意按照部长令规定的相关条件、缴纳保证金和（或）支付罚金的，局长应向申请人签发临时许可证。

第 24 条 埋藏、隐藏或遗弃在任何地点的古董或艺术品，无人宣称所有权的，则无论其埋藏、隐藏或遗弃地点是否为他人所有或占有，均视为国家财产。上述古董或艺术品的发现者应当根据《刑事诉讼法》的规定将其上交，发现者有权获得该古董或艺术品价值的 1/3 作为奖励。

第三章　国家博物馆

第 25 条　国家博物馆保存属于国家财产的古董或艺术品。

部长应在《政府公报》上公布国家博物馆的筹建地点，以及取消筹建计划的公告。

本法生效日前已建成的国家博物馆亦遵守本法规定。

第 26 条　艺术局管理下的属于国家财产的古董和艺术品，应当存放在国家博物馆，不可能或不适合存放在国家博物馆且经部长批准的除外。

前款规定不适用于经部长许可在其他地点临时展出的古董或艺术品，也不适用于按照局长命令带出国家博物馆进行修复的古董或艺术品。

如果有多件相似的古董和艺术品，局长可允许任何部、司、局暂时保留其中部分物品。

第 27 条　为维持国家博物馆的秩序和状态，部长有权发布部长令以规范参观者的参观行为；且有权决定参观费用，上限为每人次三十泰铢。

上述决定应通过部长令发布。

第四章　考古基金

第 28 条　设立"考古基金"，用于支付古迹或博物馆活动的运营维护费用。

第 29 条　考古基金包括：

（1）根据本法取得的资金；

（2）从古迹中获取的经济收益；

（3）现金或财产捐赠；

（4）自本法生效之日起由艺术局支配的政府基金或款项。

第 30 条　考古基金的管理和支付应符合部长规定的规则。

第五章　处　罚

第 31 条　对于被埋藏、隐藏或遗弃且无人宣称所有权的古董或艺术品，将其占为己有或转移给他人占有的，应处两年以下监禁或四千泰铢以下罚金，或二者并罚。

第 32 条　有破坏、损毁古迹或使其价值降低的其他行为的，应处一年以下监禁或两千泰铢以下罚金，或二者并罚。

前款中古迹为已登记古迹的，应处三个月以上、五年以下监禁，以及一万泰铢以下罚金。

第 33 条　有破坏、损毁古董或艺术品或使其价值降低的其他行为的，应处两年以下监禁或四千泰铢以下罚金，或二者并罚。

第 34 条　违反本法第 9 条、第 12 条、第 16 条、第 17 条或第 20 条的，或违反本法第 13 条或第 27 条规定颁布的部长令的，应处一个月以下监禁或一千泰铢以下罚金，或二者并罚。

第 35 条　违反第 10 条规定的，或违反局长依据第 10 条颁发的许可证中规定的条件的，应处一年以下监禁或两千泰铢以下罚金，或二者并罚。

第 36 条　违反第 15 条规定的，或违反局长依据第 15 条颁发的许可证中规定的条件的，应处一年以下监禁或两千泰铢以下罚金，或二者并罚。

第 37 条　违反第 19 条第一款规定的，应处六个月以下监禁或一千泰铢以下罚金，或二者并罚。

第 38 条　违反第 22 条规定，将未登记的古董或艺术品出口或带离国境的，应处一年以下监禁或两千泰铢以下罚金，或二者并罚。

第 39 条　违反第 22 条规定，将已登记的古董或艺术品出口或带离国境的，应处三个月以上、五年以下监禁，并处一万泰铢以下罚金。

附属条款

第 40 条　任何人在本法生效之日买卖古董或艺术品，或以牟利为目的作为日常业务向公众展示古董或艺术品，应在本法生效之日起三十日内向局长申请颁发许可证。

已按规定取得古董或艺术品买卖许可证或日常业务展览许可证的，不适用第 19 条和第 20 条的规定。

会签人：

S. Dhanarajata 陆军元帅

总理

古董或艺术品的出口或带离国境的收费标准

（1）艺术局认定年代可追溯至大城王朝及更早时期的古董或艺术品，每件不超过两百泰铢。

（2）艺术局认定年代晚于大城王朝时期的古董或艺术品，每件不超过一百泰铢。

古迹、古董、艺术品和国家博物馆法第 1 号部长令 B. E. 2504

根据古迹、古董、艺术品和国家博物馆法 B. E. 2504 颁布[1]

根据古迹、古董、艺术品和国家博物馆法 B. E. 2504 第 6 条和第 13 条规定,教育部长特此颁布部长令如下:

参观者在参观已登记古迹时,以下行为严格禁止:

(1) 移动或拆除古迹场地内的物品;

(2) 在古迹上刮画、书写或以任何方式形成铭文、图画或痕迹;

(3) 可能导致古迹劣化或损坏的其他行为;

(4) 在古迹场地内抛掷垃圾或污物,但专门设置用于此目的的地点除外。

日期:佛历 2504 年 9 月 28 日

M. L. Pin Malakul

教育部长

---

[1] 于佛历 2504 年(公元 1961 年)9 月 30 日《政府公报》第 78 卷第 77 期中公布。

古迹、古董、艺术品和国家博物馆法
第 2 号部长令 B. E. 2504

根据古迹、古董、艺术品和国家博物馆法 B. E. 2504 颁布❶

根据古迹、古董、艺术品和国家博物馆法 B. E. 2504 第 6 条和第 13 条,教育部长特此颁布部长令如下:

以下古迹门票为两泰铢每人次:

(1) 下列寺庙中的壁画:Wat Rachaburana, Amphur Phra Nakhorn Sri Ayudhya, Changvvad Phra Nakhorn Sri Ayudhya;

(2) Phimai Stone Sanctuary, Amphur Phimai, ChangwadNakhornRajsima。

签署于佛历 2504 年 9 月 28 日
M. L. Pin Malakul
教育部长

---

❶ 于佛历 2504 年(公元 1961 年)9 月 30 日《政府公报》第 78 卷第 77 期中公布。

古迹、古董、艺术品和国家博物馆法
第 3 号部长令 B. E. 2504

*根据古迹、古董、艺术品和国家博物馆法 B. E. 2504 颁布*❶

根据古迹、古董、艺术品和国家博物馆法 B. E. 2504 第 6 条和第 22 条，教育部长特此颁布部长令如下：

出口古董或艺术品或将其带离国境的被许可人应按照下列规定付费：

（1）艺术局认定年代为室利佛逝帝国和素万那普帝国以及更早时期的古董或艺术品，每件两百泰铢；

（2）艺术局认定年代为华富里、清盛、吴通或素可泰时期的古董或艺术品，每件一百五十泰铢；

（3）艺术局认定年代为大城王朝时期的古董或艺术品，每件一百泰铢；

（4）艺术局认定年代晚于大城王朝时期的古董或艺术品：

（a）在拉坦纳克欣（曼谷）时期，自国王拉玛一世到国王拉玛五世统治期间生产的古董或艺术品，每件五十泰铢；

（b）自国王拉玛六世统治时期开始，在拉坦纳克欣（曼谷）时期生产的古董或艺术品，每件五泰铢；

（5）宽度不超过 3 厘米且长度不超过 5 厘米的古董或艺术品，如果艺术局认定其年代晚于大城王朝时期，且在艺术、历史或考古领域的研究价值较低的，每件一泰铢；

（6）艺术局认定在艺术、历史或考古领域研究价值较低的古董或艺术品碎片，每件一泰铢。

签署于佛历 2504 年 9 月 28 日
M. L. Pin Malakul
教育部长

---

❶ 于佛历 2504 年（公元 1961 年）9 月 30 日《政府公报》第 78 卷第 77 期中公布。

古迹、古董、艺术品和国家博物馆法
第 4 号部长令 B. E. 2504

根据古迹、古董、艺术品和国家博物馆法 B. E. 2504 颁布❶

根据古迹、古董、艺术品和国家博物馆法 B. E. 2504 第 6 条和第 23 条，教育部长特此颁布部长令如下：

第 1 条　意图将古董或艺术品临时调运或带离国境的，应向局长提出书面申请以获得许可证。申请中应注明调运或带离古董或艺术品的目的和日期以及归还日期，并附宽 9 厘米、长 16 厘米的照片副本两份。

第 2 条　局长同意颁发许可证的，应对即将临时调运或带离国境的古董或艺术品进行估值，并要求缴纳等额的保证金。

第 3 条　申请临时调运或带离国境的古董或艺术品，未在规定期限内运回泰国境内的，没收其保证金。

签署于佛历 2504 年 9 月 28 日
M. L. Pin Malakul
教育部长

---

❶ 于佛历 2504 年（公元 1961 年）9 月 30 日《政府公报》第 78 卷第 77 期中公布。

古迹、古董、艺术品和国家博物馆法
第 5 号部长令 B. E. 2504

根据古迹、古董、艺术品和国家博物馆法 B. E. 2504 颁布 2504[1]

根据古迹、古董、艺术品和国家博物馆法 B. E. 2504 第 6 条和第 27 条,教育部长特此颁布部长令如下:

参观国家博物馆应穿着得体,以下行为严格禁止:

(1) 将能够盛放、遮盖或隐藏展品离开陈列室的包裹或物品带入古董和艺术品陈列室;

(2) 滋扰国家博物馆的工作人员或其他参观者;

(3) 触摸或拿取国家博物馆中的展品;

(4) 在古董或艺术品陈列室内吸烟;

(5) 在国家博物馆内的物品、建筑物上刻画、书写或涂抹;

(6) 未经许可拍摄或临摹国家博物馆内的展品。

签署于佛历 2504 年 9 月 28 日
M. L. Pin Malakul
教育部长

---

[1] 于佛历 2504 年(公元 1961 年)9 月 30 日《政府公报》第 78 卷第 77 期中公布。

古迹、古董、艺术品和国家博物馆法
第 6 号部长令 B. E. 2504

依古迹、古董、艺术品和国家博物馆法 B. E. 2504 颁布❶

依古迹、古董、艺术品和国家博物馆法 B. E. 2504 第 6 条和第 27 条，教育部长特此颁布部长令如下：

第 1 条 曼谷国家博物馆的门票为五泰铢每人次，星期日、节假日或局长认为不应收取门票的特殊时段除外。

第 2 条 在周六日参观昌瓦德帕那空斯里大城、昌瓦德华富里和昌瓦德素可泰国立博物馆的参观者，每人每次应支付两泰铢门票，周六日当天为节假日或局长认为不应收取门票的特殊时段除外。

第 3 条 国家博物馆对下列参观者免收门票：
（1）牧师、见习修士、修女；
（2）教师带领的学生团队，包括指导教师；
（3）教育机构或大学已确认录取的本科生；
（4）艺术局招待的官方访客。

签署于佛历 2504 年 9 月 28 日
M. L. Pin Malakul
教育部长

---

❶ 于佛历 2504 年（公元 1961 年）9 月 30 日《政府公报》第 78 卷第 77 期中公布。

海关法 B. E. 2469[1]

泰国国王巴差提朴（Prajadhipok）非常高兴地宣布：

鉴于当前形势适宜对海关署工作的管理和开展进行规范；

因此，国王颁布法律如下：

第一章

第1条 本法称为"海关法 B. E. 2469"，自《政府公报》上公布之日起三个月届满时生效。[2]

定 义

第2条 就本法或其他海关相关法律而言，在解释本法和相关法律时，除非与本法的规定或内容相反，否则下列术语应表示并包括以下对象和事项：

"部长"是指负责和掌管本法实施的部长；

"署长"是指海关署署长；

"海关官员"和"官员"包括为海关署开展公务的任何人员，即受特别任命代表海关署行事的泰国皇家海军的官员或是海关官员或海关官员助理；[3]

"主管官员"是指被任命履行特定职责或在正常工作过程中履行特定职

---

[1] 经海关法（No. 20）B. E. 2548 最后修订[在佛历 B. E. 2548 年（公元 2005 年）1月13日《政府公报》第 122 卷第 4a 部分中公布]。

[2] 于佛历 2469 年（公元 1926 年）《政府公报》第 43 卷第 272 页中公布。

[3] 经海关法（No. 6）B. E. 2479 第 3 条修订。

责的任何官员;

"境外港口""境外地区"或"境外城市"是指泰国以外的任何地方;

"船舶"或"船只"包括为通过水路运送人员或财产而制造或使用的所有物品;

"船长"是指指挥或掌管船舶的任何人员;

"税费"是指与海关或国内关税有关的税费、关税、手续费或捐税;

"正式清关"是指完全履行法律规定的职责、取得正确的装运报单以及全额缴付税费;

"进口商"是指从货物进口之时起至在海关官员的监管下完成交付之时止的期限内,对任何货物拥有所有权或其他权益的人员,"出口商"应作相应解释;

任何货物的"海关价格"或"价格"是指下列价格之一:❶

(1) 对于出口,是指在出口的时间和场所销售相同类别与型号的货物的现金批发价格(不含亏损),此价格没有任何折扣;

(2) 对于进口,是指按照下列价格之一征收关税的货物价格:

(a) 进口货物的销售和购买价格;

(b) 相同货物的销售和购买价格;

(c) 类似货物的销售和购买价格;

(d) 扣减价格;

(e) 计算价格;

(f) 复归价格。

(a)(b)(c)(d)(e)和(f)所列价格的适用规则、程序与条件及规范应符合部长令的规定;

"关税"是指与海关或国内关税有关的税费、关税、手续费或捐税;❷

"仓库"是指货仓、安全场所和保税仓库;❸

---

❶ 经海关法(No. 17)B. E. 2543 第 3 条最后修订。

❷ 经海关法(No. 9)B. E. 2482 第 3 条修订。

❸ 通过佛历 2515 年(公元 1972 年)12 月 13 日发布的《国家执行理事会第 329 号公告》第 1 条增加。

"免税区"是指为工业、商业经营或其他有利于国家经济的行业提供的区域,进口到该区域的货物将获得法定关税特权。❶

第一章之二❷ 关税裁定委员会

第 2 条之二 设立关税裁定委员会,成员包括担任主席的财政部常务秘书、海关署署长、税务局局长、货物税司司长、财政政策办公室主任、国务委员会秘书长和部长任命的三名适格人员。

委员会应任命财政部官员担任秘书和助理秘书。

第 2 条之三 根据第 2 条之二的规定,部长任命的适格成员任期为三年。即将离任的成员可再次任命为适格成员。

第 2 条之四 除按照第 2 条之三的规定在任期届满时离任外,遇下列情况的,视为适格成员离任:

（1）死亡;
（2）辞职;
（3）被部长解雇;
（4）变成无行为能力人、限制行为能力人或破产;
（5）终审判决判处监禁的,但轻微犯罪和过失犯罪除外。

如果适格成员在任期届满前离职,则部长应任命其他人代替其履行成员职责。

根据第二款规定任命的适格成员的任期为被替换成员的剩余任期。

第 2 条之五 关税裁定委员会的每一次会议的法定人数为不少于总数一半的成员数。

如果主席未出席会议,则出席会议的成员应在出席会议的成员中选择一人主持会议。

---

❶ 通过海关法(No. 18)B. E. 2543 第 3 条增加。
❷ 通过海关法紧急修订法令 B. E. 2469 和 B. E. 2528 第 3 条增加。

委员会决议应取得半数以上成员投票同意。每名成员享有一票投票权。票数相同时，会议主持人应享有额外的决定性一票。

第2条之六 关税裁定委员会成员应为刑法典下规定的主管官员。

第2条之七 根据第2条之二的规定，委员会拥有以下权力：

（1）规定主管官员的权力范围；

（2）规定税务稽查和评估的规则、程序和期限；

（3）对海关署提交咨询的税务相关问题作出裁定；

（4）就税务征收向部长提供意见或建议。

第（1）和（2）项下的规定应在取得部长委员会批准并在《政府公报》上公布后由主管官员执行。

关税裁定委员会根据第（3）项的规定作出的裁定为最终决定。后续修订裁定内容的，修订后的裁定不具有追溯效力，但最终判决导致此类修订的除外。主管官员有权作出有关仅对案件当事方实施追溯处罚的判决。

第2条之八 如果部长任命的成员在第2条之七第（3）项下需裁定的任何问题中拥有既得利益，则不得出席该会议或在会议上投票。

第二章　港口的管理和命名等

第3条 国王将任命或允许部长任命一名合适的人员担任海关署主管人员，负责检查海关署职责范围内的活动。该人员（下称"署长"）有责任监督管理海关署的工作人员，有权发放薪资和津贴，要求提供良好行为担保，并发布其认为必要的规则，以确保海关署的正常运行和政策实施。

第4条❶ 就货物进出口以及海关管制而言，部长有权发布部长令：

（1）提出其认为适当的部分条件，规定泰国境内的任何港口或场所为某一类型或所有类型货物的海运或陆运进出口港口或场所，或者作为退税货物或保税货物的出口港口或地点；

（2）在其认为条件合适的情况下，规定泰国的任何机场为海关机场；

---

❶ 经海关法(No.8)B.E.2480第4条修订。

（3）指定前述港口、场所或机场的海关界限。

第 5 条 署长可为抵港和离港的船舶指定登船站，并可于任何在泰国领海逗留的船舶派驻一名官员。

第 6 条

（1）署长可指定任意数量的合适场所作为合法的货物装卸码头，并可指定码头范围。船舶不得在规定场所或署长批准区域以外的其他场所装卸货物，为符合署长要求，此类场所的所有人或管理人应按照要求提供保证金或以其他方式提供担保。

（2）署长可就进出口货物的检查场所和检查程序发布口头命令，并可强制建造和批准建造仓库或安全场所，作为未清关货物的检查和储存场所。为符合署长要求，所有此类仓库和安全场所均应配备适当的办公室、围栏和大门。所有大门和出入口均应通过政府机构、锁具和钥匙提供保护，钥匙应保存于海关大楼。任何人员非法开锁或秘密进入此类仓库或安全场所的，都将处六个月以下监禁或十万以下泰铢罚金，或二者并罚。❶

（3）如果政府锁具未在合适的开工时间（工作日开工时间和官方许可证规定的开始加班时间）开启，导致经营者或码头、货仓或安全场所的所有人或管理人遭受损失，海关署负责赔偿损失，赔偿金额不超过实际损失额。

（4）未经清关的货物，除非获官员许可并接受官员监管，否则不得在任何码头或货仓转运、散装、分类、分装、包装或重新包装。

（5）为保障国家财政收入，在可能和必要情况下，监管码头或货仓官员可命令将未清关货物转移到货仓或封闭的安全场所。署长认为海关署可能无法提供充分保护的码头开放区域不得放置任何未清关货物。

（6）为确保应税危险品按海关规定安全装卸或储存，在不违反其他相关法律的情况下，与该海关界限的港口、场所或机场负责人协商后，署长有权在《政府公报》上发布通告，说明危险货物的种类或类别、此类货物的关税征收方法及在该海关界限内装卸、储存和运出此类货物的条件。❷

---

❶ 经海关法（No. 19）B. E. 2548 第 4 条修订。
❷ 通过海关法（No. 14）B. E. 2534 第 3 条增加。

第7条

（1）本法颁布时，在用的曼谷港内的码头、货仓和安全场所，均视为按照前一条的规定已获批的码头、货仓和安全场所。确保政府启用门锁时，此类货仓或安全场所没有任何进出通道。

（2）本法颁布后，任何人申请码头、仓库或安全场所，而署长拒绝批准此类申请的，则署长应在收到申请之日起十日内（曼谷港内的场所）或两个月内（曼谷港外的场所）以书面形式将反对意见通知申请人。未在规定时间内送达反对意见的，视为批准场所申请。如果署长和申请人无法达成一致意见，双方应指定两名仲裁员对此争议进行裁决。如果双方的仲裁员不能达成一致意见，应指定一名独立仲裁人，该独立仲裁人的决定为最终决定。

（3）拟议设立的场所可在提交计划后获得临时批准。

（4）根据本法获得批准的每个码头、仓库或安全场所的所有人或管理人将收到书面批准通告。通告将明确指定该场所的范围及管理规则，如果所有人或管理人提交该场所的实际平面图，则署长将对此平面图予以认证。按前述方法指明并界定的任何设施，只要其建筑及布局未改变，且署长对货物提供的担保表示满意，该批准应当一直有效。

第7（A）条[1] 货仓的所有人或管理人应按照部长令中的要求，为第6条或第7条下获批的每个货仓支付年度执照费。

第8条[2] 署长可批准并指定进口货物的检查和储存场所作为保税仓库，并可规定货物储存的程序和限制，包括其认为合适的保税仓库的操作、检查和控制规章。

为确保缴付海关署可能根据法律或协议征收的税款、关税或其他应付款，为满足署长要求，保税仓库的所有人或管理人应提供保证金和（或）其他方式提供担保。

保税仓库的所有人或管理人应支付部长在部长令中规定的年度执照费。

---

[1] 经海关法（No.10）B.E.2483 第4条最后修订。

[2] 经佛历2515年（公元1972年）12月13日发布的《国家执行理事会第329号公告》第2条修订。

第 8 条之二❶ 署长拥有下列权力：

（1）根据其制定的规章，批准设立保税仓库以展示和销售其内储存的货物；

（2）批准建立保税仓库，以生产、混合、组装、包装在保税仓库中按照署长制定的规章存储的进口货物或执行任何其他程序。

除另有规定外，第（1）项和第（2）项下的保税仓库适用保税仓库的相关规则。

第 9 条 商家或有关人员建立和维护所有仓库、货仓或其他安全场所并承担费用，无论是否用于检查或储存货物。

第三章 支付税款

第 10 条❷ 所有税费均应按照本法和关税法的规定征收。在签发提货单时，课税主体应向主管官员缴付相关税费。

如果实缴税款少于应付税款，海关署有权征收欠缴额。但货物从海关监管中放行后或出口后，实缴税款少于应付税款，且每批货物的欠缴额不超过二十泰铢的，署长或其委托的人员可下令免除补缴。

除逃税或企图逃税的，海关署根据货物的类型、质量、数量、重量或价值或其税率追缴税款的期限为十年。但是因关税计算错误导致欠缴的，海关的追缴权利时效为两年，自进口或出口之日起计算。

署长有权在认为合适的情况下，退还仅因关税计算错误而多缴的税款，无须提交申报表，但自进口或出口之日起两年后不得实施此类退税。

多缴税款的退税申请权自进口或出口之日起两年期满后失效。已缴付税款且货物已交付或出口后，海关署不再接收根据货物的种类、品质、数量、重量、价值或其税率提出的退税申请，除非在货物交付或出口前已向主管官员提交声明，表明申请退税的意向，或主管官员在货物交付或出口

---

❶ 经海关法(No.18)B. E. 2543 第 4 条最后修订。

❷ 经佛历 2515 年（公元 1972 年）12 月 13 日发布的《国家执行理事会第 329 号公告》第 4 条修订。

· 214 ·

海关法 B. E. 2469

前已知悉税款缴付额超过已交付或出口货物的应付税款。

第 10 条之二❶ 进口货物的纳税义务于进口完成时产生。

根据第 87 条和第 88 条的规定，应按照货物的性质、货物价格以及货物从免税区放行时的相应关税计算税款。但是，对于储存在保税仓库中的货物，应按照该货物从保税仓库放行时有效的海关税则进行计算，无论其是否处于与进口相同的状态。

如果泰国境内的货物转移到免税区，则此类货物无权享受退税或免税，在计算税款时不应包含此类货物的价格。上述操作应符合署长批准的程序或署长在通告中规定的程序。

第 10 条之三❷ 出口货物的纳税义务于出口完成时产生。

税款的计算应根据货物的性质、货物价格和签发提货单时相应的海关税则完成。

货物未从泰国境内出口的，退税申请应在提货单签发之日起三十日后提出，最晚不得超过九十日。

第 11 条❸ 对于进口货物，海关价格应包括保险费用、交付至港口或入境地的费用、装船费用、卸船费用或与进口货物交付至港口或入境地相关的其他费用。

如果不存在保险费用、交付至港口或入境地点的费用、装船费用、卸船费用或与进口货物交付至港口或入境地点相关的其他费用，则此类物品价值应由署长确定。

第 11 条之二❹ 进口货物的申报价格被指明显偏低或不可能是真实价格，且按照第 2 条项下"海关价格"或"价格"定义的第（2）(a)（b）（c）（d）和（e）项规定的支付和确定海关价格的规则、程序和条件确定的海关价格仍然明显偏低或不可能是此类货物的实际价格的，署长有权确定此类货物的海关价格。

---

❶ 经海关法（No. 18）B. E. 2543 第 5 条最后修订。
❷ 通过佛历 2515 年（公元 1972 年）12 月 13 日发布的《国家执行理事会第 329 号公告》第 5 条增加。
❸ 经海关法（No. 17）B. E. 2543 第 4 条最后修订。
❹ 经海关法（No. 17）B. E. 2543 第 5 条增加。

第 12 条　如果不能就任何货物的海关价格达成一致意见，署长有权接受以实物支付税款或以高于申报价格 2.5% 的价格购买该货物的全部或部分份额，否则署长和所有人有权任命相同数量的仲裁员（各方任命的仲裁员不得超过两名），以解决争议。❶

如果双方的仲裁员不能达成一致意见，前述仲裁员应指定一名公断人，该公断人的决定为最终决定。

第 13 条　为税务评估或其他官方目的而开展的所有称重、测试、估算等都应由海关署的主管官员完成。

第四章　检查货物和防止走私

第 14 条　货物通过海关或处于海关监管之下时，海关署主管官员可随时打开包装检查货物，并可对任何货物进行取样，以完成检查、测试、评估或其他目的。样品应免费交付。官员可从货物包装或邮件中抽取样品，但抽取样品的尺寸或数量应合理，并尽量减少对货主造成的损失或不便。这些样品应尽快返还给货物所有人。

第 15 条❷　海关官员可登上泰国境内的任何船舶，并可在货物装卸期间或该船舶离开之前停留在船舶上。海关官员有权随时检查船舶的任何部分，可检查与船上货物相关的任何簿册、记录或文件，可命令打开船舶隔间、包装或集装箱，或在必要时自行打开这些区域，可在船舶或任何位置或包装上放置标记、封条或锁具，或扣除任何货物。如果此类标记、封条、锁具或扣件被故意移除、打开、损坏或更改，则船长应处十万泰铢以下的罚金。

第 15 条之二❸　任何人未经主管官员许可，擅自登上在泰国境内航行的外国船舶的，应处五万泰铢以下罚金。

第一款的规定不适用于船长、船员、乘客和在该船舶上履行职责的人员。

---

❶　经海关法（No. 17）B. E. 2543 第 6 条修订。
❷　经海关法（No. 19）B. E. 2548 第 4 条修订。
❸　经海关法（No. 19）B. E. 2548 第 5 条修订。

第 16 条 海关官员可移动、卸载任何未正式清关的货物并将其存放到安全场所。

第 17 条 海关官员可搜查并放行旅客行李，发现任何未缴付税款、限制或违禁的货物时，有权扣留此类行李。

第 18 条 如果海关官员有合理理由怀疑港口区内任何船舶上的人员或下船人员持有或随身携带未缴税货物、限制或违禁物品，则官员有权搜查此类人员。搜查任何人员之前，相关人员可要求尽快将其带到级别不低于检查员或检查站站长的高级海关官员处，或最近的郡或警察局局长处，如果该人员受外国领事法院管辖，则应将其带到该人员的领事馆。接见该人员的官员应决定是否有充分合理的怀疑理由，及是否应允许搜查。女性人员应由女性搜查员实施搜查。

如果任何官员在没有合理理由的情况下对任何人员进行搜查，应被处以一千泰铢以下的罚金❶。

第 19 条❷ 海关官员有合理理由怀疑机动车、手推车等运输工具曾被用于或正被用于与船舶、仓库、货仓、起货地点、码头、水道、越境或铁路相关的用途时，可拦截并搜查此类机动车、手推车等运输工具，以确定是否装有走私货物。任何人员拒绝或妨碍或企图妨碍此项检查的，应处五万泰铢以下的罚金。

第 20 条❸ 如果发现任何人员正在实施或企图实施或雇佣或协助或煽动他人实施本法规定的犯罪行为，则主管官员可在无逮捕令的情况下逮捕此人员，并将其与可能证明已实施或未遂的犯罪行为的任何证物一并送至警察局，接受法律制裁。如果任何人员被以合理理由怀疑实施本条规定的犯罪行为，或拥有与既往犯罪行为有关的物品或可能用于实施犯罪行为的物品，主管官员可逮捕该人员，并以同样方式处理此案件。

第 20 条之二❹ 如果本法所述犯罪行为发生在领海内，主管官员逮捕

---

❶ 经海关法（No. 19）B. E. 2548 第 9 条修订。
❷ 经海关法（No. 19）B. E. 2548 第 4 条修订。
❸ 经海关法（No. 19）B. E. 2548 第 10 条修订。
❹ 通过海关法（No. 15）B. E. 2540 第 3 条增加。

涉嫌犯罪者并将其送交给任何地方的调查官员时，该地方的调查官员将成为主责调查员。在这种情况下，根据刑事诉讼法规定，将涉嫌犯罪者送往调查官员所在地的正常用时不应计入调查官员拘留涉嫌犯罪者的时间。

第 21 条❶ 抵达港口的每艘船舶均应在规定的登船站停靠，并尽一切方式配合海关官员靠近和登船。如果海关官员提出要求，船舶应抛锚停靠。船长须回答官员提出的有关船舶、船员、乘客、航程和船上货物性质的所有问题。船长须上报在船上携载的任何火器、弹药、火药或爆炸物，并且在收到主管人员的命令时，将所有火器及弹药交付给登船站负责人保管，并将所有爆炸物交付给专职官员保管。船长应遵守海关官员的所有合理命令。海关官员将登船监督船舶驶向为该船舶提供的泊位。船上人员应尊重海关官员，并在船上为其提供合理便利。如无海关官员登船，任何船舶都不得通过登船站，除非该登船站的监督官员给予特别许可。船长或任何掌管船舶的人员拒绝或忽略遵守上述规定的，应被处十万泰铢以下罚金。

第 22 条❷ 离港船舶可以由海关官员随行至登船站，并在该登船站停船让海关官员上岸并接受主管官员查验。船舶离港时，交由海关保管的火器、弹药、火药、爆炸物应当交还船舶。如果任何载有海关或其他政府官员的船舶在未经其同意的情况下离开港口或没有为履行职责的官员提供适当设施，则船长应被处十万泰铢以下罚金。

第 23 条 根据本法规定，任何应被扣押或检查的船舶收到停船命令时没有停靠，并遭到悬挂王室挂件和旗帜的王室或海关署船舶追赶的，鸣枪信号发出后，掌管追赶船舶的官员有权合法地向逃逸船舶开火射击。

第 24 条❸ 海关官员、行政官员或警察官员可在任何时间和地点扣押本法规定应予没收的任何物品。

被扣押物品的所有人或权益人未在扣押之日起六十日内（用于实施犯罪行为的运输工具）或三十日内（其他物品）提交投诉的，则该扣押物品

---

❶ 经海关法(No. 19) B. E. 2548 第 4 条修订。
❷ 经海关法(No. 19) B. E. 2548 第 4 条修订。
❸ 经海关法(No. 19) B. E. 2548 第 11 条修订。

视为无主物品，划归为国家财产，无论相关案件是否提起刑事诉讼。

第 25 条 根据本法规定，所有扣押货物或物品均由主管海关官员保管。合理范围内没有主管海关官员的，则应将此类货物或物品交于最近县，由县代表海关进行保管。根据本法或与海关相关的其他法律被扣押或没收的所有货物均应按照署长的指示处置。

如果上述被扣押物品是易腐品，或扣押此类物品有可能造成损害，或扣押费用超过合理水平，署长或署长授权人员可指示主管官员在将物品划归国有之前，通过拍卖或其他适当方式将其出售，并保留扣除所有开支和费用后的销售所得，作为此类物品的代替品。❶

第 26 条 根据本法规定应予扣押的任何物品，与警方起诉的案件有关的，可在必要时于警察局或法院展示。因此，警官应书面通知海关此类物品已被扣押，尽快将其带至海关并交由海关保管。

第 27 条 任何人员将未缴付税款、限制或违禁的货物或未清关货物进口或带入泰国，或将此类货物出口或带出泰国，或以任何方式协助进口或出口此类货物，或未经许可协助从任何船舶、码头、仓库、安全场所或储藏室内搬离此类货物，或自行或允许或安排其他人员提供存放或隐藏此货物的场所，或以任何方式参与搬运、移动，或以任何方式处理此类货物，以逃避或试图逃避支付关税或任何税费，逃避或试图逃避与进出口、起货、仓储、缴付有关的任何法律规定和限制，意图逃避此类货物应缴纳的政府税款，或逃避对此类货物的禁令或限制的，每项犯罪行为都应处五千泰铢以下罚金或货物价格（含关税）三倍罚金，或判处十年以下监禁，或二者并罚。对每项犯罪行为，将处以货物价格（含关税）四倍的罚金或十年以下监禁，或二者并罚。❷

第 27 条之二❸ 任何人员在明知货物未缴付税款或属于受限违禁物品，或未经海关正式清关进入泰国，或通过避税、逃避相关限制或禁令进口到

---

❶ 经佛历 2515 年（公元 1972 年）12 月 13 日发布的《国家执行理事会第 329 号公告》第 7 条修订。
❷ 经海关法（No. 11）B. E. 2490 第 3 条修订。
❸ 通过海关法（No. 19）B. E. 2548 第 12 条增加。

泰国时，仍协助隐藏、处置或转移、购买、抵押或以其他方式接收货物的，处五年以下监禁或相当于货物已付关税价值四倍的罚金，或二者并罚。

第 27 条之三❶ 无合理理由或未经主管官员许可，任何船舶不得在港口范围外卸载货物。任何船长或个人违反此项规定的，处以两年以下监禁，或处以货物价格三倍罚金或十万泰铢以下罚金（以较高者为准），或二者并罚。

不论是否有人受到处罚，与本条所述犯罪行为相关的任何货物均予以没收。

第 28 条❷ 如果发现港口区域内的任何船舶载有货物，后又发现该船舶货物很少或者没有货物，且船长无法证明货物已合法卸船，船长应处一百万泰铢以下罚金，或可没收该船舶。

第 29 条❸ 如果发现任何船舶上存在秘密或伪装场所或任何适合藏匿货物的装置，船长应处五十万泰铢以下罚金。但除非有合理理由相信船长没有保持适当警觉以防止此情况，或船长未参与该场所或装置的建造、改装、放置或使用，否则应对船长实施处罚。将按照主管官员的要求销毁或无害化处理此类场所或装置。

第 30 条❹ 如果发现任何船舶所载货物的包装尺寸或性质违反本法或其他法律或通告的指示，船长应处五十万泰铢以下罚金并对此类货物予以没收。

第 31 条 任何人员在海洋、河流或运河中向任何船舶装载或允许装载或参与装载或卸载需要缴纳税款的货物或受限违禁货物或没收货物，协助欺骗和骗取国家税收、规避禁令的，将面临第 27 条规定的惩罚。

第 32 条❺ 载重不超过 250 吨的任何类型船舶，以及用于转移、隐藏或运输任何未缴税款、限制或违禁货物的机动车、手推车等运输工具、包装、车厢，均应予以没收，不论是否有任何人员应受处罚。如果包裹中发

---

❶ 通过海关法（No. 16）B. E. 2542 第 3 条增加。
❷ 经海关法（No. 19）B. E. 2548 第 4 条修订。
❸ 同❷。
❹ 同❷。
❺ 经海关法（No. 16）B. E. 2542 第 4 条修订。

现其他货物，或在车厢、船舶、车辆、推车或运输工具上发现未缴税款、限制或违禁货物，此类其他货物也将予以没收。

第一款所列情况下，如果使用或计划使用的船舶载重超过250吨，法院有权将该船舶作为犯罪行为资产予以没收。

第32条之二❶ 如果因发生本法规定的犯罪行为而被没收的货物不属于犯罪者，若其所有人知道或有合理理由怀疑正在或将要发生犯罪行为，但没有采取任何措施阻止犯罪行为的发生或完成，也没有采取任何措施避免这些货物牵涉进犯罪行为，法院有权下令没收这些货物。

第33条❷ 如果走私罪行涉及载重超过250吨的船舶，船长不能证明其已采取一切可能的措施来发现和防止此犯罪行为的，则船长应处五十万泰铢以下罚金。

第34条❸ （废除）

第35条 所有邮寄进口或出口的货物均应正式申报和入关，否则面临与船舶进出口货物相同的处罚，但不包括完全应由进口货物的收件人和出口货物的发货人承担的责任和处罚，或视具体情况应由收件人或向邮政局交付货物的人员承担的责任和处罚。

第36条 第27条的规定适用于通过邮政进口或出口的货物。

第37条 主管官员可检查进出泰国的所有邮寄包裹，并可将可疑包裹扣留在海关，直至寄件人或收件人向其证明包裹中不含任何未缴税款、限制或违禁物品。海关对邮件包裹的检查可在邮局或海关完成。

第四章之二❹ 关于边界的海关权力

第37条之二 所有进入毗连海或在毗连海停留或停泊的船舶均应回答

---

❶ 经海关法（No.16）B.E.2542 第5条增加。
❷ 经海关法（No.19）B.E.2548 第4条修订。
❸ 经海关法（No.9）B.E.2482 第9条废除。
❹ 通过海关法（No.15）B.E.2540 第4条增加。

海关官员提出的有关船舶、船员、乘客、船载货物性质和船载物品的所有问题，并应遵守海关官员下发的合理命令。如果船长不回答问题或不遵守合理命令，应处一万泰铢以下罚金。

第 37 条之三 在毗连区内的任何船舶，如无合理理由或未经主管官员许可，不得卸货任何物品。船长或任何违规者应处一年以下监禁，或处货物价值两倍或五万泰铢罚金（以较高者为准），或二者并罚。

本条所述违法行为所涉及的任何货物均应予以没收，不论是否有人应受刑罚。

第 37 条之四[1] 海关法 B.E.2469 第 15 条、第 15 条之二、第 18 条、第 20 条、第 23 条、第 24 条、第 25 条、第 26 条、第 29 条、第 30 条、第 32 条、32 条之二和第 39 条，海关法（No.9）B.E.2482 第 16 条，海关法（No.12）B.E.2482 第 10 条和与上述规定有关的刑罚规定比照适用于毗连区。

第 37 条之五 如果有正当理由怀疑有人在邻近海域实施或即将实施走私活动或犯有本法规定的违法行为，海关官员有权拦截或责令船长将船舶带至任何地点进行检查、搜查逮捕或采取法律程序。

根据刑事诉讼法，当海关官员逮捕涉嫌犯罪者并将其送交任何地方的调查官员时，总检察长或其代理人任命一名主管调查官员前，当地调查官员有权进行调查。对此情形，根据刑事诉讼法规定，将涉嫌犯罪者送交上述调查官员的合理时间不应计为涉嫌犯罪者由调查官员监管的时间。

第四章之三[2]　联合开发区海关主管机关

第 37 条之六 本章规定：

"联合开发区"是指泰国—马来西亚联合管理局法规定的联合开发区；

"海关批准货物"是指根据泰国和马来西亚海关相关法律免除关税的货物。

---

[1] 经海关法（No.16）B.E.2542 第 6 条修订。
[2] 通过海关法（No.20）B.E.2548 第 3 条增加。

第 37 条之七 有关联合开发区进出口货物流动的规章应符合署长经部长批准后规定的标准、程序和条件，并在《政府公报》上予以公布。

第 37 条之八 根据第 37 条之九、第 37 条之十和第 37 条之十三第（4）项的规定，海关署仍对联合开发区进出口货物享有所有海关权力。

第 37 条之九 联合开发区进出口的任何货物均应符合以下标准：

（1）货物由以下地点进入联合开发区：

（a）除泰国或马来西亚以外的任何国家、泰国或马来西亚的任何特许经营仓库或保税区，应视为进口；

（b）泰国或马来西亚，应视为内部货物流动，但须为海关批准的用于联合开发区的货物、设备和材料；

（2）联合开发区生产的任何货物进入泰国或马来西亚或第三国应视为出口；

（3）根据第（1）项第（b）目规定，进入联合开发区并将进入泰国或马来西亚的任何货物，应视具体情况受泰国或马来西亚的法律管辖。

第 37 条之十 任何货物属于泰国和马来西亚法律下分别制定的两份禁止货物目录所列货物类别的，不得带入联合开发区，但任何特定进口需要豁免的情况除外。此类豁免可经泰国和马来西亚主管当局一致同意予以签发。

第 37 条之十一 署长规定的海关表格应用于联合开发区内货物的进口、出口和内部流动。

第 37 条之十二 官员兼主管官员应有权清关，包括本法规定的税款和关税征税，并应在联合海关办事处行使此类权力。

"联合海关办事处"是指联合海关委员会在联合管理局总部设立的办事处，旨在统筹联合开发区的海关和货物征税法律的管理。

第 37 条之十三 在联合开发区采取的措施：

（1）根据泰国和马来西亚海关相关法律，此类行为系违法行为的，声称其法律被违反的国家之一对该犯罪行为拥有管辖权；

（2）根据泰国和马来西亚海关相关法律，此类行为系违法行为的，首次逮捕或扣押犯人的国家将对该犯罪行为拥有管辖权；

（3）根据泰国和马来西亚海关相关法律，此类行为系违法行为，且马来西亚海关署和税收征管局同时实施逮捕或扣押的，应由双方主管机关协商确定对此类违法行为的管辖权；

（4）联合开发区的货物被没收的，其任何销售收益应由泰国和马来西亚均分。

第37条之十四　就本章而言，"暹罗泰国""皇家属地"和"泰国"均指"联合开发区"。

第37条之十五　中央税务法院、宋卡省法院或刑事法院应行使管辖权，审理联合开发区相关的任何海关案件。

第五章　进　口

第38条❶　来自泰国境外的每艘船舶（无论装载或压舱），其船长均应在抵达港口后二十四小时内以规定格式向主管官员作出适当报告。在作出上述报告时，该船舶的船长须出示其船舶的注册证明书以供检查，除非另有特别准许，否则须在开舱卸货前予以报告。如果任何抵达港口的船舶装载了计划出口或在泰国境内其他地方起货的外国货物，船长应在其报告中予以说明。如果该船舶开往泰国境内另一港口，船长应携带经主管官员正式认证的此类报告的"通行副本"，并视具体情况在该港口和后续所抵港口作出抵达报告时出示此类报告，直至该船舶离境或所有外国货物卸货完毕。任何违反本条规定的行为，应处十万泰铢以下罚金，所有未及时报告的货物应予以扣留，直至如实报告或对疏忽作出令署长信服的解释为止。

第39条　如果船长报告称其对计划用该船出口的任何包裹的内容物并不知情，海关官员可命令拆开包裹以供检查；如果发现其中包含任何禁止进口的货物，除非署长许可出口，否则应予没收。

第40条❷　从海关监管下放行任何货物前，进口商应完全遵守本法和

---

❶　经海关法（No.19）B.E.2548第4条修订。

❷　经佛历2515年（公元1972年）12月13日发布的《国家执行理事会第329号公告》第8条修订。

其他海关相关法律，正式提交装运报单，并缴纳全额关税或存单现金保证金。存单现金保证金的申请应符合署长制定的规章。

署长在收到申请后认为需要紧急解除海关监管的，放行海关监管的货物，无须遵守第一款的规定，但须符合其规定的条件，并且在货物为课税对象时，规定提供符合要求的现金或其他保证金，作为税款缴纳担保函。

第41条 如果海关需要确定任何货物进口完毕的准确时间，则此类时间应视为货物进口船舶到达卸货港或寄售港范围内的时间。

第42条❶ （废除）

第43条❷ 如果在船舶抵达后十日届满时，船舶仍有货物装船或上岸，但尚未提交装运报单或尚未审查或正式交付，则该货物可立即由海关监管，并可存放在监管处，费用由货物所有人支付。所有费用，包括部长在部长令中规定的租金，应在货物解除监管予以交付前支付。

第44条❸ 如果任何货物在其抵达后滞留于任何进口船舶超过二十一日，主管官员可扣留该船舶，直至支付部长令规定的所有监控维保费用及可能产生的其他费用，但出示合理证据证明逾期无可避免时，署长可免除费用。

第六章 出　口

第45条❹ 从泰国出口任何货物前，出口商应完全遵守本法和其他海关相关法律，正式提交装运报单，并缴纳全额关税或存单现金保证金。存单现金保证金的申请应符合署长制定的规章。

署长收到申请后认为需要紧急出口任何货物的，可准许出口此类货物，无须遵守第一款的规定，但须符合其规定的条件，并且在货物为课税对象，规定提供符合要求的现金或其他保证金，作为税款缴纳担保函。

---

❶ 经海关法(No.9)B.E.2482 第9条废除。
❷ 经海关法(No.10)B.E.2483 第4条修订。
❸ 同❷。
❹ 经佛历2515年(公元1972年)12月13日发布的《国家执行理事会第329号公告》第9条修订。

第 46 条　如果海关需要确定任何货物视为出口完毕的确切时间,则自货物出口船舶离开泰国最终离港之时起,应视为完成出口。

第 47 条　出口商将任何货物装载或运输至船舶出口泰国前,应向主管官员提交两份规定格式的装运报单。

第 48 条　在主管官员批准"进口清关"前,出口商不得将出口货物装在任何船舶,已获予特别许可的除外。

第 49 条❶　在任何船舶(无论装载或压舱)清关离开泰国前,船长或船长书面授权的人员(船长不在场时)应向海关主管官员报告,并回答主管官员关于船舶、货物以及航线的问题,以规定格式或以署长规定的其他格式向该官员提交船舶货物的账册。船长应出示船舶的船籍证书、入港清关证书和其他所需证据,以供检查,证明船舶或货物的所有应付费用均予支付。

主管官员应以规定格式向完全守法的出口商授予许可。清关费用应按照部长令规定的标准收取。❷

如果任何船舶未经许可或未遵守以下各条要求而从泰国港口出发开往外国地区,船长或其代理人(船长不在场时)经证明有串通行为的,应处十万泰铢以下罚金。❸

第 50 条❹　如果任何船舶在一个港口获得清关后前往泰国的任何其他港口装载出口货物,船长应在该港口装载该货物后,向当地主管官员提交一份关于附加装载货物的书面说明,并应出示首个启运港批准的清关单。应在每个港口重复执行此类做法,直至获得离港泰国的最后许可。附加清关证书始终应附在首个启运港签发的清关证书上。

应按照部长令规定的比例,针对每份附加清关证书收取费用。

第 51 条　每艘运载出口货物船舶的船长或其代理人应在签发清关证书之日起六个整日内,向海关提交一份舱单,包括根据官方出口账目所列的

---

❶ 经海关法(No. 19) B. E. 2548 第 4 条修订。
❷ 经海关法(No. 10) B. E. 2483 第 4 条修订。
❸ 经海关法(No. 3) B. E. 2497 第 5 条修订。
❹ 经海关法(No. 3) B. E. 2474 第 6 条、海关法(No. 10) B. E. 2483 第 4 条修订。

货物的全部信息。此类舱单一式两份，并附有本法规定格式的证书。

第 52 条 每艘获准离港船舶的船长，均须在离开港口区域前，向主管人员交付一份船舶所载乘客的账目。该账目应显示乘客的人数、性别和国籍，并采用署长规定的格式。

第 53 条❶ 每艘船舶从曼谷港出发的注册吨位在 200 吨以下的，相关船长应在开航前获得北榄府通行证，并将其交予北榄府主管官员。任何其他船舶从曼谷港出发的，相关船长在通过北榄府海关检查站时应减速航行，并在海关官员示意下告知该船舶的名称和目的地。船长违反本条规定的，应处四万泰铢以下罚金。

第 54 条❷ 如果任何出口船舶自开始装载货物之日起持续装载货物超过二十一日，或任何已装载货物的出口船舶在港口超期滞留，应征收部长令中规定的费用，主管官员可扣留该船舶，直至此类费用以及因监控船舶而产生的其他费用予以支付。如果出示合理证据证明延误无法避免，则署长可免除费用。

第 55 条❸ 任何保税或担保货物在出口船舶离境前未按时装载的，均应予以没收，除非相关人员在船舶离港后立即将货物未予装运的原因通知主管官员，以便保证主管官员考虑是否批准货物短装。如果此类货物在船舶最终清关后十四日内未入库或未在另一艘船舶上签发新的出口装运报单，则出口报关单的提交者应处一万泰铢以下罚金。

第 56 条❹ （废除）

第 57 条❺ 所有即将离港的船舶均应在前桅悬挂蓝彼得旗。该旗须在开航前保持悬挂。船舶下午离港的，应于当日上午开始悬挂旗帜。船舶上午离港的，应于前一日下午开始悬挂旗帜。任何船长未遵守本条规定的，应处四万泰铢以下罚金。

第 58 条 如果授权人员按照规定格式提交了一式两份的装运报单，获

---

❶ 经海关法(No. 19)B. E. 2548 第 4 条修订。
❷ 经海关法(No. 10)B. E. 2483 第 4 条修订。
❸ 经海关法(No. 19)B. E. 2548 第 4 条修订。
❹ 经海关法(No. 19)B. E. 2548 第 13 条废除。
❺ 经海关法(No. 19)B. E. 2548 第 4 条修订。

得许可并有主管海关官员在场,则准许货物转运。

第 59 条❶ (废除)

第 60 条❷ 如果任何申报或允许退税的货物装载船舶或运至堤岸、码头或其他出口地点,主管官员在审查后发现货物说明与装运报单、装运提单、索赔表或其他文件不符,或就此类货物提出的申报涉嫌欺诈,则所有此类货物及包裹以及内容物,均可予以没收。此类出口和退税申报的申请人应处六个月以下监禁,或处五十万泰铢以下或退税金额三倍的罚金,或二者并罚。

第七章 滞期货物

第 61 条❸ 以下列任何方式扣留海关保管的货物应视为滞期货物:

(1) 进口货物使署长在第 6 条第(6)项下规定类型或类别的危险品,进口商尚未缴纳关税,亦未按照署长在《政府公报》中规定的期限内将此类货物运出海关;

(2) 除第(1)项的情况外,凡进口货物扣留在海关监管持续两个月,且未提供经认证的装运报单和未缴纳对此类货物征收的关税或未提供此类关税的保证金,署长应立即通知船舶代理人,自署长通知进口船舶代理人后起十五日到期。

根据第一款规定处理滞期货物时,署长有权命令主管官员销毁或拍卖此类货物,或命令进口商或进口船舶代理人重新出口此类货物;如果进口商或进口船舶代理人未能予以遵守命令的,署长有权视具体情况命令主管官员销毁此类滞期货物,费用由进口商或进口船舶代理人承担。

根据第二款规定命令主管官员销毁滞期货物时,销毁方法应不会对人类、动物、植物、财产和环境造成危害。

署长认为按照第二款的规定拍卖获得的收益低于适当金额,或有任何其他正当理由的,可下令以任何其他方式出售此类货物。如果以拍卖或其

---

❶ 经海关法(No. 9)B. E. 2482 第 9 条废除。
❷ 经海关法(No. 19)B. E. 2548 第 4 条修订。
❸ 经海关法(No. 14)B. E. 2534 第 4 条修订。

他此类方法销售获得的收益不足以缴纳全额税款或可能造成任何意外损害，则此类货物须按署长的指示处置。

就第一款第（1）项规定的滞期货物而言，署长应制定规则、程序和期限，加快执行本条下的官方权力和职责，并考虑后续可能发生的危险。

第 62 条❶　署长可随时下令处置或销毁未提交完整报单清关且有明显腐坏迹象的易腐货物，费用由进口商或船舶代理人承担。

第 63 条❷　根据第 61 条的规定，任何销售收益应先用于向海关署缴纳关税、仓储费、搬运费或其他费用，剩余部分用于缴纳支付给进口船舶代理人的任何适当费用。除非货主自销售之日起六个月内提出主张，否则前文所述的费用扣除后的剩余部分归国家所有。

第 63 条之二❸　如果滞期货物为可能对人类、动物、植物、财产或环境产生危害或引发危险的废品，并且署长认为进口船舶的船长串通进口此类废品，或船舶的船长不能证明其尽全力搜索此类废品或阻止此类废品作为滞期货物进口丢弃，除依法处罚外，署长有权命令国内任何港口或机场的负责人立即要求进口船舶代理人或者船长在一定期限内将此类废品复运出境，或根据情节严重与否禁止该进口船舶或进口船舶所有人的所有其他船舶使用港口或机场及其设施。

第八章❹　沿海贸易

第 64 条　泰国内部的所有海上贸易均应视为沿海贸易，而所有用于此类贸易的船舶均应视为沿海船舶。

第 65 条　任何来自外国地区并停泊于泰国港口或地点的船舶，在开往泰国境内另一港口或地点途中，及任何从泰国某一港口或地点开往外国地

---

❶　经海关法(No.19)B.E.2548 第 14 条修订。
❷　经佛历 2515 年(公元 1972 年)12 月 13 日发布的《国家执行理事会第 329 号公告》第 1 条修订。
❸　通过海关法(No.14)B.E.2534 第 5 条增加。
❹　根据海关法(No.8)B.E.2480 第 11 条,本章不适用于空中交通。

区的船舶，在开往外国地区的途中，受沿海贸易法律法规的约束。涉及与境外相关的交通和货物，适用对外贸易法规。

第 66 条❶　在港区以外的海上或者泰国边界以外将货物装上沿海航行船舶或者从沿海航行船舶上卸下，或者沿海航行船舶非因不可抗力驶抵上述规定区域以外任何地点或者偏离其航线，或者驶抵泰国边界以外任何地点的沿海航行船舶的船长未在抵达泰国后立即向抵首个港口的主管官员书面报告此类事件的，该船舶的船长应处十万泰铢以下罚金。

第 67 条　在打算将沿海运输的任何货物装载到将首先沿海航行然后前往外国的任何船舶之前，应提交规定格式的舱单，如果在出口时对此类货物征收任何保证金，此类保证金全额应质押于清关港。自清关之日起两个月内向主管官员出示正确证明，表明货物已在泰国境内上岸后，可退还该保证金。

第 68 条❷　在任何沿海船舶离开装货港或卸货港或地点之前，按照规定格式，由船舶船长签署的包含船舶和货物的规定详情的两份账目副本，应送交主管官员，由其保留一份副本，并归还由其签署并注明日期的原件。该账目可视为货物清关证书和船舶清关证书。应按照部长在部长令中规定的比例，对上述规定的每个港口征收清关费用。如果任何沿海船舶离开时没有此类清关证书，或在船舶抵达港口后二十四小时内和开始卸货前未出示此类证书，船长应被处以五万泰铢以下的罚金。

第 69 条❸　当署长认为需要为在泰国境内港口之间定期贸易的任何船舶签发通用货物清关证书时，须向主管官员提交符合规定程序的货物账目，并须在船舶离开前，将规定格式的通知书送交启发港的主管人员，而同一规定的通知书，须在船舶抵达后二十四小时内及开始卸货前，送交到达港的主管官员。该通用货物清关证书可随时通过书面通知予以撤销。如果通用货物清关证书的持有人未能提供本条所述的货物账目和通知书，船长应

---

❶　经海关法(No.19) B. E. 2548 第 4 条修订。

❷　经海关法修正案(No.3) B. E. 2473 第 7 条修订, 经海关法(No.10) B. E. 2483 第 4 条修订, 及经海关法(No.19) B. E. 2548 第 4 条修订。

❸　经海关法修正案(No.3) B. E. 2474 第 7 条修订, 及经海关法 B. E. 2483 第 4 条修订。

受到第 68 条规定的处罚。

船舶清关费用应按照部长在部长令中规定的标准收取，适用于根据通用清关证书航行的船舶，适用于上述规定的每个港口，并应提交本条规定的抵离时间表。对于未签发通用清关证书的船舶，应按相同费率收取，但署长可接受存单质押，应每半年从存单质押中扣除应付的总余额。

第 70 条❶ 未经主管官员许可，从任何沿海船舶上卸下任何应承担国内关税的货物或限制货物的，船长应被处以五万泰铢以下的罚金。

第 71 条 每艘沿海船舶的船长均须备存或指派备存舱单，以记录每次航程的全部详情，即货物的性质和数量、启运日期和港口、到达和卸货日期和港口、船长姓名，以及在任何特殊情况下和主管官员要求时可能需要的任何其他信息，船长应出示舱单以供检查，主管官员有权在舱单上做任何记录或备注。

第九章❷ 外锚地

第 72 条❸ 署长可指定曼谷港或任何其他港外锚地，供船舶卸货和装载全部或部分货物，并可规定此类外锚地的使用次数，并发布规则供海关官员对此类外锚地进行监控。任何人犯有或涉及犯有本规则规定的违法行为，或企图犯有或涉及企图犯有本规则规定的违法行为的，应处十万泰铢以下罚金。任何人承担本条下的责任不得抵消本法或任何其他法律下的任何其他责任。

第 73 条 在港外锚地停泊或者装卸货物的船舶及有关人员，应当履行其在港口正常范围内应当遵守的本法或者其他法律规定的义务，应承担本法或其他法律规定的责任并接受处罚。

---

❶ 经海关法（No. 19）B. E. 2548 第 4 条修订。
❷ 根据海关法（No. 8）B. E. 2480 第 11 条，本章不适用于空中交通。
❸ 经海关法（No. 19）B. E. 2548 第 4 条修订。

第 74 条❶　如果任何船舶未经署长同意在任何外部锚地或任何未经批准的地点装卸货物，船长和所有与装卸货物相关的人员，应处五十万泰铢以下罚金，已装卸或留置船舶的货物应予以没收。

第 75 条　未经审查的火器、弹药、炸药、鸦片、酒精饮料或任何性质的限制货物或包裹，不得转运至另一艘船舶，也不得在外锚地由进口船舶接受，除非获得署长或正式授权的官员的特别许可。

第 76 条　署长可通过授予任何船舶在外锚地卸货或装货的通用授权签发许可证，未获通用授权的船舶不得在该地点装卸货物，除非署长或正式授权的官员授予特别许可。

第 77 条　所有在外锚地内的船舶，均须在该锚地规定范围内系泊，未获主管人员准许，任何船舶不得离开系泊地点。

第 78 条　如果船舶的一般业务为对外贸易，且具有在获批外锚地卸货的通用权限，则该船舶的船长应在开始卸货前征求该锚地主管官员的许可。

第 79 条　有权在外锚地卸货的船长，须在开始卸货前向主管官员出示该许可证。

第 80 条　一份标明外锚地卸载的所有物品的准确舱单，须按照规定格式呈交主管官员，核证物品卸载。任何运载由船舶在外锚地卸下的货物的船舶进入任何港口，持有经主管官员妥为核证的舱单，则可继续航行。该舱单应视为授权运输货物的许可证。根据船舶管理船舶规范，货物在抵达泰国时进口。船舶抵达港口后，船舶负责人应将该舱单送交海关大楼主管官员，随后货物应按照通用规定予以卸货和清关。如果任何运载货物的船舶在外锚地由一艘船舶转运且无此类经认证的舱单，则应禁止此类船舶在货物转运船舶的完整舱单送交港口海关前开舱卸货。

第 81 条　船长享有通用或特别授权使船舶在外锚地装载完毕的，应按规定在该港站海关取得清关证书，并交纳所有应付费用。该清关证书应由主管官员签署，说明"在………装载完毕"并在抵达外锚地后，船长应将清关证书交给港站主管官员。主管官员在确信船舶离港后已缴纳可能收取

---

❶　经海关法（No.19）B.E. 2548 第 4 条修订。

的所有关税、任何费用或应付款项或已缴纳与之相关的保证金之前,应保留清关证书。随后,官员在清关证书上批注日期并签字,并退还给船长以继续其航程。

第 82 条 出口货物可从港口转运至外锚地,以便装载任何获准在该外锚地装载货物的船舶。转运此类货物前,应以与在港口装载货物相同的方式提交装运报单并全额缴纳关税和费用。出口商应为所有此类货物编制一份过驳清单,并在港口主管官员根据装运报单予以检查并签署文件后,该过驳清单应与货物一并送至外锚地,并送交此处主管官员。如果过驳清单信息与货物不符,此处管官员可扣留这些货物。

第 83 条 出口货物在外锚地未装船或未装船完毕的,可在此处装载另一艘船舶,开往同一目的港。后一艘船舶的船长或出口商应向港站主管官员提出书面申请,以获装运许可。

第 84 条 如果任何未装载货物要退回发货港,负责人应从港站主管官员处获得说明此类货物数量及名称的一份证明,随货物一并送至港口,并送交海关大楼的主管官员。

第 85 条 船长或其代理人应在收到外锚地船舶的最后清关证书后六日内,向该锚地的主管官员送交船舶舱单,说明在此装载的所有货物。

第 86 条 所有在外锚地内的船舶,均须按照规定悬挂离港旗,并承担第 57 条下规定的法律责任。

第十章 仓 库

第 87 条❶ 提交装运报单并起货以储存在保税仓库中时,主管官员应详细记录此类货物,并在确信遵守了所有法律、规则和规章的要求时,核证货物已在保税仓库中妥善储存。

第 88 条❷ 第 87 条下记录的货物明细账目应用于评估此类货物的关

---

❶ 经佛历 2515 年(公元 1972 年)12 月 13 日发布的《国家执行理事会第 329 号公告》第 12 条修订。

❷ 经海关法(No.18)B.E.2543 第 6 条修订。

税，但如果货物已在保税仓库中以任何方式用于生产、混合、组装、包装或加工，数量应按照署长批准的公式或署长在通告中规定的公式计算。

为出口而从保税仓库中移出的货物，无论其性质同进口或以其他性质出口，均应免征进口关税和出口关税。

根据海关法（No.9）B.E. 2482 第 19 条之二的规定，货物转运至另一保税仓库或分销给进口商在关税法或其他法律下享有豁免权的人员，或自税仓库放行此类货物的，应视为泰国出口。执行货物出口应符合署长制定的规章。

根据第三款的规定，接受转运或分销的货物应视为泰国进口，或视为此类货物自保税仓库放行时完成进口，执行货物进口应符合署长规定的规章。

主管官员获取货物记录，且货物未按此类方式保存，或随后对按照这种方式保存的货物或包装、仓库内包装方式或包装上标记及编号进行更改，或从存放此类货物的仓库房间移走，且在主管官员不在场和未给予批准的情况下进行的，应没收此类货物和包装，根据适当的手令、命令或授权交付货物和包裹的除外。

第 89 条 除非在卸货时经港务局批准进行合并、分拣、分离、包装或重新包装，所有存放在仓库中的物品应当保持原始包装。在这种情况下，货物的包装应符合官方清单的规定。如果货物未按照规定储存，或货物或包装在储存后发生变化，例如在仓库内发生改变、标记和编号发生变化，或货物从仓库中移出，除非此类行为是在主管人员的监督和允许下进行的，否则货物和包装将被没收，根据许可证、命令或此类货物的有效授权进行交付的情况除外。

第 90 条❶ 如果任何仓库管理人在储存货物时疏忽，使得任一包裹易于获取，对其首次疏忽行为正式警告，随后的每一次疏忽行为，每次应处一万泰铢以下罚金。

第 91 条❷ 对于储存在仓库中但未经适当检查和交付的任何货物，如

---

❶ 经海关法（No.19）B.E. 2548 第 4 条修订。

❷ 同❶。

海关法 B. E. 2469

果仓库管理人在主管海关官员的要求下未出示该货物，则除了该货物的应付关税，还应对占有人处罚金，此类未出示每个包装的行为，每次应处一万泰铢以下罚金。

第92条 如果任何货物的装运报单已提交供入库，但未按照该装运报单适当入库，或入库后以任何方式隐藏或从仓库中移走，或从包装中取出，或从一个包装转移到另一个包装，或以其他方式非法混合、转移或隐匿，则此类货物应予没收。

第93条❶ 除了主管海关官员执行其职责时在场的情况，任何人秘密打开仓库或接触仓库内储存的货物的，构成犯罪，应处六个月以下监禁，或对每项罪行处十万泰铢以下罚金，或二者并罚。

第94条 因火灾或其他不可避免的事故在仓库中造成的任何损害，或任何其他损害，署长概不向任何货物的进口商、所有人或收货人给予赔偿，此类损害是由官员在履行其职责时的故意疏忽、行为或失责造成的除外。

第95条 如果任何已入库的或已提交入库单的货物，或已提交出库单的货物因不可避免的事故而遗失或毁坏，不论在船上或运输中、起货或接收入库时发生，或在仓库内发生，署长均可免除此类货物应缴纳的关税或已缴纳的关税。

第96条 任何时候，仓库中任何货物数量可能少于该货物储存时原始报单上记录的数量，且在官员记录中或在署长允许免除费用时提供的理由中没有说明产生差异的原因，则该相差的货物应视为未经官员许可而转移的货物，此情况适用于第27条的规定。

第97条 根据署长规定的部门规则，仓库中储存的任何货物可转移到泰国的任何其他仓库。

第97条之二❷ 如果有理由怀疑有未缴纳关税或逃避缴纳关税的货物，或限制货物或违禁货物，或未经许可带入保税仓库的货物，则主管官员有权在无搜查令的情况下进入保税仓库，对事实进行调查或检查任何文件或货物，包括搜查保税仓库内的工厂、建筑、运输工具和人员。

❶ 经海关法(No.19) B. E. 2548 第4条修订。
❷ 通过海关法(No.18) B. E. 2543 第7条增加。

· 235 ·

第十章之二[1]　免税区

第 97 条之三　署长有权批准设立免税区，用于开展有利于国家经济发展的工业、商业或其他活动，并有权制定有关免税区设立申请和批准的规则、程序和条件。

个人获批设立免税区的，应按照部长在部长令中的规定缴纳年费。

第 97 条之四　署长有权规定运入或运出免税区的物品种类或类型，包括货物运入或运出免税区的规则、程序和条件。

第 97 条之五　遇以下情况之一的，进口到泰国的货物进入免税区应免除进口税：

（1）用于国家经济发展的工业、商业或任何其他活动所必需的机械、设备、工具和器具（包括其组件）等货物，此类货物进口到泰国，运入经批准的免税区；

（2）进口到泰国并运入免税区以用于发展国家经济的工业、商业或任何其他活动的货物；

（3）从其他免税区放行的货物。

对从免税区放行准备出口的物品，应免除出口税。

第 97 条之六　根据《消费税法》的规定，免税区内进口和生产的货物应免除消费税。

根据《酒类法》《烟草法》和《扑克牌法》的规定，免税区内进口和生产的货物应免除酒类税、印花税和费用，因此，《消费税法》中有关免税和征收的规定比照适用于上述酒税、印花税和费用的免除。

第 97 条之七　如果将货物进口到泰国，或将泰国内的原材料带到免税区，以任何方式生产、混合、组装、包装或加工货物，目的是从泰国出口，这些货物应免除与标准或质量控制、任何标记或标志附加有关的法律的适

---

[1] 通过海关法（No.18）B.E.2543 第 8 条增加。

用，并符合署长制定的规章。

第 97 条之八　如果法律规定任何货物从泰国出口时免税或退税，在此类货物进入免税区的情况下，应免税或退税，此类货物在进入免税区时应被视为已从泰国出口。上述规定应符合署长制定的规章。

第 97 条之九　根据海关法（No.9）B.E.2482 第 19 条之二，将货物带出免税区以供在泰国内使用或分销，或转移到保税仓库，或分销给进口商或根据《关税法》或其他法律有权获得免税的人，应被视为进口到泰国，或在此类货物被带出免税区时完成进口。上述规定应符合署长制定的规章。

货物运入免税区以供使用或消费或其他利益（不包括设立免税区的目的），应视为根据第一款将货物带出免税区，除非是经署长许可并根据署长在通告中规定的规则和程序处置或销毁废料、损坏物品、不能使用的货物或免税区内未使用的货物。

第 97 条之十　第 10 章"仓储"的规定和与此类规定有关的处罚应适用于货物进入免税区及免税区内货物储存、出口、控制、运输及主管官员的权力，并作必要的修改。

第十一章　保函和保证金

第 98 条　署长可要求在海关署管理或控制范围内的任何活动中享有实际权益的任何人以保函或符合署长要求的其他方式提供担保，以确保适当履行与海关署有关的任何条件、命令或活动或附带事宜。所有此类保函或其他保证金应具有法律效力，违反其中任何条件的，可按照任何保函明确指示或本法或任何其他法律规定的相同方式提起法律诉讼。所有此类保函应提交给王室政府使用，署长有权在保函生效日期起两年到期后取消此类保函。如果对履行保函条件有期限的，从该期限起算。

第十二章　虚假申报

第 99 条❶　本法要求向主管官员作出申报的人、让他人或者准许他人申报的人或者与申报有关的人，提交或让他人提交报关单、证明书、商业记录或其他单证的人，提交虚假、不完整或者有欺骗性细节的报关单、申报单、证明书、商业记录或其他单证的，或本法要求应当回答主管官员提出的任何问题而没有如实回答问题的人，或拒绝或忽略保存本法要求的任何记录、登记册、账目、文件或其他文书的人，或伪造或制作与本法有关的任何交易的人，或在正式签发后篡改任何记录文书或其他文书的人，或伪造海关署任何官员的印章、签名、姓名首字母缩写或其他标记的人，无论出于何种目的，均应处六个月以下监禁或五十万泰铢以下罚金，或二者并罚。

第十三章　法律诉讼

第 100 条　如果在针对因未支付关税或任何其他没收原因或根据本法追回任何罚金而扣押的任何货物提起的起诉，出现有关此类货物是否已支付适当关税或货物是否已合法进口、未装运、出口、装运、运走、储存、出售或以其他方式处理的任何争议，则有关举证责任均须由上述每宗案件的被告人承担。

第 101 条　署长授权行事的任何主管官员均可就与海关有关的任何事项在任何法院提起申诉、起诉、辩护或进行任何法律程序。

第 102 条❷　根据第 102 条之二的规定，依据本法被起诉人同意，并在支付罚金或订立署长认为合适的协议、保函或担保后，署长可放弃起诉；而该放弃应使犯罪者免于因有关罪行而遭受的任何进一步起诉。

如果犯罪涉及少量关税，可发布部长令，授权调查官员解决案件并放弃起诉。

---

❶ 经海关法（No. 19）B. E. 2548 第 4 条修订。
❷ 经海关法（No. 12）B. E. 2497 第 8 条修订。

海关法 B. E. 2469

因作出或提交虚假或不完整或在任何细节方面具有误导性的任何申报或记录，或以任何方式逃避或试图逃避任何适当税款或任何限制或禁令，署长认为符合起诉条件的，应记录对犯罪者的起诉理由。

第 102 条之二❶ 适用于第 27 条、第 31 条、第 36 条和第 96 条规定的罪行；以及海关法（No.7）B. E. 2480 第 5 条、第 5 条之二和第 10 条规定的罪行，条件是证物价值（包括关税）超过四十万泰铢，委员会（由海关署的一名代表、财政部的一名代表和国家警察局的一名代表组成）应有权处理案件并放弃起诉；而该放弃应使该犯罪者免于因该罪行而被进一步起诉。

第 102 条之三❷ 在下列情况下，经部长批准，署长有权根据署长制定的规则命令作为举报回扣和奖金支付：

（1）对于走私犯罪，或进口或出口禁止或限制货物，应扣除拍卖标的收入的 55%，并作为举报回扣和奖金支付。但是，如果展品未被没收或无法出售，应扣除此类付款金额，用作罚金。如果没有检举人，应扣除罚金的 30%，并作为奖金支付。

（2）对于虚假申报的违法行为，应扣除罚金的 55%，并作为举报回扣和奖金支付。但是，如果没有检举人，应扣除罚金的 30%，并作为奖金支付。

（3）如果查税官员发现征税不足，导致应支付的附加关税，应支付海关署已征收附加关税的 10%，作为奖金支付。

第 103 条 如果有必要评估任何货物的价值，以确定罚金金额，则该价值应被视为按照违法行为发生时或前后的销售和购买价格已支付全部关税或国内税款的同类货物的价格。但是，犯罪者可选择接受署长确定的估价。

第 104 条 任何法院依据本法的任何规定判处罪犯监禁时可酌情并处罚金，但罚金和监禁的合计上限不得超过对该罪行规定的最高惩罚。

第 105 条 任何船舶的所有人应承担民事责任，支付因违反本法而对该船舶的船长处以的任何罚金，任何场所的代理人或占有人代表场所所有人

---

❶ 经海关法（No.19）B. E. 2548 第 15 条修订。
❷ 通过海关法（No.12）B. E. 2497 第 9 条增加。

或管理人行事或管理利益的，则该所有人或管理人也应以同样的方式承担其代理人或占有人应承担的任何罚金责任。

第十四章　代理人

第 106 条　任何货物的所有人明示或默示授权任何人为本法规定的任何目的担任其货物代理人，且该授权已经主管官员批准，则该人应被视为此类目的的货主。

第 107 条　如果在经主管官员批准的情况下任何船舶的船长授权任何人作为其代理人行事，且该代理人明示或默示接受该代理任命以履行本法规定的任何职责，则该代理人未能履行职责时，应受到与船长相同的处罚。

第 108 条　如果任何人向官员提出申请，请求代表另一人办理特定业务，该官员可要求申请人出示一份书面授权书，该书面授权书由申请人（作为代理人行事）代表其提出申请的人签发，未出示此类授权书的情况下，该官员可拒绝与该申请人办理此类业务。

第 109 条　任何个人或公司的职员或雇员均可代表该人或公司在海关办理所有业务。但是，主管官员可拒绝承认任何此类职员或雇员，除非此类人或公司已在海关存放了授权此类职员或雇员代表其行事的一般授权书，并以保函或主管官员认为合理并令其满意的其他方式提供担保，以确保此类职员或雇员妥善办理事务。

第十五章　一般规定

第 110 条[1]　如果任何船舶在星期日或公共假日或在部长令规定的官方工作时间之前或之后装卸任何物品或货物或进行任何工作，除非事先获得署长或主管官员的许可，并已按照部长在部长令中规定的比例支付法律费用，否则船舶的船长或代理人或二者应处五万泰铢以下罚金，但船长或代

---

[1] 经海关法（No. 19）B. E. 2548 第 4 条最后修订。

海关法 B. E. 2469

理人在本条项下的责任不得免除其在本法任何其他条款项下的责任。

第 111 条❶　为保护国家税收利益，凡需要将官员安排在距离最近海关站较远的地点登船，或船长或其他利害关系人要求官员前往该地点的，应按照部长在部长令中规定的费率向船长或申请人收取所有差旅费和日费。

第 112 条❷　如果主管官员认为任何清关货物的关税金额存在问题，应将此类货物带到海关或放置在任何安全地方，除非主管官员和货主或其代理人同意抽取样品以确定问题所在。为保障国家税收，应视具体情况支付进口商或出口商在装运报单中申报的关税金额，并存入一笔涵盖此类货物最高应缴关税的额外保证金，但署长可发出通告，说明应提供财政部或银行开具的保函以代替此类额外存单保证金，并可规定其认为适当的履行条件。

第 112 条之二❸　进口商或出口商按照第 112 条的规定提供了保证金的，且主管官员已评估应付关税金额并通知了进口商或出口商，则进口商或出口商应在收到通知之日起三十日内支付通知金额的关税。

保证金为现金的，且现金保证金足以支付主管官员评定的关税金额，则该现金保证金应立即适用于缴付经评定的关税金额，应视为进口商或出口商已在第一款规定的期限内支付了通知下的金额或关税❹。

第 112 条之三❺　如果进口商或出口商未在第 112 条之二第一款规定的期限内全额缴纳关税，或未遵守署长根据第 40 条或第 45 条规定的规章或条件，署长或其授权的人可征收不超过应付关税或附加关税金额 20% 的附加费。该附加费将视为关税。

第 112 条之四❻　进口商或出口商支付关税或附加关税时，应收取从放

---

❶　经海关法（No. 10）B. E. 2483 第 4 条修订。
❷　经佛历 2515 年（公元 1972 年）12 月 13 日发布的《国家执行理事会第 329 号公告》第 14 条修订。
❸　通过佛历 2515 年（公元 1972 年）12 月 13 日发布的《国家执行理事会第 329 号公告》第 15 条增加。
❹　经海关法（No. 7）B. E. 2543 第 17 条废除。
❺　通过佛历 2515 年（公元 1972 年）12 月 13 日发布的《国家执行理事会第 329 号公告》第 15 条增加。
❻　同❺。

行或出口之日起至支付之日止的附加费，税率为每月支付关税金额的1%，不按复利计算，但在按照第102条之三第（3）项的规定支付附加税的情况下，不得收取此类附加费。

货物放行或出口后，如果将担保函转为现金保证金，应当收取附加费，按每月1%的费率计算（不按复利），从放行或出口之日起至存入现金保证金（替代担保函）之日止。如果现金保证金不足以支付税款，则按照第一款中规定的基准就应缴的附加关税征收附加费。

根据第一款和第二款计算附加费时，不足一个月的部分应按一个月计算，附加费应视为税款。

如果因超额收取应付金额或额外应付金额而退还已付税款或现金保证金，则退款应连同退款金额的利息一起支付，利息以每月0.625%的利率计算（不按复利），从缴纳税款或存入最后一笔现金保证金之日起至批准退款之日止。如果在货物放行或出口后以现金保证金代替担保函，应退还的现金保证金的利息应按存入最后一笔现金保证金之日起至批准退款之日止计算。在根据本款计算利息时，不足一个月的部分应按一个月计算，并应视为应退还的税款。

第112条之五[1] 如果进口商或出口商未缴纳关税，署长或其授权人员有权扣留通过海关或以任何方式处于海关监管下的任何货物，直至所有关税均按时缴纳。扣留货物之日起三十日内仍未缴纳关税的，署长有权命令拍卖该货物，拍卖所得应首先用于向海关支付拖欠税款、拍卖货物的税款、保管费用、搬运费和其他费用，剩余部分用于向仓库保管人支付应付的任何其他合理费用，最后的剩余部分应支付给进口拍卖货物的船舶代理人。如果货主不在拍卖之日起六个月内提出主张，上述费用扣除后的剩余部分均为国家财产。

---

[1] 通过佛历2515年(公元1972年)12月13日发布的《国家执行理事会第329号公告》第15条增加。

第112条之六❶　进口商或出口商有权按照署长制定的规则，于收到主管官员的关税评估之日起三十日内，向申诉委员会提出申诉。如果货物在曼谷大都市以外的地方进口或出口，可通过海关或地区海关局提出申诉，且应符合署长制定的规则。

第112条之七❷　申诉委员会应由担任主席的署长、财政部的一名代表、国务委员会办公室的一名代表和署长任命的五名至七名的适格人员组成。申诉委员会应任命海关署官员担任秘书和助理秘书。秘书亦属于成员之一。

第112条之八❸　署长任命的适格成员任期三年。

第一款规定的任期届满时，尚未任命新成员的，离任成员应继续任职，直至新任命的成员就职。

应于任期届满之日起三十日内任命新的成员。

即将离任的成员可连任，但连任不得超过两届。

第112条之九❹　除了在任期届满时离任外，遇下列情况的，视为署长任命的适格成员离任：

（1）死亡；

（2）辞职；

（3）破产；

（4）变成无行为能力或限制行为能力人；

（5）因不能胜任工作或严重违纪被署长免职的；

（6）终审判决判处监禁的，但轻微犯罪和过失犯罪除外。

如果成员在任期届满前离职，署长应任命另一人接替该成员，接替成员的任期为其接替的前任成员剩余任期。

第112条之十❺　申诉委员会会议的法定人数为不少于总数一半的成员数。

---

❶　通过海关法（No.17）B.E.2543第8条增加。

❷　同❶。

❸　同❶。

❹　同❶。

❺　同❶。

如果申诉委员会主席不出席会议或不能履行职责，应推举一名成员主持会议。

决定应以多数票作出。每名成员拥有一票。票数相同时，主持会议的人应享有额外的决定性一票。

第112条之十一❶　任何与当时正在决定的事项有利害关系的成员不得出席会议或就该事项投票。

第112条之十二❷　为申诉裁决的目的，申诉委员会或主管官员有权发出传票，要求申诉人或任何有关人士自授权令发出之日起不少于十五日的期限内作出口头陈述，或提交任何形式的账目、文件、证据或数据，或与申诉案件有关的任何其他物品。

如果申诉人不遵守第一款项下发出的传票，或无合理理由不出席口头询问的，申诉委员会应驳回该申诉。

第112条之十三❸　申诉委员会有权任命一个小组委员会履行任何委托职责，并向申诉委员会报告。

比照第112条之十和第112条之十一的规定适用申诉委员会任命的小组委员会的会议。

第112条之十四❹　申诉委员会成员和申诉委员会任命的小组委员会成员应为《刑法》规定的主管官员。

第112条之十五❺　申诉委员会的决定为最终决定。在随后修正决定的情况下，修正后的决定不具有追溯效力，除非最终判决导致申诉委员会的决定被修正，在这种情况下，经授权的主管官员应仅对案件当事人执行与追溯处罚有关的判决。

第112条之十六❻　附加关税或已付关税的现金保证金不足的，除非申诉人从署长或其授权的人获得批准，以等待对申诉的决定或判决，否则申

---

❶　通过海关法（No.17）B.E.2543第8条增加。

❷　同❶。

❸　同❶。

❹　同❶。

❺　同❶。

❻　同❶。

海关法 B. E. 2469

诉人按照第112条之六的规定提出申诉的，不能成为延迟支付由主管官员评定的关税的理由。在此情形下，申诉人应视具体情况，在收到申诉决定之日起或从最终判决通知之日起三十日内支付税款。

根据申诉决定需缴纳附加关税的，申诉人应在与第一款中规定的期限相同的期限内缴纳附加关税。

第112条之十七❶ 申诉委员会的申诉决定应以书面形式发送给申诉人。

第112条之十八❷ 申诉人有权在收到申诉决定之日起三十日内向法院提起诉讼，对申诉委员会的决定提出申诉，申诉委员会按照第112条之十二的规定驳回申诉的情况除外。

第112条之十九❸ 任何人不遵守申诉委员会或主管官员按照第112条之十二的规定发出的传票，应处六个月以下监禁或五万泰铢以下罚金，或二者并罚。

第113条 所有装运报单、账目、账簿、记录或任何描述的文件均应以泰语或英语编制并妥善保存。严格按照本法的规定，否则按本法要求所做的任何装运报单、账目或其他记录均不视为有效。需要对货物数量进行分类和命名的，应严格按照官方进出口账目进行分类和命名。每个单独类别的价格和装运报单中的总价格余额应以泰币表示。所有原始装运报单中的包装数量应使用文字表示，而副本中的包装数量可使用数字表示。除非装运报单上记录了法律规定的表格所要求的全部细节及进口商或代理人的规定声明，否则主管官员不接受任何装运报单。

第113条之二❹ 对于正在通过或已经通过署长指定的营业地点或其他地点处海关的任何物品，进口商、出口商、船舶代理人、此类人的代理人或署长指定的相关人员自货物进口或出口之日起不少于五年时间内有责任保存和维护与此类人使用的任何形式账目、文件、证据和数据。

---

❶ 通过海关法(No.17)B. E. 2543 第8条增加。
❷ 同❶。
❸ 同❶。
❹ 通过海关法(No.17)B. E. 2543 第9条增加。

第一款中规定的个人或法人终止营业的，在营业终止之日起两年内，该个人或法人或该法人的清算人有责任将账簿、文件、证据和数据保存在署长指定的地点。

署长有权规定第一款中规定的个人有责任保存和维护的文件种类，包括保存和维护此类账目、文件、证据和数据的规则、程序和条件。

任何人不遵守第一款或第二款，或违反或不遵守第三款规定的规则、程序和条件，应处以六个月以下的监禁或五万泰铢以下的罚金，或二者并罚。

第114条❶ 任何主管官员均可要求出示与任何正在通过或已通过海关的货物有关的任何发票、舱单、提单、收据簿、记录或其他文件，以检查或核实已提交给海关署的任何装运报单、证书、声明或详细资料，如果拒绝出示，故意拒绝遵守主管官员要求的人应被处以十万泰铢以下的罚金。

第115条❷ 当根据本法或任何与海关有关的法律要求提交或出示任何证书、声明、申报、记录或其他数据时，拒绝向主管官员出示此类资料的任何人，或在合理期限或规定时间内忽略按照法律规定的形式出示此类证书、声明、申报、记录或其他数据的任何人，应被处以十万泰铢以下的罚金。

第115条之二❸ 如果有正当理由怀疑存在违反本法或与海关有关的其他法律的任何规定的行为，则署长或署长授权的人员，或署长授权的主管官员或署长以书面命令授权的人员负有检查职责，并具有下列权力：

（1）白天期间或在官方工作时间内，进入进口商、出口商、船舶代理人、此类人的代理人或相关人的营业地点，或与此类人有关的其他地点。在这种情况下，还应有权命令此类人或此类地点的其他人执行检查所需的任何行动。

（2）向进口商、出口商、船舶代理人、此类人的代理人或参与进口或出口的人员询问事实或要求其出示任何形式账目、文件、证据或数据或与犯罪有关的其他物品。

---

❶ 经海关法（No. 19）B. E. 2548 第 4 条修订。

❷ 同❶。

❸ 经海关法（No. 17）B. E. 2543 第 10 条修订。

（3）扣押或查封任何形式账目、文件、证据或数据，或可用于证明违反本法或与海关有关的其他法律的其他物品。

任何人妨碍或不遵守署长或署长授权的人或主管官员根据第一款发出的命令，应处以一年以下的监禁或十万铢以下的罚金，或二者并处。

第115条之三❶　如果有正当理由怀疑或发现本法或其他海关法规定的犯罪行为，主管官员应有权进行与犯罪有关目的的调查，命令进口商、出口商、船舶代理人、此类人的代理人或参与进口或出口的人员提供口头陈述或事实或书面陈述，或命令此类人发送任何形式账目、文件、证据和数据或与犯罪有关的其他物品以供检查，此类人应从收到命令之日起不超过七天的时间内提供上述资料。

任何人违反或不遵守第一款的规定，应处以一年以下的监禁或十万泰铢以下的罚金，或二者并处。

第115条之四❷　如果根据本法应受处罚的犯罪者是法人、董事、执行合伙人或负责该法人经营的人，应受到对该违法行为规定的处罚，除非可证明该违法行为是在其不知情或不同意的情况下发生的，或其在防止该违法行为中采取了合理行动。

第115条之五❸　在署长履行职责时，署长授权的人或本法规定的主管官员应得到有关人员的一切合理协助。

任何人不根据第一款协助主管官员的，应被处以两万泰铢以下的罚金。

第115条之六❹　在根据本法履行职责时，署长、署长授权的人或主管官员应向有关人员出示其身份证件。

身份证件应符合署长规定并在《政府公报》上公布的格式。

第116条❺　当署长认为合适时，可在支付部长在部长令中规定的费用后，签发任何证书、条目或文件及账目或非保密声明的副本。

---

❶　经海关法(No.17)B.E.2543第10条修订。

❷　同❶。

❸　同❶。

❹　同❶。

❺　经海关法(No.10)B.E.2483第4条修订。

第 117 条　应由进口商或出口商执行下面活动：货物的装载、卸载、运输和起货、将货物运输到检查地点、必要或允许的称重、计量、打开包装、重新包装、散装、分类、分装、标记和编号，将货物运输到适当地点的仓库，直至正式交付，相关费用由进口商或出口商承担。海关署对货物在海关署保管和监管期间所遭受的非因故意行为或未履行职责而造成的任何损害不承担责任。

第 118 条　所有装有货物的箱子或包装都应标有标记和编号，且此类标记和编号应记录在与此类货物有关的所有单据上。

第 119 条❶　任何人犯下本法规定的罪行，且本法或任何其他法律未对此类罪行规定其他处罚的，应处五万泰铢以下罚金。

第 120 条　本法与其他现行法案或通告的规定不一致的，优先适用于涉及海关的所有事务。将来生效的法案或通告不视为废除、限制、改变或撤销本法下的权力，此类新法案或通告明确表达此类意图的除外。

第 121 条　本法应同样适用于货物的进出口或跨越泰国领土边界的任何种类贸易，如同适用于海上贸易一样。

本法的词汇或术语尽管适用于海运，但本法下所有的规定、要求和处罚应尽可能适用于陆路贸易，且此类词汇或术语应视具体情况，表示且包括火车、车辆、运输工具、牲畜、飞机、海关边检站、规定用作税务检查站的机场，或任何时候为实现本条目的而使用的其他适用于陆地或空中交通的类似词汇或术语。

第 122 条❷　财政部长负责和掌管本法的执行，并有权发布部长令，规定海关的法定假日和法定工作时间，确定费用、收费、许可证费、表单费用、差旅费，及根据材料规定履行任何职责所涉及的任何事项。

本条第一款的部长令自《政府公报》上公布之日起生效。

于 B. E. 1926 年 7 月 30 日通知。

---

❶　经海关法（No. 19）B. E. 2548 第 4 条修订。
❷　经海关法（No. 10）B. E. 2483 第 7 条修订。

货物进出口法 B. E. 2522

国王普密蓬·阿杜德（Bhumibol Adulyadej）

签署于佛历 2552 年（即现王朝 34 年）4 月 30 日

泰国国王普密蓬·阿杜德（Bhumibol Adulyadej）非常高兴地宣布：

鉴于目前适合修订关于特定货物的进出口管制法律；

因此，经泰国议会提议和通过，国王颁布法律如下：

第 1 条 本法称为"货物进出口法 B. E. 2522"。

第 2 条 本法自《政府公报》上公布之日起生效。

第 3 条 以下法律予以废除：

（1）特定货物进出口管制法 B. E. 2482；

（2）特定货物进出口管制法（No. 2）B. E. 2487；

（3）特定货物进出口管制法（No. 3）B. E. 2490。

本法指定的所有法律、规则和规章，或与本法的规定相抵触或不一致的法律、规则和规章，均将由本法取代。

第 4 条 本法规定：

"出口"是指将货物带出或送出泰国；

"进口"是指将货物带入或送入泰国；

"主管官员"是指为执行本法由部长任命的政府官员；

"部长"是指负责和掌管本法实施的部长。

第 5 条 在经济稳定、公共利益、公共卫生、国家安全、公序良俗或其他国家利益所必需或适当的情况下，经部长委员会批准，商业部长有权在《政府公报》上就下列任一事项发布通告：

（1）明确规定禁止出口或进口的货品；

（2）明确规定在出口或进口前须取得许可证的货物；

（3）明确规定出口或进口货物的类别、种类、质量、标准、数量、体积、尺寸、重量、价格、商品名称、标志、商标、原产地以及出口或进口货物的国家；

（4）明确规定应缴纳出口或进口附加费的货物类别和种类；

（5）明确规定出口或进口货物应具有原产地证书、质量证书或国际公约或贸易惯例规定的其他证书；

（6）明确规定用于按照本法制定进出口规章的其他事项。

比照第一款的规定适用对本条下通告的任何修订或废止。

第6条 经部长委员会批准，商业部长有权规定附加费率，包括修订、更正或废除进出口附加费率的权力。

附加费可规定以现金或其他财产的形式支付。

附加费的征收和支付程序应符合商业部规定的规则。

第7条 根据第5条第（2）项之规定，在明确规定任何需要出口或进口许可证的货物的通告发布后，任何人员不得出口或进口此类货物，除非已从商业部长或其委托人员处获得许可证。

许可证的申请和授予应符合部长令规定的规则、程序和条件。

第8条 设立"对外贸易委员会"（Foreign Trade Committee，FTC），由商业部常务秘书担任主席，成员包括内贸局局长、商务关系局局长、审计署总审计长、海关署署长、商务经济司司长、农业司司长、工业促进局局长、投资委员会秘书长、食品和药品委员会秘书长和泰国银行行长。

外贸司司长将成为FTC成员兼秘书，FTC可任命其他人员为助理秘书。

外贸司负责开展FTC工作。

第9条 FTC拥有下列权力和职责：

（1）经商业部长批准后，制定FTC管理规则或规章；

（2）开展与国际贸易相关的研究、分析和调查，并向部长提出促进国际贸易的项目、计划或措施；

（3）为部长执行本法提供建议或意见。

第10条 FTC所有会议的法定人数为不得少于全体委员人数的1/2。

如果主席未出席会议或无法履行职责，出席会议的成员应在参会者中选择一人主持会议。

第 11 条 会议决定应以多数票表决方式通过。

每一名委员享有一票投票权。票数相同时，会议主席额外享有决定性一票。

第 12 条 FTC 有权任命一个小组委员会，负责开展活动或审议在委员会权力和职责范围内的事项。

第 10 条和第 11 条的规定参照适用于小组委员会会议。

第 13 条 商业部内设立周转基金，称为国际贸易促进基金，资助与促进国际贸易相关的费用，组成范围如下：

（1）按照第 6 条的规定征收的附加费；

（2）来自政府或其他国内或国际来源或国际组织或其他人员的资金和其他财产；

（3）基金产生的利息。

第一款下资金和其他财产应属于该基金，无须作为国家财政收入汇入国库。

基金收益的管理和分配规则与程序应符合商业部长经部长委员会批准后制定的规章。

第 14 条 商业部长有权将该基金的收益存入国有银行的存款账户并收取由此产生的利息，或购买政府债券。

第 15 条 财政部长有权在《政府公报》上发布通告，明确规定泰国境内可按照本法规定出口或进口货物的港口或地点。

第 16 条 海关法和海关法规定的海关官员在检查货物和防止走私、搜查、扣押和没收、逮捕犯罪者、虚假申报和法律诉讼也适用于本法规定的进出口。

第 17 条 主管官员在执行本法时，拥有下列权力和职责：

（1）有理由怀疑发生本法规定的犯罪行为的，在工作时间或在进出口商或任何人员的办公室、生产场所或仓库的办公时间内，进入这些场所或任何车辆，以搜查或检查货物；

（2）要求进出口商或任何相关人员提供有关文件或证据；

（3）有理由怀疑发生本法规定的犯罪行为的，下令没收或扣押与犯罪有关的文件或物品，以供法律诉讼所用；

（4）有理由相信报表或账目、文件或其他证据可能有助于调查本法规定的犯罪行为的，要求任何人员提供此类报表或账目、文件或其他证据。

所有相关人员应为主管官员履行职责提供适当便利。

第 18 条　主管官员在履行本法下的职责时，应向相关人员出示身份证件。

主管官员的身份证件应采用部长令规定的格式。

第 19 条　任何人要求主管官员：

在节假日或正式工作时间以外，或在其正常工作地点以外（无论是否在工作时间内）履行本法下的职责，应按照部长令规定的费率向执行此类职责的主管官员支付费用，并向主管官员支付实际发生且必要的差旅费。

第 20 条　任何人出口或进口第 5 条第（1）项规定的违禁货物或违反第 7 条第一款规定的，应处十年以下监禁或相当于出口或进口货物价值五倍的罚金，或二者并罚，并没收相关货物，包括集装箱和用于运输货物的车辆和拖车。

在犯罪者被捕的情况下，法院应根据检察官提出的建议，将法院没收货物的净销售收益的 30% 奖金给举报人，并将没收货物销售净收入的 25% 奖金给执行逮捕的官员，或在没有证物或证物无法出售的情况下，从法院收到的罚金中扣除这些奖金。

无举报人的，应将法院没收货物销售净收入的 30% 奖金给执行逮捕的官员，或在证物未被没收或无法出售的情况下，从法院收到的罚金中扣除此项奖金。

如果举报人或实施逮捕的官员为多人，则应由他们平均分配奖金。

在有证物但未逮捕犯罪者的情况下，经商业部长批准，外贸司司长有权从归属于国家的证物净销售收益中支付奖金，奖金金额不得超过本条规定比率。

第 21 条　任何人出口或进口货物而未按照第 6 条的规定缴纳附加费或

作出任何导致缴纳的附加费少于正常数额的行为的，应处一年以下监禁或两万泰铢以下罚金，或二者并罚。

第 22 条 任何人违反或不遵守按照第 5 条第（3）项、第（5）项或第（6）项颁布的通告的，应处一年以下监禁或两万泰铢以下罚金，或二者并罚。

第 23 条 任何人阻碍或未向履行第 17 条下职责的主管官员提供便利的，或违反或未遵守主管官员按照第 17 条的规定发布的命令的，应处六个月以下监禁或一万泰铢以下罚金，或二者并罚。

第 24 条 根据特定货物进出口管制法颁布的所有皇家法令、部长令、通告和规章，在本法生效之日仍在实施的，只要不与本法相抵触或不一致，应继续有效，被按照本法规定颁布的部长令、通告或规章取代的除外。

第 25 条 商业部长和财政部长负责和掌管本法的实施，有权任命主管官员，制定部长令，规定不超出附表上确定的费用，规定其他事务，并发布执行本法的通告。

本条第一款的部长令和通告自《政府公报》上公布之日起生效。

会签人：

S. Hotrakitya

副总理

（Taksapol Chiemwichitra）

国务委员会办公室

贸易竞争法 B.E.2542

国王普密蓬·阿杜德（Bhumibol Adulyadej）

签署于佛历2542年（即现王朝54年）3月22日

泰国国王普密蓬·阿杜德（Bhumibol Adulyadej）非常高兴地宣布：

鉴于目前适合修订《固定价格及反垄断法》中规定的反垄断规则来制定竞争法；

本法中包含的有关限制公民人身权利和自由的内容均符合《泰国宪法》第29条、第31条、第35条、第36条、第45条、第48条和第50条之规定；

因此，经泰国议会提议和通过，国王颁布法律如下：

第1条 本法称为"贸易竞争法 B.E.2542"。

第2条 本法自《政府公报》上公布之日起生效。

第3条 本法规定：

"企业"是指农业、工业、商业、金融、保险和服务业的企业，包括部长令规定的其他企业；

"金融"是指商业银行法规定的商业银行业务、从事金融、证券和信贷业法规定的金融和信贷机构业务、证券法和证券交易法规定的证券业务；

"企业经营者"是指入境泰国的分销商、分销生产商、订购商或进口商分销或购买商品进行生产或再分销，或业务过程中的服务提供商；

"商品"是指能够使用或消费的物品，包括物品的所有权凭证；

"服务"是指通过委托的方式获得工作，授予或许可使用任何财产或任何企业的任何权利或利益，以换取金钱报酬或其他利益，但不包括雇用服务；

"价格"是指商品价格，包括提供服务的报酬；

"具有市场支配地位的企业经营者"是指任何商品或服务市场中的一个或多个企业经营者,其市场份额和销售量高于委员会在部长会议的批准下根据市场竞争情况规定的并在《政府公报》上公布的市场份额和销售量;

"委员会"是指竞争委员会;

"成员"是指竞争委员会的成员;

"秘书长"是指竞争委员会秘书长;

"主管官员"是指由部长任命、根据本法行事的政府官员;

"部长"是指负责和掌管本法实施的部长。

第4条 本法不适用于下列机构:

(1)中央行政、省级行政或地方行政;

(2)预算编制法规定的国营企业;

(3)法律承认的以经营有利于农民这一职业的企业为目标的农民团体、合作社或合作协会;

(4)部长令规定的企业,此类部长令可规定全部或部分豁免本法任何特定条款的适用。

第5条 商业部长负责和掌管本法的执行情况,就金融企业而言,商业部长和财政部长须共同负责和监督,有权任命主管官员,颁布实施本法的部长令,并根据本法发布通告。

此类部长令自《政府公报》上公布之日起生效。

第一章 竞争委员会

第6条 设立竞争委员会,商业部长担任主席,商业部常务秘书担任副主席,成员包括财政部常任秘书以及部长委员会任命的不少于八名但不超过十二名具备法律、经济学、商务、工商管理或公共管理领域专业知识和经验的适格人士,其中至少一半成员须来自私营企业,秘书长担任委员会成员兼秘书。

根据第一款任命适格成员应符合部长令规定的规则和程序。

第7条 获委任为成员的适格人士不得是政治官员、担任政治职务者、执行成员或担任政党管理职务者。

第 8 条 委员会拥有下列权力和职责：

（1）在根据本法颁布部长令时，向部长提供建议；

（2）发布通告，规定视为具有市场支配地位的经营者的任何市场业务份额和销售量；

（3）根据第 18 条第（5）项的规定审议投诉；

（4）根据第 19 条第（3）项的规定，制定有关收集和提取商品作为检查或分析样品的规则；

（5）根据第 26 条第二款发布通告，规定市场份额、销售量、资本额、股份数或资产额；

（6）根据第 30 条和第 31 条下令暂停、停止、纠正或变更企业经营者的活动；

（7）发布通告，规定按照第 35 条的规定申请许可企业合并或发起联合削弱或限制竞争的形式、规则、程序和条件；

（8）审议按照第 35 条的规定提交的企业合并或发起联合削弱或限制竞争的许可申请；

（9）邀请任何特定人士提供事实、解释、建议或意见；

（10）监督和敦促调查小组委员会对本法规定的违法行为进行调查；

（11）制定主管官员为实施本法而开展工作的规则；

（12）履行法律规定的属于委员会权力和职责的其他行为；

（13）受害人按照第 55 条的规定提出申诉的，按照申诉请求考虑是否提起刑事诉讼。

第 9 条 第 6 条下适格成员的任期为两年。

现任成员在第一款规定的任期届满时，如尚未任命新成员，任期届满的适格成员应继续任职，直至新成员获委任为止。

任期届满的适格成员可连任，但不得超过两届。

第 10 条 行政程序法 B.E.2539 第 75 条、第 76 条、第 77 条、第 78 条、第 79 条、第 80 条、第 81 条、第 82 条和第 83 条的规定比照适用于适格成员的任命、离任和成员会议。出现第 7 条下情形时，适格成员应离任。

第 11 条　委员会可任命一个小组委员会，负责审议任何相关事宜并提供建议，或执行委任下的任何行动，并就行动编写报告提交委员会。

第 12 条　委员会应任命一个或多个特设小组委员会，各小组委员会包括不少于四名但不超过六名具备法律、科学、工程学、药理学、农业、经济学、商业、会计学或工商管理等不同领域专业知识和经验的适格人士，内贸局代表担任成员兼秘书。

特设小组委员会应选举一名成员担任主席。

第 13 条　特设小组委员会的职责是按照委员会的委托，审议下列事宜并向提供意见：

（1）处理涉及第 25 条、第 26 条、第 27 条、第 28 条和第 29 条所述市场支配、企业合并、削弱或限制竞争的行为的事宜；

（2）根据第 37 条的规定，审议企业合并或发起削弱或限制竞争的许可申请；

（3）应委员会要求审议的其他事宜及受委员会委托采取的其他行动。

就本法而言，特设小组委员会可就本法的执行向委员会提供意见或建议。

特设小组委员会在执行第一款规定的行动时，有权书面传召相关人员提供陈述或提交文件或任何支持审议的证据。

第 14 条　委员会应任命一个或多个调查小组委员会，各小组委员会须分别包括一名具备刑事案件知识及经验的警官和检察官。此外，还包括不超过四名具备经济学、法律、商业、农业或会计学知识和经验的人士，内贸局代表担任成员兼秘书。

调查小组委员会有权和有义务对本法规定的犯罪行为进行调查和询问，并在调查和询问结束后向委员会提交意见供进一步审议。

调查小组委员会应选举一名成员担任主席。

第 15 条　在履行本法规定的职责时，委员会成员和第 14 条规定的调查小组委员会成员应享有与刑事诉讼法规定的调查官员相同的权力和职责。

第 16 条　委员会向检察官提交起诉意见的，视具体情况由委员会主席代替泰国警察总长或府尹行使对检察官根据刑事诉讼法下达的不起诉令提出异议的权力。

第 17 条　第 9 条和第 10 条的规定比照适用于小组委员会、特设小组委员会和调查小组委员会。

第二章　竞争委员会办公室

第 18 条　在商业部内贸局设立竞争委员会办公室，内贸局局长担任秘书长，是负责办公室公务的高级官员，权力和职责如下：

（1）执行委员会、申诉委员会和委员会下属小组委员会的行政任务；

（2）制定竞争委员会办公室的工作规章；

（3）监督企业经营者的动向和行为，并向委员会报告；

（4）研究、分析和调查商品、服务及商业行为，并就防止市场支配、企业合并及削弱和限制企业经营中的竞争向委员会提供建议和意见；

（5）按照委员会制定的并在《政府公报》上公布的规章规定，受理任何人提出有关违反本法的投诉，经初步审议再提交委员会；

（6）负责与政府机关或相关机构协调，履行本法项下职责；

（7）执行委员会的通告、规章和决议，及委员会、申诉委员会或委员会下属小组委员会委托采取的其他行动。

第 19 条　主管官员在执行本法时，拥有以下权力：

（1）书面传召任何人提供陈述、事实或书面解释，或提供支持调查及审议的账目、记录、文件或任何证据；

（2）遇下列情况的，主管官员无须搜查令即可进入企业经营者或任何人的营业场所、生产场所、分销场所、采购场所、仓库或服务场所，或合理怀疑违反本法规定的其他场所，检查是否符合本法规定，或搜查和扣押在本法下可予没收的证据或财产，或逮捕犯罪者：

（a）正在场所内公开实施重大犯罪的；

（b）重大犯罪嫌疑人在追捕期间躲避，或有充分理由怀疑其藏匿在场所内的；

（c）合理怀疑在本法下可予以没收的证据或财产藏匿于场所，并有合理理由认为与该违法行为有关的证据或财产会因延迟签发搜查令而被转移、隐藏、销毁或改变原状的；

（d）被逮捕者是该场所的所有人，且有逮捕令的，或符合无须逮捕令亦能逮捕的情形的；

为实现上述目的，主管官员有权向企业经营者或相关人员调查事实或要求其提供账目、记录、文件或其他证据，或命令在上述场所的人员采取必要行动；

（3）按照委员会制定的并在《政府公报》上发表的规则规定，收集或提取合理数量的商品作为检查或分析样品，而无须缴付此类商品的费用；

（4）扣押文件、账目、记录或证据，以供在本法下进行审查和起诉使用。

第 20 条 主管官员履行其职责时，相关人员应提供合理的协助。

第 21 条 主管官员履行其职责时，应向相关人员出示身份证明。

身份证明应符合部长在《政府公报》中规定的形式。

第 22 条 主管官员应根据第 13 条第三款、第 19 条第（1）项或第 44 条第（3）项的规定，于日出至日落期间或传票收件人的工作时间内，将传票送达其住所或营业场所，或以挂号信寄出，并要求其确认收到传票。

主管官员按照第一款的规定送达传票，但传票收件人无正当理由拒绝接收传票的，主管官员应要求行政官员或警官一同前往，当场留下传票。如果主管官员未能在传票收件人的住所或营业场所与其见面，可将传票送达在该住所或营业场所居住或工作的任何个人。如果送达现场无人或无人同意代表传票收件人接收传票，则主管官员应在作为证人陪同前往的行政官员或警官在场的情况下，将传票张贴在该住所或营业场所的显著位置。

主管官员执行第一款或第二款项下的行动时，应视为传票收件人已收到传票。张贴送达传票的，自传票张贴之日起五日后即视为收到传票。以挂号邮寄送达并要求回执的，自收到传票之日起五日后即视为收到传票。

第 23 条 执行本法时，成员、申诉委员会成员或小组委员会成员、秘书长和主管官员应视为刑法典下规定的官员。

第 24 条 为逮捕本法下规定的犯罪者，主管官员拥有与刑事诉讼法规定的行政官员或警官相同的权力。

凡正在公开实施犯罪行为的,或出现刑事诉讼法允许行政官员或警官在未获得逮捕令时实施逮捕的任何情况,可以在无逮捕令的情况下逮捕犯罪者。

第三章　反垄断

第 25 条　具有市场支配地位的经营者不得有以下行为:

(1) 不合理地确定、维持商品购销价格或服务费;

(2) 不合理地直接或间接设定强制性条件,要求作为其客户的其他企业经营者限制服务、生产、购买或分销商品,或限制从其他企业经营者处购买或销售商品、接受或提供服务、获取信贷的机会;

(3) 无正当理由中止、减少或限制服务、生产、采购、分销、交付或进口,或毁坏或损坏商品,以减少商品数量,使其低于市场需求;

(4) 无正当理由干预他人的企业经营活动。

第 26 条　企业经营者不得进行委员会规定并在《政府公报》上公布的可能导致垄断或不公平竞争的企业合并,委员会许可的除外。

根据第一款规定,委员会发布的公告须指明企业合并所涉及的市场份额、销售量、资本、股份或资产的最低金额或数量。

第一款规定的企业合并应包括:

(1) 生产商之间、分销商之间、生产商与分销商之间和服务提供商之间的合并,最终仅保留或新设一个实体,其他公司终止;

(2) 收购其他企业的全部或部分资产,从而控制其企业管理政策、行政和管理;

(3) 收购其他企业的全部或部分股份,从而控制其企业管理政策、行政和管理。

根据第 35 条的规定,企业经营者应向委员会提交第一款下规定的许可申请。

第 27 条　任何企业经营者不得与其他经营者达成协议,以下列任何一种方式在任何特定商品或特定服务市场实施等同于垄断、削弱竞争或限制竞争的行为：

（1）将商品或服务的销售价格设定为单一价格或协议价格，或限制商品或服务的销售量；

（2）将商品或服务的购买价格设定为单一价格或协议价格，或限制商品或服务的购买量；

（3）订立协议，以期支配或控制市场；

（4）以串通方式设定协议或条件，使一方取得商品或服务的投标或招标，或阻止一方参与商品或服务的投标或招标；

（5）设定每个企业经营者可分销或限制分销商品或服务的地理区域，或确定每个企业经营者可向其销售商品或提供服务的客户，排除其他企业经营者参与分销此类商品或服务的竞争；

（6）设定每个企业经营者可购买商品或服务的地理区域，或确定企业经营者可向其购买商品或服务的人员；

（7）设定每个企业经营者可生产、购买、分销或提供的商品或服务的数量，限制其数量低于市场需求；

（8）将商品或服务的质量降低至低于既往生产、分销或提供的水平，无论销售价格是相同还是更高；

（9）指定或委托任何人作为同一商品或服务或同类商品或服务的独家分销商或供应商；

（10）设定购买或分销商品或提供服务的条件或惯例，以实现统一或商定的惯例。

如果出于商业目的有必要在某一特定时期内实施第（5）（6）（7）（8）（9）或（10）项规定的行为，经营者应按照第35条的规定向委员会提交许可申请。

第28条 企业经营者与泰国境外的企业经营者有业务联系的，不论是基于合同，还是通过政策、伙伴关系、持股或任何其他类似形式，均不得实施任何行为，使居住在泰国境内并购买商品或服务用于个人消费的人直接从泰国境外企业经营者处购买商品或服务的机会受到限制。

第 29 条　企业经营者不得实施任何不自由、不公平竞争的行为，不得实施任何破坏、损害、妨碍、阻碍或限制其他企业经营者的经营活动，或阻止他人开展经营活动或导致其停业的行为。

第 30 条　委员会有权发出书面命令，要求市场占有率超过 70%、具有市场支配地位的企业经营者中止、停止或改变其市场占有率。为此，委员会可对此类企业经营者需遵守的规则、程序、条件和时限作出规定。

第 31 条　如果委员会认为企业经营者违反了第 25 条、第 26 条、第 27 条、第 28 条或第 29 条的规定，委员会有权发出书面命令，要求企业经营者中止、停止、纠正或改正此类行为。为此，委员会可对此类企业经营者需遵守的规则、程序、条件和时限作出规定。

企业经营者收到第一款项下命令后，有异议的，可按照第 46 条的规定提起申诉。

委员会已依第一款发出命令的，企业经营者不得以此为由向委员会提出索赔。

第 32 条　委员会根据第 31 条审议相关个案时，须给予相关企业经营者、特设小组委员会成员、调查小组委员会成员或相关主管官员有合理机会作出解释和提交支持证据。

委员会按照第 31 条的规定发出命令时，须就事实问题和法律问题说明发布该命令的理由，并由审议该案件的成员签名。

根据第二款规定发出的命令通告应在委员会命令下达之日起七日内执行，第 22 条比照适用。

第 33 条　根据第 31 条收到命令的人必须遵守该命令，除非法院或申诉委员会作出判决或发布命令，暂停执行该命令或撤销委员会的命令。

第 34 条　如果法院判决任何企业经营者犯有第 25 条、第 26 条、第 27 条、第 28 条或第 29 条项下的违法行为，法院应发布命令，要求企业经营者中止、停止、纠正或改变此类行为。

第四章 申请许可和申请审议

第 35 条 任何希望根据第 26 条或第 27 条第（5）（6）（7）（8）（9）或（10）项申请实施许可的企业经营者，应按照委员会规定的并在《政府公报》上公布的形式、规则、程序和条件提交申请。

最低申请要求：

（1）理由充分，并详述申请的必要性；

（2）详述申请的预期过程；

（3）详述申请时限。

第 36 条 委员会应在收到第 35 条所述申请之日起九十日内完成对该申请的审议；但必须给予企业经营者、特设小组委员会成员或相关主管官员合理机会作出解释和提交支持证据。

有合理理由而不能在第一款规定的时间内完成审议的，委员会可批准延期，但不得超过十五日，并在审议和裁决期间记录延期的理由和必要性。

第 37 条 委员会经过调查认为企业经营者在第 35 条下提交的申请是合理的业务需要、有利于企业发展、不会严重损害经济、不影响普通消费者的物质利益和应有利益的，应发布书面命令，给予该企业经营者许可。但如果委员会作出不予许可的裁决，应及时书面通知企业经营者。

根据第一款的规定，委员会在授予许可时，可设定获得许可的企业经营者应遵守的时间或任何条件；如果委员会认为审议所依据的经济形势、事实或行为有改变的，可随时修改、补充或撤销该时间或条件。

企业经营者收到委员会命令且有异议的，可按照第 46 条的规定提起申诉。

第 38 条 根据第 37 条下达给予或拒绝许可的命令时，委员会必须说明有关事实问题和法律问题的相应理由，且该命令应带有审议申请的成员签名，第 32 条第三款的规定比照适用。

第 39 条 按照第 37 条的规定获得许可的企业经营者必须在委员会允许的范围、期限和条件内开展业务。

委员会有权就违反或未遵守第一款规定的情形，按照第 37 条的规定全部或部分撤销许可令，并要求企业经营者限期遵守此类规定。

第五章　提起赔偿诉讼

第 40 条　任何人违反第 25 条、第 26 条、第 27 条、第 28 条或第 29 条的规定遭受他人伤害的，受害者有权提起诉讼，要求违法者赔偿损失。

根据第一款的规定提起索赔诉讼时，消费者保护委员会或根据消费者保护法成立的协会，可视具体情况，代表消费者或协会成员提起索赔诉讼。

第 41 条　如果受害人在知道或者应当知道受到伤害之日起一年内，没有根据第 40 条的规定向法院提起赔偿诉讼，则丧失向法院提起该诉讼的权利。

第六章　申　诉

第 42 条　设立申诉委员会，成员包括经部长委员会任命不超过七名具备法律、经济学、工商管理或公共管理领域知识和经验的适格人士。

申诉委员会成员应再选举一名成员担任主席。

内贸局局长应任命内贸局的政府官员担任秘书和助理秘书。

第 43 条　任何人获委任为申诉委员会成员的，不得担任第 7 条下的职务，亦不得是委员会成员。

第 44 条　申诉委员会拥有下列权力和职责：

（1）制定在第 47 条第一款下提起申诉的规则及程序；

（2）审议和裁决按照第 31 条或第 37 条的规定对委员会命令提出的申诉；

（3）书面传召相关人员提供陈述意见或提交文件或任何支持审议申诉案件的证据；

（4）按照第 31 条或第 37 条的规定发布暂停执行委员会命令的命令。

第 45 条　申诉委员会成员的任期为四年。

委员会成立之初，两年任期届满时，通过抽签选取申诉委员会的三名成员离任，通过此类方式离任应视为任期届满离任。

第 9 条第三款和第 10 条的规定比照适用于申诉委员会。

第 46 条 任何人收到委员会的命令后，拟按照第 31 条或第 37 条的规定对该命令提起申诉的，应在知悉该命令之日起三十日内向申诉委员会提出申诉。

第 47 条 申诉委员会应制定并在《政府公报》上公布有关申诉的规则和程序。

申诉委员会应在收到申诉之日起九十日内审议该申诉并作出裁决，并将裁决书面通知申诉人，第 36 条和第 38 条的规定比照适用。

申诉委员会的决定为最终决定。

申诉委员会对申诉作出裁决时，委员会和企业经营者应遵守该决定。

第七章 处 罚

第 48 条 凡不遵守特设小组委员会、主管官员或申诉委员会，视具体情况按照第 13 条第三款、第 19 条第（1）项或第 44 条第（3）项的规定发出的书面传票，应处三个月以下的监禁或五千泰铢以下罚金，或二者并罚。

第 49 条 凡阻碍主管官员按照第 19 条第（2）（3）或（4）项或第 22 条的规定履行职责的，应处一年以下监禁或两万泰铢以下罚金，或二者并罚。

第 50 条 凡未按照第 20 条的规定向主管官员提供协助，应处一个月以下监禁或两千泰铢以下罚金，或二者并罚。

第 51 条 任何人违反第 25 条、第 26 条、第 27 条、第 28 条或第 29 条的，或不遵守第 39 条规定的，应处三年以下监禁或六百万泰铢以下罚金，或二者并罚；如果屡犯，双倍惩处。

第 52 条 凡不遵守委员会按照第 30 条或第 31 条的规定发布的命令或申诉委员会按照第 47 条的规定作出的裁决，应处一至三年监禁或两百万至六百万泰铢罚金，并在整个违法期间每天处不超过五万泰铢罚金。

第 53 条 凡披露有关企业经营者业务或经营的信息的，根据企业经营者的正常交易过程，此类信息属限制性机密信息，且披露者是在执行本法的过程中获取或知悉该信息的，应处一年以下监禁或十万泰铢以下罚金，或二者并罚，执行政府公务期间或出于调查或审讯目的而披露的除外。

凡通过第一款所述人员获取或知悉任何事实，以可能对任何人造成伤害的方式披露此类信息的，应承担相同程度的刑罚。

第 54 条 根据本法规定应受处罚的为法人，法人的常务董事、管理合伙人或负责经营法人所属企业的人员亦应对违法行为承担法律规定的刑罚，能够证明不知道该违法行为或该违法行为未经其同意，或其已采取合理行动加以阻止的除外。

第 55 条 第 51 条和第 54 条所述罪行的受害人不得自行提起刑事诉讼，但可按照本法规定向委员会提出申诉，供其审议。

第 56 条 本法规定的所有可处以罚金或不超过一年监禁的罪行，委员会均有权结案。委员会在行使此类权力时，可委托一个小组委员会、秘书长或一名主管官员代其行事。

犯罪者已在规定期限内缴纳规定数额罚金的，应予以结案。

附属条款

第 57 条 凡企业经营者在本法施行之日因合理原因已实施第 27 条（5）（6）（7）（8）（9）或（10）项下行为，应于本法施行之日起九十日内提出申请，申请提交后，企业经营者可继续实施第 27 条（5）（6）（7）（8）（9）或（10）项下行为，直至收到申请的审议结果通知。

会签人
Chuan Leekpai 先生
总理

于 1999 年 3 月 15 日《政府公报》第 116 卷第 22b 部分中公布。

泰国传统医药知识保护促进法 B. E. 2542

国王普密蓬·阿杜德（Bhumibol Adulyadej）

签署于佛历 2542 年（即现王朝 54 年）11 月 19 日

泰国国王普密蓬·阿杜德（Bhumibol Adulyadej）非常高兴地宣布：

鉴于目前适合设立泰国传统医药知识保护促进法；

本法中包含的有关限制公民人身权利和自由的内容均符合《泰国宪法》第 29、35、48 和 50 条之规定。

因此，经泰国议会提议和通过，国王颁布法律如下：

第 1 条 本法称为"泰国传统医药知识保护促进法 B. E. 2542"。

第 2 条 本法自《政府公报》上公布之日起一百八十日届满时生效。

第 3 条 本法规定：

"泰国传统医药知识"是指与传统泰医相关的基础知识和能力；

"传统泰医"是指以世代相传的知识或资料为基础，与检查、诊断、治疗、护理、生产、预防、促进恢复人类或动物健康以及传统泰式按摩相关的医学流程，也包括传统泰药的生产和医疗器械的发明；

"传统泰医资料"是指书写或记录在泰国书籍、棕榈叶、石碑或其他材料中，或是未被记录但世代相传的，且与传统泰医相关的技术知识；

"传统泰药"是指直接从草药中获取的药物，或从调配、混合或炮制的草药中获取的药物，包括药品相关法律规定的泰国传统药物；

"传统泰药配方"是指记载有传统泰药成分和生产工艺的泰药配方；

"草药"是指植物、动物、细菌、矿物或动植物提取物，经过炮制、混合、调配或直接用于药物或食物以诊断、治疗、护理或预防疾病，或者促进人类或动物的健康。其含义还包括产品的产地；

"受管制草药"是指由部长通告确定为受管制草药的草药；

"保护区"是指法律规定的国家保护林和其他用于保留和保护自然资源的保护区；

"原始提取物"是指未经掺杂的天然提取物或经化学反应而取得的新物质；

"粗炮制"是指通过传统、现代工艺，对草药进行混合、调配得到的未经提纯或分离的初步产品；

"传统泰药配方或泰医资料继承人"是指从泰药发现者、改良者或开发者处习得传统泰药配方或泰医相关资料的人，或是从他人处习得前述配方或资料的人；

"权利人"是指根据本法规定注册了泰国传统医药知识产权的人；

"销售"是指出售、处置、分配或交换，或以销售为目的的占有；

"出口"是指带出或输出到国外；

"炮制"是指调剂、转变或改变草药的品质；

"成员"是指泰国传统医药知识保护促进委员会的成员；

"委员会"是指泰国传统医药知识保护促进委员会；

"许可证颁发人员"是指常务秘书或常务秘书指定的人；

"注册官"是指国家级注册官或省级注册官；

"主管官员"是指许可机构、注册官以及部长指定的负责执行本法的人；

"常务秘书"是指卫生部常务秘书；

"部长"是指掌管本法实施的部长。

第 4 条 卫生部部长负责掌管本法的实施，并有权任命主管官员，发布部长令以规定各类收费标准，发布与本法实施有关的规则和各类通告等。

部长令、细则和通告自《政府公报》公布之日起生效。

第一章 泰国传统医药知识保护促进委员会

第 5 条 设立泰国传统医药知识保护促进委员会，由卫生部常务秘书担任主席，成员包括医疗服务局局长、知识产权局局长、畜牧局局长、林业局局长、农业局局长、医药科学局局长、食品和药物管理局秘书长、环境政策和规划办公室秘书长、医药注册部门主任，以及部长从执业者中选拔任命的同等数量的从业人员，上述从业人员具有与传统泰医、传统泰药的生产或销售以及草药种植与炮制相关的知识、能力和经验。泰国传统医学协会会长担任委员会成员和秘书。

根据前款规定选拔的从业人员应符合部长令的规定。

第 6 条 委员会拥有下列权力和职责：

（1）部长根据本法规定发布部长令、规则或通告时，为其提供咨询意见或建议；

（2）促进和发展泰国传统医药知识的应用；

（3）为加强政府机构、国有企业、社区和非政府组织之间的稳定与协作，以保护和促进泰国传统医药知识建言献策；

（4）根据第 39 条第三款的规定，批准撤销泰国传统医药的知识产权注册；

（5）审议注册官或许可机构根据本法规定作出的命令或决定；

（6）制定关于提出和审议申诉、注册泰国传统医药知识产权、管理和安排基金收益与支出，以及其他与保护和促进泰国传统医药知识相关的工作的标准和程序；

（7）实施本法或其他法律规定的委员会有权开展的其他活动；

（8）执行部长分配的其他任务。

第 7 条 部长任命的从业人员的任期为两年，自任命之日起计算。根据第 5 条第二款的规定，如果从业人员在其任期结束前离职，部长可任命另一名具有同等资格的人作为从业人员，新任命者的任期为被接替成员的剩余任期。

任期届满离任的从业人员可被重新任命。

第 8 条 除第 7 条规定的任期届满时离任外，有以下情形的，视为从业人员离任：

（1）死亡；

（2）辞职；

（3）破产；

（4）变成无行为能力或限制行为能力人；

（5）因玩忽职守，或滥用职权的行为被部长免职；

（6）经终审判决后被监禁，但因过失导致的违法行为或轻微违法行为除外；

（7）依标准授予的执业资格丧失。

第 9 条 委员会会议的参会人数不得少于总成员数的一半。

委员会主席未能出席委员会会议的，须从成员中选择一人主持会议。

会议决定以多数票通过的方式进行表决。每名成员享有一票投票权。票数相同时，会议主持人员应享有额外的决定性投票权。

第 10 条 委员会有权任命小组委员会，负责讨论或执行委员会指派的工作。

小组委员会可在必要时进行人员调整和变动。

第 11 条 委员会和小组委员会在依本法履行各项职责时，有权命令当事人提交证据，供委员会和小组委员会考虑。

第 12 条 卫生部常务秘书办公室下设泰国传统医学协会，该协会负责促进泰国传统医药知识的教育、培训、研究和开发工作，并负责委员会的行政和技术工作。

第 13 条 泰国传统医学协会会长为国家级注册官，省级卫生局长为省级注册官。

第二章 泰国传统医药知识保护与促进

第 14 条 受本法保护的泰国传统医药知识产权包括传统泰药配方和传统泰医资料。

第 15 条 泰国传统医学协会负责汇编全国各地与传统泰药配方和泰医资料相关的泰国传统医药知识信息以便用于知识产权注册。

前款传统泰药配方和泰医资料的知识产权注册应符合委员会规定。

第 16 条 泰国传统医药知识产权分为以下三种类型：

（1）国家级传统泰药配方或泰医资料；

（2）公共传统泰药配方或泰医资料；

（3）私人传统泰药配方或泰医资料。

第 17 条 部长有权发布通告，将有益于医疗或公共卫生或具有特殊医疗或公共卫生价值的传统泰药配方或泰医资料确定为国家级传统泰药配方或泰医资料。

前款发布的通告应符合部长令的规定。

第 18 条 部长有权发布通告，将已被广泛使用或第 33 条下知识产权已过期的传统泰药配方或泰医资料确定为公共传统泰药配方或泰医资料。

前款发布的通告应符合部长令的规定。

第 19 条 意图使用国家级传统泰药进行药品注册并申请生产许可，或希望将其用于研究改进或开发新的药物配方以获取商业利益，或希望研究与传统泰药相关的国家级资料以开发新药和获取商业利益的，应向许可机构提交申请并支付相关费用。

前款各项行为应符合部长令的规定。

第 20 条 根据第 16 条第（3）项的规定，私人传统泰药配方或泰医资料可通过注册的方式获得知识产权保护，依本法规定向注册官申请注册后可对其进行改良。

前款各项行为应符合部长令的规定。

第 21 条 按照第 20 条的规定注册知识产权保护的，应当具有泰国国籍，并应具备下列资格：

（1）传统泰药配方或泰医资料的发明者；

（2）传统泰药配方或泰医资料的改良者或开发者；

（3）传统泰药配方或泰医资料的继承者。

第 22 条 存在下列情形的，禁止注册传统泰医知识产权：

（1）药物配方属于国家级传统泰药配方或传统泰医资料，或属于公共传统泰药配方或泰医资料；

（2）药物配方是在非医学基础上开发的私人传统泰药配方，例如使用植物、动物或微生物等非天然提取物，或使用非粗炮制的炮制方法开发。

第 23 条 泰国传统医药知识产权注册申请不符合第 20 条第二款下发布的部长令要求的，申请人应在收到修改要求之日起三十日内按要求进行修改。

未在前款规定期限内进行有效修改的，注册予以撤销。

第 24 条 审查申请后，如果注册官认为申请人符合第 21 条规定的资格，且该申请不属于第 22 条禁止的注册事项，注册官应立即在注册处和地方管理组织办事处公布该申请。

第 25 条 多人共同申请泰国传统医药知识产权注册的，注册官应指定审查日期，并通知所有申请人。

前款规定的审查过程中，注册官可要求任一申请人接受进一步问询或提供更多信息或文件。在完成审查并由常务秘书作出决定后，注册官应将决定通知所有申请人。

前两款各项行为应符合部长令的规定。

第 26 条 不同申请人对同一泰国传统医药知识产权提出注册申请的，在先提交申请的人享有注册权。不同申请人同时对同一泰国传统医药知识产权提出注册申请的，各申请人必须在注册官规定的期限内商定是否由一人对注册享有完整权利，或是否由各申请人共同享有平等权利。如果未在注册官规定期限内达成一致的，当事方应在注册官规定期限结束之日起九十日内将案件提交法院。未在规定期限内向法院提交案件的，注册申请将予以撤销。

第 27 条 注册申请经审查后，注册官认为申请人不符合第 21 条规定资格，且申请的泰国传统医药知识产权属于第 22 条禁止的注册事项的，注册官应驳回注册申请，并在驳回之日起三十天内通知申请人。

第 28 条 注册申请人对第 27 条中注册官的驳回结论提出申诉，且委员会判定注册官有误的，注册官应继续完成申请程序。

第 29 条 根据第 24 条规定提交的注册申请公布后，任何人认为公布的泰国传统医药知识产权权利应属于其本人的，应在公布之日起六十日内向注册官提出异议并提交证据。

第 30 条 注册官有权要求申请人及异议人在作出裁定前，提交理由或证据，以供综合考虑。

注册官对注册申请作出裁定后，应于裁定之日起三十日内通知申请人和异议人，说明裁定结果及理由。

第 31 条 公示期满无人提出异议的，或已对异议作出最终裁定，确定权利归属的，注册官应向申请人或权利归属方发出授予泰国传统医药知识产权的决定。

注册官按照前款规定发出授予决定后，应发函通知申请人或权利归属方，申请人或权利归属方应于收到通知之日起三十日内缴纳注册费，逾期未缴纳的，注册申请予以撤销。

泰国传统医药知识产权注册证书采用部长令规定的格式。

第 32 条 如果常务秘书按照第 25 条第二款的规定裁定多人共同拥有注册权，或多人申请注册同一产品并共同拥有泰国传统医药知识产权，或法院按照第 26 条的规定对泰国传统医药知识产权的共同所有权作出了最终裁决，则相关各方均享有同等注册权。

相关各方在泰国传统医药知识产权的联合注册中，应共同拟定协议书，说明如何共同分享注册权，并将该协议书连同注册申请一并提交给注册官。

第 33 条 泰国传统医药知识产权保护期为权利人终身及死后五十年。

根据第 32 条的规定，共同拥有注册权的情况下，权利有效期为权利人终身，及最后死亡的权利人死后五十年。

第一款或第二款规定的期限届满时，部长将按照第 16 条第（2）项的规定在《政府公报》上发布公告，将传统泰药配方或泰医资料指定为公共传统泰药配方或泰医资料。

第 34 条 权利人将对药品生产拥有唯一所有权，并对传统泰药配方的研究、传播、改良或开发享有独占权。

第一款的规定不适用于以下情况：

（1）根据部长规定的规章，任何有利于研究、测试的行为；

（2）根据泰国传统医药知识产权权利人的处方制备的制剂；

（3）生产供家庭使用的药品，或由国立医院或政府或国家机构生产供国立医院使用的药品，或在国立医院治疗患者时使用传统泰医资料，但须符合部长颁布的规则。

第 35 条　泰国传统医药知识产权不得转让，继承除外。

依继承取得泰国传统医药知识产权的，应在权利人死亡后二年内向注册官提出注册申请。

如果在第二款规定的期限内未对通过继承方式取得的泰国传统医药知识产权申请注册，则权利终止，并执行第 33 条第三款的规定。

第 36 条　权利人有权许可他人享有第 34 条下规定的权利。

前款中的权利使用许可应符合部长令的规定。

第 37 条　有以下情形的，注册官有权撤销泰国传统医药知识产权的注册：

（1）权利人滥用权利，违反公序良俗的；

（2）权利人违反或不遵守注册官在注册该泰国传统医药知识产权时提出的条件或限制的；

（3）权利人行使的权利可能对已注册的泰国传统医药知识产权造成严重损害的。

第 38 条　当事人或检察官有权向法院提起诉讼，要求撤销违反第 21 条或第 22 条规定，以不当方式注册的泰国传统医药知识产权。

第 39 条　注册官按照第 37 条的规定撤销泰国传统医药知识产权注册之前，应展开调查并通知权利人，权利人可在收到通知之日起三十日内提供相关解释。

根据前款规定展开调查时，注册官可允许有关各方作出解释或提供证据进行说明。

注册官在完成调查后，认为应撤销泰国传统医药知识产权注册的，应向委员会提出撤销申请。委员会批准撤销泰国传统医药知识产权的注册后，注册官应发出命令并在发出命令之日起三十日内向权利人发函说明决定及其理由。

第 40 条　根据第 39 条规定，被撤销注册的权利人可在泰国传统医药知识产权注册被撤销之日起一年期满后，按照第 20 条的规定重新申请注册。

第 41 条　取得泰国传统医学知识产权许可的人在行使其权利时违反公

序良俗的，或违反本法第36条第二款规定的，或在其行使权利时可能对已注册的泰国传统医药知识产权造成严重损害的，注册官有权撤销其许可。

撤销泰国传统医药知识产权许可的过程应符合部长令的规定。

第 42 条 在根据第 41 条规定撤销许可前，注册官应发函通知泰国传统医药知识产权的权利人在收到信函之日起十五日内作出声明，并参照适用第 39 条第二款的规定。

当注册官下令撤销泰国传统医药知识产权许可时，将于撤销命令发布之日起三十日内发函通知权利人和取得泰国传统医药知识产权许可的人。

第 43 条 任何人拥有其他国家国籍的，如果同意拥有泰国国籍的人享受泰国传统医药知识产权，则可按照本法的规定申请在其所在国家注册当地传统医药知识产权保护。

第三章 草药的保护

第 44 条 为了保护草药，部长应根据委员会的建议在《政府公报》上发布通告，说明具有学习和研究价值、具有重要经济意义，或者可能灭绝的受管制草药的种类、特征和名称。

第 45 条 为保护受管制草药，部长应根据委员会的建议，在《政府公报》上发布以下通告：

（1）明确规定需要告知注册官的持有、使用或运输受管制草药的数量；

（2）明确规定按照第（1）项进行告知的程序及条件；

（3）明确规定持有、使用或运输中受管制草药的程序及条件；

（4）明确规定学习和研究受管制药物的程序及条件；

（5）明确规定为商业和非商业目的出口受管制草药，或为商业目的销售或炮制受管制草药的程序及条件；

（6）明确规定关于保护、防止或减少可能对受管制草药造成损害的其他要求。

第 46 条 任何人不得研究、出口或为商业目的销售或炮制受管制草药，已取得许可证的除外。

前款所述许可证的申请和颁发应符合部长令的规定。

前两款所属许可证的有效期截止于许可证签发后第三年的 12 月 31 日。

第 47 条 根据第 46 条的规定签发的许可证许可范围涵盖被许可人的雇员或代表。

被许可人的雇员或代表的行为将视同被许可人的行为,被许可人能够证明该行为是在其不知情或无法控制的情况下实施的除外。

第 48 条 第 46 条的规定不适用于由国家机关对受管制草药开展的研究,但此类机关必须通知注册官,并遵守部长在第 45 条第(4)项下提出的规定。

第 49 条 被许可人应当在第 46 条下许可证有效期届满前提出续期申请,被许可人在提交申请后,可继续经营其业务,直至拒绝续期。

许可证的续期申请及其许可应符合部长令的规定。

第 50 条 根据第 46 条规定签发的许可证丢失或损毁的,被许可人应当在获悉许可证丢失或损毁之日起三十日内申请更换许可证。

许可证更换的申请和颁发应符合部长令的规定。

第 51 条 《政府公报》上发布受管制草药的通告当日,任何人持受管制草药的数量超过部长通告的数量的,应根据本法要求,在通告规定的期限内将其持有受管制草药的情况告知注册官。

第 52 条 如果第 46 条下被许可人未遵守本法或根据本法制定的部长令、规则或通告,许可机构有权暂时吊销其许可证,吊销期限每次不超过九十日。

被许可人被暂时吊销许可证的,应当停止许可证允许的所有行为,且不得在吊销期限内申请本法规定的其他许可证。

第 53 条 被许可人被暂时吊销许可证后,又遵守本法的规定或本法颁布的部长令、规则或通告的,许可机构有权在规定期限届满前撤回关于暂时吊销许可证的命令。

第 54 条 如果第 46 条下被许可人未遵守本法或本法下颁布的部长令、规则或通告的规定,并犯有严重过失,则许可机构有权撤销许可证。

被许可人被撤销许可证的,应当停止许可证允许的所有行为,并自许可证撤销之日起两年内不得申请本法规定的其他许可证，许可机关可签发其认为适当的其他许可证。

第 55 条　根据第 52 条作出的暂时吊销许可证的命令及第 54 条作出的撤销许可证的命令，须采用书面形式通知被许可人。如果无法送达被许可人或被许可人拒绝接受通知文件，则应将通知文件张贴在规定地点，自张贴之日起，视为被许可人已确认收到通知。

第 56 条　被许可人的许可证按照第 54 条的规定撤销的，可在通知书送达之日起六十日内，将管有的受管制草药出售给其他被许可人或许可机构认为适当的其他人。被许可人提起申诉的，前述期限自委员会作出决定之日起计算，许可机构延长该期限的除外，但最长不得超过六十日。

第 57 条　为了保护草药和草药在生态系统中的天然原产地，或为了保护指定保护区内的生物多样性，部长根据理事会的建议制订"草药保护计划"，并提交部长委员会批准。

草药保护计划可分为短期计划、中期计划和长期计划，且必须包括以下有关事项的工作计划和程序：

（1）为了保护自然资源或草药价值或为了不影响草药原产地的自然、生态系统或生物多样性，依据相关政府机关的规定，提出允许某人进入法律规定保护区的条件；

（2）制定处理程序，特别是关于处理草药原产地的程序，并规定相关政府机关的职责和责任，以实现最大协同效益，从而有效保护该地区的自然、生态系统、生物多样性和草药价值；

（3）对草药及其原产地开展调查和研究，协助制定关于保护草药及其原产地的程序；

（4）进入保护区进行检查、跟踪和分析，以便于计划的制订和相关法律的执行。

上述草药保护计划应在《政府公报》上公布。

第 58 条　根据第 57 条规定制订草药保护计划时，主管官员有权进入指定保护区，在其他有关国家机构的支持和协调下对草药及其原产地进行检查和研究。

第 59 条 根据第 57 条公布草药保护计划后，保护区的保护和管理工作应根据草药保护计划和相关法律展开。

第 60 条 保护区管理不当的，或存在不利于草药保护相关问题的，或造成草药或草药原产地毁坏需立即处理的，有关国家当局无权立即处理此危机或不能解决相关问题时，部长应在理事会的建议下，提议部长委员会允许卫生部在必要且适当的情况下，按照第 57 条所述草药保护计划采取保护行动，控制和解决相关问题。

第 61 条 如果草药原产地的自然生态系统或生物多样性遭到破坏或受到人类影响，或因过度采摘导致该地区草药濒临灭绝，或为了增加在该地区管理、开发和利用草药的公众参与度因而未将该地区划定为保护区的，部长有权按照委员会的建议发布部长令，将该地区划定为草药保护区。

根据前款规定划定草药保护区时，该土地不得为私人所有或合法占有的土地。

第一款中的部长令将随附平面图，标明划定为草药保护区的土地面积。

第 62 条 第 61 条下发布部长令应至少包含以下一项或多项保护措施：

（1）对草药的使用应保护其生态价值，或不影响该地区的自然生态或生物多样性；

（2）禁止任何可能危害或影响该地区生态系统或生物多样性变化的行为；

（3）对草药保护区实施严格的管理措施，并规定国家职责和责任领域，在保护自然资源和维护该地区的草药价值或生态系统生物多样性方面同心协力、通力合作；

（4）规定必要的和适合该地区环境的其他保护措施。

第 63 条 草药保护区内的土地不得为任何人所有或占有，不得种植作物或搭建任何建筑，不得砍伐、移除、焚烧或毁坏树木或其他植物，不得破坏生物多样性或生态系统，不得挖掘矿物、石材、土壤或更改水道，不得实施任何污染环境或导致水路、溪流、运河、池塘泛滥或干涸的行为，不得实施对草药造成危害的行为，但经许可机构准许，为保护草药或使用草药而管理该地区的行为除外。

根据第一款规定申请和颁发许可证应符合部长令的规定。

根据第一款规定签发的许可证，有效期截至许可证签发后第三年的 12 月 31 日。

第 64 条 为支持私营机构参与草药的保护、促进和发展，草药原产地的土地或用于种植草药的土地的所有人或占有人有权向注册官登记土地，以获得本法规定的援助或支持。

前款注册事宜应符合部长令的规定。

第 65 条 根据第 64 条规定注册的土地的所有人或占有人有权获得部长颁布的规则中规定的援助或支持。

第四章 保 护

第 66 条 如果注册官驳回按照第 27 条的规定提出的泰国传统医药知识产权注册申请，则注册申请人有权在收到注册官命令之日起三十日内向委员会提起申诉。

第 67 条 如果注册官按照第 30 条第二款的规定就申请人的知识产权注册权利作出决定，申请人或异议人视具体情况，有权在收到注册官决定之日起三十日内向委员会提起申诉。

第 68 条 如果注册官按照第 39 条第三款的规定下令撤销泰国传统医药知识产权注册，权利人有权在收到注册官通知之日起三十日内向部长提起申诉。

部长的决定为最终决定。

根据第一款的规定提出申诉的，泰国传统医药知识产权注册许可的撤销命令应继续执行。

第 69 条 如果注册官按照第 41 条的规定下令撤销泰国传统医药知识产权的许可，被许可人可在收到注册官通知之日起三十日内向委员会提起申诉。

根据前款规定提出申诉的，泰国传统医药知识产权注册许可的撤销命令应继续执行。

第 70 条 如果许可机构按照第 52 条的规定下令暂时吊销许可证或第 54 条的规定下令撤销许可证,被许可人有权在收到注册官通知之日起三十日内向委员会提起申诉。

根据前款规定提出申诉的,暂时吊销或撤销许可证的撤销命令应继续执行。

第 71 条 根据第 66 条、第 67 条、第 69 条及第 70 条的规定,委员会作出的决定为最终决定。

第 72 条 申诉和审议申诉的程序应遵守部长令的规则和程序。

第五章 主管官员

第 73 条 主管官员在履行职责时,有权:
(1) 在工作时间内进入任何场所检查;
(2) 怀疑存在违反本法情形的,有权于日出至日落期间或在工作时间内,检查任何场所或车辆;如果有合理理由相信延迟签发搜查令可能导致与犯罪相关的文件或产品被转移、隐藏或销毁,且在规定的时间内不能完成检查,则可继续实施检查不受时间限制;
(3) 没收或扣押与违法行为相关的文件或产品,以供案件诉讼使用;
(4) 在有合理理由相信声明、文件或证据有助于找到或证明本法下违法行为的证据的情况下,有权要求任何人接受问询或提交相关文件或证据;
(5) 有权要求任何人搬离草药保护区或停止任何违反第 63 条的规定的行为。

主管官员履行以上职责时,有关各方应为主管官员提供必要的便利。

第 74 条 主管官员在履行职责时必须出示身份证件。

主管官员的身份证件应采用由部长规定的并在《政府公报》上公布的格式。

第 75 条 主管官员根据本法规定履行职责时,视为刑法规定的官员。

第六章　泰国传统医药知识保护基金

第 76 条　卫生部常务秘书办公室下设"泰国传统医药知识保护基金"作为周转基金，用于支付与保护和促进泰国传统医药知识工作有关的费用。

基金包括下列资产：

（1）国家补贴；

（2）来自国内外私营机构、外国政府或国际组织的资金或财产；

（3）从基金中取得的利息和收益；

（4）从基金运作中取得的其他收入。

根据财政收支法和预算程序法，该基金的收入无须上交财政部。

卫生部常务秘书办公室负责保管该基金的资产，并根据本法规定提取基金中的资金。

基金的管理、收益管理和资金使用应符合委员会规定，并经财政部批准。

第七章　处　罚

第 77 条　违反按照第 11 条和第 6 条第（5）项任命的委员会或小组委员会的命令，或按照第 39 条第二款规定任命注册官的命令，或按照第 73 条第（4）项任命主管官员的命令的，应处一个月以下监禁或两千泰铢以下罚金，或二者并罚。

第 78 条　违反第 19 条、第 46 条、第 52 条第二款、第 54 条第二款或第 63 条第一款的规定，或不遵守第 73 条第（5）项规定的主管官员命令的，应处一年以下监禁或两万泰铢以下罚金，或二者并罚。

第 79 条　违反第 51 条的，应处六个月以下监禁或一万泰铢以下罚金，或二者并罚。

第 80 条　违反根据第 62 条第（2）项颁布的部长令规定的保护措施的，应处两年以下监禁或四万泰铢以下罚金，或二者并罚。

第 81 条 不按照第 73 条第二款规定为主管官员提供便利的，应处两千泰铢以下罚金。

第 82 条 根据本法规定应承担责任的违法人员是法人的，法人的常务董事、经理或代表人亦应接受处罚，能证明该常务董事、经理或代表人不知悉或未同意该法人行为的除外。

会签人：
Chuan Leekpai
总理

收费标准

（1）受管制草药研究许可证或其续期	10 000 泰铢/次
（2）为商业目的销售、出口或炮制受管制草药的许可证或其续期	10 000 泰铢/次
（3）管理草药保护区或在该保护区内将草药用于商业用途的许可证或其续期	10 000 泰铢/次
（4）更换第（1）（2）或（3）项下许可证或执照	10 000 泰铢/次
（5）草药产地注册证书	10 000 泰铢/次
（6）更换草药产地注册证书	10 000 泰铢/次
（7）根据第 19 条规定使用国家传统泰药配方或国家传统泰医的许可证	10 000 泰铢/次
（8）针对泰国传统医药知识产权注册的异议书	10 000 泰铢/次
（9）泰国传统医药知识产权注册证书	10 000 泰铢/次
（10）更换泰国传统医药知识产权注册证书	10 000 泰铢/次
（11）根据本法申请或延续许可证或执照或申请注册	10 000 泰铢/次

消费者权益保护法 B. E. 2522

国王普密蓬·阿杜德（Bhumibol Adulyadej）

签署于佛历2522年（即现王朝34年）4月30日

泰国国王普密蓬·阿杜德（Bhumibol Adulyadej）非常高兴地宣布：

鉴于目前适合制定一项关于消费品生产的法律；

因此，经泰国议会提议和通过，国王颁布法律如下：

第1条 本法称为"消费者权益保护法 B. E. 2522"。

第2条 本法自《政府公报》上公布之日起生效。

第3条 本法规定：

"购买"包括租用、租购或以任何方式获得金钱报酬或其他价值；

"销售"包括出租、以租购方式销售或以任何方式获得所要求的金钱报酬或其他价值，亦包括要约或邀请作出上述行为；

"商品"是指为销售而生产或拥有的物品；

"服务"是指承诺完成一项工作，授予任何权利，或使用任何财产或业务或赋予其中任何权利的许可，以获得所需的金钱报酬或其他价值，不包括劳动法规定的服务雇用；

"生产"是指制造、混合、制备、组装、发明或改变性质的工作，并包括改造、修改、选择或为重新包装而进行的拆分；

"消费者"是指从经营者处购买或获得服务的人，或由经营者要约或邀请购买商品或获得服务的人，包括正当使用商品或正当获得经营者服务的人，不论他（她）是不是支付报酬的人。

"经营者"是指销售商品的卖方、制造商或进口商，或转售商品的购买者，提供服务的人，包括经营广告业务的人；

"声明"包括以文字、图片、电影胶片、灯光、声音、标志等形式表达的行为，或能够使公众理解其含义的任何行为；

"广告"包括以任何方式使表达为普通人所见或知晓以进行交易的任何行为；

"广告媒介"是指作为广告媒介的事物，例如报纸、印刷品、广播、电视、邮电、电话、招牌等；

"标签"是指与商品有关的说明出现在商品、商品容器或商品包装上，或插入商品、商品容器或商品包装或与之放在一起的图片、设计、纸张或任何其他物品，包括使用文件或手册，或附于或展示于商品或此类商品容器或包装上的标签；

"合同"是指消费者与经营者之间就购买和销售商品或提供和获得服务而达成的协议；

"委员会"是指消费者保护委员会；

"成员"是指消费者保护委员会的成员；

"主管官员"是指部长为本法实施而任命的人；

"部长"是指负责和掌管本法实施的部长。

第4条 消费者享有以下保护权：

（1）对于商品或服务质量获得正确且充分的信息和说明的权利；

（2）自由选择商品或服务的权利；

（3）在使用商品或服务中预期安全的权利；

（3之二）获得公平合同的权利；

（4）要求根据有关此类事项的法律或本法的规定对所受损害进行审议并获得赔偿的权利。

第5条 主管官员在本法下履行职责时，拥有以下权力：

（1）根据委员会规定的规则，清点、称量、测量、检查和收集或免费抽取合理数量的商品作为测试样品；

（2）有理由怀疑有人犯下本法所述罪行的情况下，搜查、扣押或查封不符合本法的商品、商品容器或包装、标签或其他文件，供诉讼所用；

（3）有理由怀疑有人犯下本法所述罪行的情况下，进入任何处所或车辆，以检查商品生产、商品销售或服务，以及检查经营者的账目、相关文件和设备；

（4）向任何人发出传票，要求其作出声明或提交必要的文件和证据，供主管官员综合考虑。

有关人员在履行第一款所述的职责时，应向主管官员提供合理的文件和证据。

第 6 条 主管官员在履行第 5 条第（3）项下的非紧急职责前，应通过书面通知，给处所或车辆拥有人或占用人预留合理时间进行准备，行动则必须在处所或车辆拥有人或占用人在场的情况下作出，该拥有人或占用人不在场的，至少应有主管官员要求的 2 名其他人员在场见证。仅主管官员有权在白天执行第 5 条第（2）项下的搜查。

第 7 条 主管官员根据本法规定履行职责时，必须按照有关人员的要求出示身份证件。主管官员的身份证件应采用部长令规定的形式。

第 8 条 总理负责和掌管本法的实施，并有权为实施本法任命主管官员和颁布部长令。

此类部长令自《政府公报》上公布之日起生效。

第一章　消费者保护委员会

第 9 条 设立"消费者保护委员会"，委员会由总理担任主席，委员包括总理秘书长、总理办公室常务秘书、农业和合作部常务秘书、商业部常务秘书、内政部常务秘书、工业部常务秘书、交通运输部常务秘书、食品和药品委员会秘书长及部长委员会任命的不超过 8 名的适格成员，消费者保护委员会秘书长为委员兼秘书。

第 10 条 委员会拥有下列权力和职责：

（1）对因经营者的行为而受到损害的消费者提出的申诉进行审议；

（2）根据第 36 条规定处理可能对消费者有害的商品；

（3）发布或公开可能损害消费者权益的商品或服务的信息，并可就此具体列明该商品或服务的名称或经营者的名称；

（4）向专责委员会提出建议及意见，并审议及裁定就专责委员会命令所提起的申诉；

（5）制定专责委员会和小组委员会履行职责的规则；

（6）依法审查和推动主管官员、政府机关或其他国家机构履行其权力和职责，推动主管官员就侵犯消费者权利的违法行为所提起的法律诉讼程序；

（7）委员会认为恰当的情况下或有人根据第 39 条的规定提出要求时，对侵犯消费者权利的行为提起法律诉讼；

（8）承认第 40 条所述的协会；

（9）就消费者保护政策和措施向部长委员会提出意见，并按照部长委员会的委托，审议与消费者保护有关的事项并提出意见；

（10）采取法律规定的属于委员会职能的任何其他行动。在履行本条所述职责时，委员会可委托消费者保护委员会办公室执行或编制提案供委员会审议。

第 11 条 部长委员会任命的成员任期三年，即将离任的成员可连任。

第 12 条 除根据第 11 条的规定在任期届满时离任外，遇下列情况的，视为部长委员会任命的成员离任：

（1）死亡；

（2）辞职；

（3）被部长委员会撤职；

（4）破产；

（5）变成无行为能力或限制行为能力人；

（6）终审判决被判处监禁的，但因过失或轻罪的犯罪者除外。

成员在任期届满前离职的，部长委员会可任命其他人接替其职位，被任命者应完整履行被接替成员的剩余任期。

第 13 条 委员会会议上，如果主席未出席或缺席会议，则出席会议的成员应在参加会议的成员中选择一人主持会议。

委员会每一次会议的法定人数为不少于总数一半的成员数。会议决定以多数票通过的方式进行表决。

每名成员享有一票投票权。票数相同时，主持会议的人应享有额外的决定性一票。

第 14 条 应设立以下专责委员会：

广告委员会；

标签委员会；

合同委员会。

专责委员会应由委员会任命的不少于 7 名且不超过 13 名在相关领域具备相应资质的成员组成。

专责委员会成员任期两年，比照第 11 条和第 12 条适用。

受委员会委托，专责委员会拥有本法所述的权力和职责。

第 15 条 委员会和专责委员会可任命一个小组委员会，以审议或执行委员会或专责委员会委托的事项。

第 16 条 第 13 条参照适用于专责委员会和小组委员会会议。

第 17 条 委员会和专责委员会有权命令任何人提交与投诉主题有关的文件或相关信息，或与保护消费者权利有关的其他事项，以供审议。委员会和专责委员会可要求有关人员亲自到场就前文所述事项作出解释。

第 18 条 委员会或专责委员会在履行本法下的职责时，应为被指控或涉嫌实施侵犯消费者权利行为的人士提供提交陈述和表达意见的合理机会，但必要时或紧急情况下除外。

委员会或专责委员会在就本法所述任何事项制定规定或发布命令时，应适当考虑可能对消费者和经营者造成的损害；委员会或专责委员会在认为合理的情况下，可规定执行该命令的临时条件或程序。

第 19 条 设立隶属于总理办公室的消费者保护委员会办公室。

设立消费者保护委员会秘书长一职，其权力和职责是行使一般监督权，并负责履行消费者保护委员会办公室的公务。还可设立副秘书长、助理秘书长，以协助管理办公室事务。

第 20 条 消费者保护委员会办公室应拥有以下权力和职责：

（1）受理消费者因经营者行为遭受困难或伤害而提起的投诉，并进一步将该投诉提交给委员会；

（2）跟踪和审查可能侵犯消费者权利的经营者行为，并安排对其认为适当的商品或服务进行测试或验证，以保护消费者的权利；

（3）鼓励对消费者保护问题进行研究或与其他学术机构和办事处一同研究该问题；

（4）促进和鼓励向各级消费者提供有关商品或服务的安全和风险的教育；

（5）向消费者传播技术信息并提供教育信息，以培养健康的、经济的、最大限度地利用自然资源的消费习惯；

（6）与有权力和责任管控、推动或规定商品或服务标准的政府机关或国家机构合作；

（7）执行委员会或专责委员会委托的其他事务。

第二章 消费者保护

第 21 条 在有任何法律对任何事项作出具体规定的情况下，该任何事项应遵守该法律规定，本法的规定仅在不重复或不违反该规定的情况下适用，除非：

（1）在需要维护消费者整体利益的情况下，法律规定的主管官员在收到专责委员会或委员会书面通知之日起九十日内未按照有关法律规定开展或完成有关程序，且未按照法律规定发布有关消费者保护的命令的，专责委员会或委员会应向总理提交关于根据本章规定发布命令的事项。

（2）就第（1）项的规定而言，对于必要、紧急且不得拖延的事项，专责委员会或委员会应按照本章规定，向总理提交关于审议和发布命令的事项，无须发出书面通知或等待第（1）项中规定的九十日期限届满。法律不包含有关授权主管官员按照本章规定为保护消费者而发布命令的任何规定的，专责委员会有权按照本章规定发布命令，但如果法律已规定一名主管官员时，此时委员会可按照法律规定授权主管官员代表专责委员会行使该权力。按照法律规定就第（2）项所述事项向主管官员授予的权力应在《政府公报》上公布。

第一部分 针对广告的消费者保护

第 22 条 广告不得含有对消费者不公平或对社会产生不良影响的声明；

即使该声明涉及商品或服务的原产地、状况、质量或说明,以及商品或服务的交付、采购或使用。

以下声明应视为对消费者不公平或对社会造成不良影响的声明:

(1) 虚假或夸大的声明;

(2) 会引起对有关商品或服务基本要素的误解的声明,即使基于或参考了任何技术报告、统计数据或任何虚假或夸大的事物;

(3) 直接或间接鼓励实施非法或不道德行为,或对国家文化产生不利影响的声明;

(4) 引起社会不团结或影响社会团结的声明;

(5) 部长令中规定的其他声明。

对于普通人知晓不可能具有真实性的声明,并不会根据第(1)项的规定禁止在广告中使用。

第 23 条 如部长令所规定,广告形式不得有害健康或可能对消费者的身体和精神造成伤害或烦扰。

第 24 条 如果广告委员会认为可能对消费者有害,且标签委员会已宣布该商品为标签管制商品,则广告委员会有权发布以下命令:

(1) 规定该广告必须按照广告委员会所规定的条件制作,并附有关于该用途或有害影响的劝谕或警告,但广告委员会可就不同广告媒介制作的同一则广告,规定不同的条件;

(2) 限制此类商品广告媒介的使用,禁止为此类商品做广告;

(3) 广告委员会认为某一商品的使用违反国家的社会、道德或文化政策的,第(2)项和第(3)项的规定适用于广告。

第 25 条 广告委员会认为,就任何商品或服务而言,消费者有必要了解有关经营者地位和其他详细信息的,广告委员会有权规定此类商品或服务的广告亦须按照广告委员会的规定披露此类事实。

第 26 条 广告委员会认为,消费者应被告知任何广告媒介所用声明是出于广告目的的,广告委员会有权规定,通过此类广告媒介发布的广告必须附有对广告效果的解释,以便公众知晓此类声明是用于广告的。广告委员会可规定任何需要遵守的条件。

第 27 条 广告委员会认为任何广告违反第 22 条、第 23 条、第 24 条第（1）项或第 25 条的，有权发布以下一项或多项命令：

（1）纠正广告的声明方式；

（2）禁止使用广告中出现的某些声明；

（3）禁止该广告或禁止使用该方式进行广告；

（4）根据广告委员会规定的规则和程序，通过广告消除消费者可能产生的误解。

在根据第（4）项发布命令时，广告委员会在制定规则和程序时应考虑消费者的利益和广告商的善意行为。

第 28 条 根据第 22 条第二款第（1）项的规定，如果广告委员会有合理理由怀疑广告中使用的任何声明是虚假或夸大的，其有权发布命令，要求广告商证实其观点。

广告商在广告中提及任何技术报告、研究结果、统计数据、其他机构或个人的证明或资产或事实的，如果广告商无法证实广告中使用的声明，则广告委员会有权按照第 27 条的规定发出命令，该命令须视为广告商知晓或应当知晓该声明为虚假声明。

第 29 条 凡经营者怀疑其广告不符合本法规定的，可在推出广告前向广告委员会提出申请，请求审议该事项并提出意见。在这种情况下，收到申请之日起三十日内，广告委员会应提出意见并通知申请人；否则将视为广告委员会已给予批准，请求提出意见的申请和相应费用应符合广告委员会规定的规则。所收费用作为国家财政收入上缴国库。

广告委员会在第一款下提出的意见，不得视为削弱广告委员会在有合理理由的情况下审查该事项的权力。

根据第一款下的广告委员会的意见作出的任何行为不视为刑事犯罪。

第二部分　标签方面的消费者保护

第 30 条 根据《工厂法》由工厂制造用于销售的商品，及订购或进口至泰国而用于销售的商品，应为标签管制商品。

第一款的规定不适用于标签委员会在《政府公报》上公布而指定的商品。

如果由于某类商品或公众常用商品的使用或其性质可能对健康有害或造成身体或精神伤害，以及此类商品的标签要求可能有助于消费者意识到此类商品并非第一款下所述标签管制商品的重要事实，标签委员会有权在《政府公报》上公布宣称此类商品为标签管制商品。

第 31 条 标签管制商品的标签应：

（1）包含真实声明，且不含对有关此类商品重要事实的误解的其他声明；

（2）包含以下声明：

——视具体情况用于销售的制造商或进口商的名称或商标；

——视具体情况含有的制造地点或经营进口业务的地点；

——表明商品性质的声明；进口商品的，应列明制造国名称；

（3）包含价格、数量、用途、建议、警告等必要声明，及在商品可能过期或在其他情况下为保护消费者权益而规定的有效期；前提是，此类保护应根据标签委员会规定的且在《政府公报》上公布的规则和条件实施。

经营者是标签管制商品销售的制造商或进口商的，应视具体情况在销售前准备该商品的标签，标签包含第一款中的声明。第一款第（2）项及第（3）项中的声明应根据标签委员会规定的且在《政府公报》上公布的规则和程序实施。

第 32 条 除非出于消费者的健康、卫生和安全考虑，否则不得以第 30 条下标签声明的规定为由强迫经营者披露生产中的机密事项。

第 33 条 标签委员会认为任何标签不符合第 31 条的规定时，有权命令经营者停止使用该标签或纠正该标签。

第 34 条 任何经营者怀疑其标签会违反或不符合第 31 条规定的，可向标签委员会提出申请，要求审议该标签并提出意见。在这种情况下，比照第 29 条适用。

第 35 条 为监督和检查与标签管制商品有关的业务活动，部长有权在《政府公报》上发布通告，要求生产此类商品的经营者保有账目、文件和证据，供主管官员检查。

第一款所述的账目、文件和证据的保存方法应在部长令中规定。

第二部分之二 合同方面的消费者保护

第35条之二 在与销售任何商品或提供服务有关的任何业务中，如果法律或惯例要求销售合同或服务合同应以书面形式订立，则合同委员会有权将此类业务确定为合同方面受到管制的业务。

在合同方面受管制的业务中，经营者与消费者之间的合同应当具备下列特征：

（1）约定了必要的合同条款，此类条款若不在合同中约定会对消费者造成不合理的不利影响；

（2）未约定对消费者不公平的合同条款。

在遵守合同委员会规定的规则、条件和细目的前提下，为了消费者的群体利益，合同委员会可以允许经营者按照合同委员会规定的格式编制合同。

合同委员会依据第一款和第二款出台规定，应符合皇家法令规定的规则和程序。

第35条之三 当合同委员会根据第35条之二，规定必须就某种条件约定某合同条款，或者不得就某种条件约定合同条款时，如果该合同未约定此类合同条款，或约定了此类合同条款但未遵守此条件，则该合同应视情况被视为约定了此类合同条款或在规定的条件下约定了此类合同条款。

第35条之四 当合同委员会根据第35条之二，对合同管制业务的合同中不得约定的合同条款做出了规定，若合同约定了此类（禁止性）合同条款，则此类（禁止性）合同条款应视为不存在。

第35条之五 合同委员会有权确定与销售货物或提供服务有关的任何一项业务在收款方面为管制业务。

受控业务的收款凭证，应依下列规定办理：

（1）包含细目和必要说明，此类细目或说明如未提供，则将对消费者造成不合理的不利影响；

（2）不含对消费者不公平的说明。

前提是，其应符合合同委员会规定的规则、条件及细目。

合同委员会依据第一款和第二款出台规定，应符合皇家法令规定的规则和程序。

第 35 条之六 若合同委员会规定管制业务的付款收据应包含第 35 条之五规定的说明或任何有条件的说明或不得包含任何说明,则第 35 条之三和第 35 条之四的规定参照适用于此类收款证据。

第 35 条之七 任何人经营与商品销售或服务提供有关的业务,向消费者承诺提供担保合同的,该合同应以书面形式订立,并由该人或其代理人签字,连同商品或服务一并交付给消费者。

第一款所述的合同以外文制作的,应附有泰文译本。

第 35 条之八 在正常业务过程中或合同委员会在《政府公报》上公布的期限内(以先到时间为准),经营者有义务按照第 35 条之二的规定向消费者交付正确格式的合同,包含合同条款,或按照第 35 条之五的规定向消费者交付具有正确细节和声明的付款凭证。

第 35 条之九 任何经营者怀疑合同格式或付款凭证格式违反或不符合本法的,可要求合同委员会事先对该格式提出意见。在这种情况下,比照第 29 条的规定适用。

第三部分 其他类型的消费者保护

第 36 条 有合理理由怀疑任何商品可能对消费者有害时,委员会可命令经营者对该商品进行测试或验证。经营者未对商品进行测试或验证,或无正当理由拖延此类测试或验证的,委员会可安排验证,费用由经营者承担。

如果测试或验证的结果表明,该商品可能对消费者有害,且可能造成的损害无法通过第 30 条或任何其他法律规定的标签要求来预防,则委员会有权禁止销售该商品。委员会认为合适的情况下,命令经营者按照委员会规定的条件修改商品。商品无法修改或经营者对是否保留商品用于出售有疑问的,委员会有权命令经营者销毁商品或安排商品销毁,费用由经营者承担。

在必要和紧急情况下,如果委员会有理由认为任何商品可能对消费者有害,有权暂时禁止销售该商品,直至根据第一款进行测试或验证。

根据第二款和第三款作出的商品销售禁令应在《政府公报》上公布。

第 37 条 (废除)

第 38 条 (废除)

第 39 条 在委员会认为适合就消费者权利被侵犯而提起法律诉讼的情况下，或在收到权利被侵犯的消费者的投诉时，且委员会认为提起此类法律诉讼对消费者整体有利的情况下，经公诉部门负责人批准，委员会有权任命一名检察官或一名学历不低于法学学士学位的消费者保护委员会官员，该官员有责任向法院对侵犯消费者权利的人士提起民事和刑事诉讼，当委员会通知司法部以便向法院通报这些事项时，消费者保护委员会官员应有权根据委员会的委托提起法律诉讼。

消费者保护委员会官员亦有权在诉讼中为投诉人主张财产或损害赔偿。在此情况下，所有费用都将免除。

第 40 条 任何以保护消费者或反对不公平贸易竞争为目标的协会，且关于协会委员会、成员和运作方法的规定符合部长令中规定条件的，则此类协会可向委员会提出申请，请求承认该协会，使其有权利和权力根据第 41 条提起法律诉讼。

根据第一款提出的申请应符合部长令所规定的规则和程序。根据第一款对协会的承认应在《政府公报》上公布。

第 41 条 在有关侵犯消费者权利的法律诉讼中，为争取损害赔偿，委员会根据第 40 条的规定承认协会有权为保护消费者提起民事和刑事诉讼或任何其他法律诉讼，并有权代表其成员提起诉讼，前提是该协会已获得代表其成员进行索赔的授权书。

在根据第一款提起的法律诉讼中，未经法院批准，协会不得撤销诉讼，法院认为撤销诉讼不会对消费者的整体保护产生不利影响的除外。在此类民事撤销案件或作出判决的情况下，双方只能通过授权成员向法院提交同意书，以书面形式达成协议或妥协。

第 42 条 除遵守《民商法典》和其他法律的规定外，委员会根据第 40 条的规定承认的协会还应遵守委员会规定的规则。

如果委员会根据第 40 条的规定承认的任何协会疑似未遵守委员会规定的规则，或有情况表明该协会疑似恶意向法院提起法律诉讼，委员会有权撤销对该协会的承认。

若根据本条撤销对任何协会的承认，应在《政府公报》上公布撤销情况。

如果根据本法撤销协会的承认后，该协会在法院提起任何法律诉讼，且案件仍在审理中，法院应下令处理该案件。

第三章　申　诉

第 43 条　任何人对专责委员会按照第 27 条或第 28 条第二款的规定发出的命令有异议的，有权向委员会提起申诉。

第 44 条　根据第 43 条的规定，申诉人应在知悉专责委员会命令之日起十日内向委员会提出申诉，专责委员会在就申诉作出决定前已发出相反的临时命令的除外。

委员会的决定为最终决定。

第四章　处　罚

第 45 条　任何人妨碍或未向履行第 5 条下职责的主管官员提供便利或提交陈述意见或交付文件或证据的，应处一个月以下监禁或一万泰铢以下罚金，或二者并罚。

第 46 条　任何人违反委员会或专责委员会按照第 17 条的规定所作出的命令的，应处一个月以下监禁或一万泰铢以下罚金，或二者并罚。

第 47 条　任何人意图就商品或服务的原产地、状况、质量、数量或其他重要事项（无论商品或服务是否属于本人或其他人士）造成误解，而宣传或使用载有虚假声明或已知或应知会造成误解的标签的，应处六个月以下监禁或五万泰铢以下罚金，或二者并罚。

第一款所述犯罪者犯下同样罪行的，应处一年以下监禁或十万泰铢以下罚金，或二者并罚。

第 48 条　任何人在广告宣传中，使用了第 22 条第二款第（3）项或第（4）项所述声明或按照第 22 条第（5）项发布的部长令所述声明，或违反或未遵守第 23 条、第 24 条、第 25 条或第 26 条规定的，应处三个月以下监禁或三万以下泰铢罚金，或二者并罚。

第 49 条 任何人违反广告委员会按照第 27 条或第 28 条第二款的规定发布的命令的，应处六个月以下监禁或五万泰铢以下罚金，或二者并罚。

第 50 条 如果第 47 条、第 48 条或第 49 条所述行为是由广告媒介的所有者或广告商实施，则犯罪者应承担一半的责任。

第 51 条 如果第 47 条、第 48 条、第 49 条或第 50 条所述的违法行为是持续的违法行为，则犯罪者应处每日不超过一万泰铢或不超过整个违法或不合规期间广告费用两倍的罚金。

第 52 条 任何人销售未展示标签、不正确地展示标签的第 20 条所述的标签管制商品，或销售带有委员会已按照第 33 条规定禁用的标签，并且知晓或应当知晓不显示标签或展示此类标签属违法行为的，应处六个月以下监禁或十万泰铢以下罚金，或二者并罚。

第 53 条 任何企业经营者未遵守标签委员会按照第 33 条的规定发布的命令的，应处六个月以下监禁或五千泰铢以下罚金，或二者并罚。

第 54 条 任何人同意制作违反法律规定的标签或在任何商品上张贴违反法律规定的标签以换取报酬的，且知晓或应当知晓此类标签违法的，应处两万泰铢以下罚金。

第 55 条 任何经营者违反第 35 条下颁布的部长令的，应处一万泰铢以下罚金。

第 56 条 任何经营者出售委员会按照第 36 条的规定禁止出售的可能对消费者有害的物品的，应处六个月以下监禁或五万泰铢以下罚金，或二者并罚。

经营者同时是制造商或进口商的，应处五年以下监禁或五十万泰铢以下罚金，或二者并罚。

第 57 条 任何经营者未按照第 35 条之二的规定交付具有合同条款或正确格式的合同条款的合同，或未按照第 35 条之二的规定，在规定时间内向消费者交付包含正确细节和声明的付款凭证的，应处一年以下的监禁或十万泰铢以下罚金，或二者并罚。

任何经营者交付的付款凭证所载金额超过消费者实际支付金额并已收到该付款的，应处一个月以下监禁或五百至一万泰铢罚金，或二者并罚，能证明其本人在开展此类业务时是以合理谨慎的方式行事的除外。

第 57 条之二　经营者违反或不遵守第 35 条规定的，应处一年以下监禁或十万泰铢以下罚金，或二者并罚。

第 58 条　如果一个人在经营者的营业地犯下本法所述的罪行，且该行为是为该经营者利益而实施的，应推定该经营者是共犯，除非经营者能证明，尽管自己已经以合理谨慎的方式行事，但仍然无法预料到该人会犯下此类罪行。

第 59 条　根据本法应受处罚的犯罪者是法人的，法人的董事或经营负责人应受到相应处罚，能证明其本人并未参与该法人所实施的罪行的除外。

第 60 条　凡出于不诚实的意图，临时雇用、长期雇用、请求、唆使或促使委员会根据第 40 条认可的协会在法院对任何经营者提起民事或刑事诉讼，旨在对该经营者造成伤害的，应处六个月以下监禁或五万泰铢以下罚金，或二者并罚。

第 61 条　任何人在履行本法规定的职责时了解或获得任何事实，并披露了通常由经营者保密的有关经营者事务的任何事实的，应处一年以下监禁或十万泰铢以下罚金，或二者并罚，除非此类披露是在履行公务过程中进行，或是为协助调查或审判而进行。

任何人在执行公务或调查或审判时，从第一款所述人士处了解或获得任何事实，并以可能对任何人造成伤害的方式披露该事实的，应处以同样的处罚。

第 62 条　委员会应有权解决本法所述的所有违法行为。因此，委员会亦有权根据其认为合适的规则或条件，将解决案件的权力授予专责委员会、小组委员会、调查官员或主管官员。

根据第一款的规定，如果调查官员发现任何人犯下本法下的罪行，该人同意解决案件，则自该人同意解决案件之日起七日内，调查官员应将案件提交给委员会或获得委员会委托的代理人，以根据第一款解决案件。

犯罪者缴纳所确定的罚金后，即视为结案。

副签人：
S. Hotrakitya
副总理

知识产权和国际贸易法院设立与司法程序法 B. E. 2539

国王普密蓬·阿杜德（Bhumibol Adulyadej）

签署于佛历 2539 年（即现王朝 51 年）10 月 14 日

泰国国王普密蓬·阿杜德（Bhumibol Adulyadej）非常高兴地宣布：

鉴于目前适合制定知识产权和国际贸易法院设立与司法程序法，经泰国议会提议和通过，国王颁布法律如下：

第 1 条 本法称为知识产权和国际贸易法院设立与司法程序法 B. E. 2539。

第 2 条 本法自《政府公报》上公布的次日起生效。

第 3 条 本法规定：

"知识产权和国际贸易法院"是指中央知识产权和国际贸易法院及地方知识产权和国际贸易法院；

"知识产权和国际贸易法案件"是指与知识产权和国际贸易争议相关的民事或刑事案件。

第 4 条 司法部部长应遵守本法规定，并有权发布实施本法的部长令。

部长令自《政府公报》上公布之后生效。

第一章 知识产权和国际贸易法院

第 5 条 设立知识产权和国际贸易法院，开庭时间由皇家法令确定。

中央知识产权和国际贸易法院对整个曼谷、北榄府、沙没沙空府、佛统府、暖武里府和巴吞他尼府的案件拥有管辖权，但也可受理其他所有知识产权和国际贸易案件。

第 6 条　应依法成立知识产权和国际贸易法院，并确定法院的管辖权及所在地。

第 7 条　知识产权和国际贸易法院对以下案件拥有管辖权：

（1）涉及商标权、著作权和专利权的刑事案件；

（2）与《刑法典》第 271 条至第 275 条所述罪行有关的刑事案件；

（3）与商标权、著作权、专利权有关的民事案件及技术转让或许可协议纠纷；

（4）与《刑法典》第 271 条至第 275 条所述罪行相关的民事案件；

（5）与货物贸易和交换或国际金融或国际服务、国际运输、保险及其他相关法律事务有关的民事案件；

（6）与第（5）项下汇款或信托接收人出口资金的活动有关的信用证案件，包括与此类业务有关的保险案件；

（7）与扣留船只有关的民事案件；

（8）与倾销和补贴外国商品或服务有关的民事案件；

（9）与集成电路布图设计、科学发现、商品名称、代表商品原产地的地理名称、商业秘密和植物品种保护有关的民事或刑事案件；

（10）法律规定属于知识产权和国际贸易法院管辖范围的民事或刑事案件；

（11）与第（3）项至第（10）项下的争议有关且不属于少年和家庭法院管辖范围的民事案件。

第 8 条　知识产权和国际贸易法院对案件作出判决后，其管辖范围内的其他任何法院均不得就同一案件再次进行审理。

第 9 条　知识产权和国际贸易法院对案件有管辖权存在争议的，知识产权和国际贸易法院应在案件裁决后，将相关争议提交最高法院院长处理，最高法院院长的决定为最终决定。

第 10 条　地方知识产权和国际贸易法院审理的未决案件，经各方同意，可申请将案件移交给中央知识产权和国际贸易法院，中央知识产权和国际贸易法院有权决定是否受理此类案件。

第 11 条　根据《法院条例》规定，知识产权和国际贸易法院是一审法院，且《法院条例》规定比照适用于知识产权和国际贸易法院。

第二章　知识产权和国际贸易法院法官

第 12 条　司法部长应确定知识产权和国际贸易法院的法官和助理法官。

第 13 条　在中央知识产权和国际贸易法院及地方知识产权和国际贸易法院中，应分别设立一名院长和一名副院长。

第 14 条　根据司法委员会的规则和程序，司法委员会将从知识产权或国际贸易领域的合格人员中任命助理法官。助理法官应精通知识产权和国家及地区贸易的相关事务，具体标准由司法部规定。

第 15 条　根据《司法官员条例》的规定，助理法官应由知识产权或国际贸易方面的合格人员和司法专员组成，并按照部长令的原则和程序遴选，符合以下第（1）项至第（4）项规定的条件，且不得具有第（5）项至第（9）项规定禁止的情形：

（1）拥有泰国国籍；

（2）年龄不小于 30 周岁；

（3）根据司法机关委员会的规定和程序，接受过知识产权和国际贸易法院及其司法职责方面的培训；

（4）具备知识产权和国际贸易专业业务知识；

（5）无不良嗜好且品行端正；

（6）无负债；

（7）未因犯罪受过监禁处罚，过失犯罪或轻微犯罪的除外；

（8）具有正常履行职责的身体条件和心理素质，不得患有司法委员会条例中规定的疾病；

（9）非政治官员、政党委员或政党官员、国会议员、行政人员或曼谷议会成员、地方政府行政人员或地方议会成员、公务员、检察官、警察或律师。

助理法官任期五年，但院长可任命离职人员再次履职。

助理法官必须在中央知识和国际贸易法院院长面前宣誓就职,公正履行职责并遵守保密规定。

第 16 条　遇下列情况的,助理法官可被免除职务:

(1) 任期届满;

(2) 死亡;

(3) 辞职;

(4) 具有第 15 条第(5)项至第(9)项规定禁止的情形;

(5) 连续三次无合理理由不履行职责;

(6) 行为不当。

根据《司法服务条例》规定,经司法委员会批准后,方可对第一款第(2)项或第(3)项规定的情形进行免职处理。

第 17 条　除任期届满外,助理法官职位出现空缺的,院长可任命一名经司法委员会选定的人员填补空缺。原助理法官的剩余任期少于 180 天的,新助理法官的任期为原助理法官的剩余任期。

第 18 条　根据第 17 条的规定,尚未任命助理法官或已任命助理法官但尚未正式就职的,已离任的助理法官应继续履行职责,并有权对其在任时审理的案件作出裁决。助理法官继续履行职责的,自离任之日起不得超过六十日。

第 19 条　根据第 20 条和第 21 条的规定,知识产权和国际贸易法院审判案件,应当至少由两名法官和一名助理法官组成合议庭进行,合议庭评议案件的时候,如果意见分歧,应当按多数人意见作出判决或命令。

第 20 条　知识产权和国际贸易法院的任何法官都有权执行任何诉讼程序或发布任何命令,但无权单独审判或裁决案件。

第 21 条　知识产权和国际贸易法院认为必要时,可委托其他法院或法院工作人员审查证据,并授权其在开庭时或在庭外对证据进行审查。

根据第一款规定,在刑事案件中对公诉方提出证据的审查过程应向被告公开,否则被告无法对单个证人进行交叉询问或反驳其他证据,刑事诉讼法第 172 条第二款另有规定的除外。

第 22 条　中央或地方知识产权和国际贸易法院院长或担任此职务的代

表应确定助理法官的履职行为。

助理法官应履行职责并完成案件的审判，由于受伤或其他不得已的情况无法履行职责的，相关的知识产权和国际贸易法院应安排其他助理法官代为履行职责。

助理法官有权获得病假薪酬、交通津贴、房租、住宿和法令规定的其他报酬。

第 23 条　《民商法典》中关于法官遴选的规定应比照适用于对助理法官的遴选规定。

第 24 条　助理法官是依据《刑法典》规定担任司法职务的官员。

第 25 条　《司法官员条例》中关于司法官员纪律和纪律处理的规定应比照适用于助理法官。

第三章　知识产权和国际贸易法院程序法

第 26 条　知识产权和国际贸易法院审判案件应遵守本法和《法院条例》第 30 条的规定。本法和《法院条例》第 30 条没有规定的，应比照适用民事诉讼法、刑事诉讼法或设立地区法院和地区法院刑事诉讼程序法的规定。

第 27 条　除非出现不可预见且必要的情形，知识产权和国际贸易法院审判案件应连续开庭至庭审结束，不得无故推迟开庭。庭审结束后，知识产权和国际贸易法院应及时对案件作出判决或裁定。

第 28 条　为防止知识产权或国际贸易案件的证据发生灭失或难以提供，或证据在提出之前发生灭失或以后难以提供，当事人可向知识产权和国际贸易法院申请对相关证人及时审查。

法院收到申请后，应传唤申请人和另一方或相关第三方到庭接受询问，并视具体情况予以处理。法院应依法审查证据，并保存相关证据或报告。

第 29 条　当提出上述申请时，在紧急情况下，申请人可立即向知识产权和国际贸易法院申请下令或发出令状，并在法院认为适当的条件下，请求对视为主要证据的文件或物品进行扣押或冻结。

《民事诉讼法》第 261 条至 263 条和第 266 条至第 267 条比照适用于第一款所列情形。

第 30 条 为了推进诉讼程序，兼顾效率和公平，经最高法院院长批准，中央知识产权和国际贸易法院院长有权制定任何推进诉讼程序及规范关键证人的听证程序的规定，但此类规定不得削弱被告获得辩护的权利或限制被告的法定权利。

此类规定经《政府公报》公布后，应强制执行。

第 31 条 知识产权和国际贸易法院可要求合格人员或专家就案件的裁决发表意见，但应确保所有相关方知悉此类意见，且不得剥夺各方要求传唤合格人员、专家就争议进行补充或发表意见的权利。

第 32 条 根据司法部的有关条例，提供专家意见的，有权获得病假薪酬、交通费和住宿费用。

第 33 条 在民事案件中，一方可向知识产权和国际贸易法院提交申请，指定一名居住在该法院辖区内的人员代为接收诉状或文件。

如果一方不在上述法院辖区内居住或就业，则法院可命令该方指定一名居住在该法院辖区的人员，在规定的时间内代为提交和接收诉状或文件。

如果一方未在上述法院辖区内居住或就业，又未遵守上述法院命令，则另一方应向该法院单独提交诉状或文件，并以公告的形式进行送达，相关诉状或文件自公告之日起十五日届满视为送达。

向指定人员送达诉状或文件应采用向本人送达诉状或文件相同的方式，或采用民事诉讼法规定的其他方式。向本人或指定人员送达诉状或文件的，自诉状或文件提交之日起七日届满视为送达；以其他方式送达的，自诉状或文件提交之日起十五日届满视为送达。

第 34 条 在民事案件中，知识产权和国际贸易法院通知任何一方参加听证会，而该方未按时参加听证会的，该方应向法院申请重新指定听证时间。

第 35 条 在刑事诉讼中，一个犯罪行为触犯多项罪名，其中的任何罪名属于知识产权和国际贸易法院的管辖范围的，知识产权和国际贸易法院也应对其他罪名进行裁决。

第 36 条　知识产权和国际贸易法院审理的刑事案件,涉及无管辖权的罪行的,可自行决定是否就此类罪行进行裁决。出于便利性和司法利益原则,原告也可向有管辖权的法院单独提起诉讼。

第 37 条　在本法及知识产权和国际贸易法院确定的期限下,并在知识产权和国际贸易法院认为适当的情况下或当事人的请求下,出于必要和司法利益,知识产权和国际贸易法院有权缩短或延长诉讼期限。

第四章　上　诉

第 38 条　根据本法、民事诉讼法或刑事诉讼法的规定,不服知识产权和国际贸易法院的判决或命令的,应在作出判决或命令之日起一个月内向最高法院提出上诉。

第 39 条　在刑罚较重的刑事案件中,如果被告被判处三年以下监禁或六万铢以下罚款,则不得对判决书中认定的事实提出上诉,以下情况除外:

（1）被告人应被判处监禁或拘留的;

（2）被告被判处监禁,法院准备实施处罚的;

（3）法院认定被告有罪,准备实施处罚的;

（4）被告应被判处 5000 铢以上罚款的。

第 40 条　不得提出上诉的情况下,如果在案件评议中,任何法官提出不同意见且有合理的上诉理由,或公诉方提起上诉时,总检察长或其指定的公诉人提出了合理的上诉理由,则最高法院应接受上诉并继续审议。

第 41 条　民事案件中,争议金额不超过 20 万铢或不超过法令规定金额,且法官提出了不同意见或上诉人有合理的上诉理由的,一方可对事实问题的判决提出上诉;否则,一方对事实问题的判决提出上诉,必须经中央或地方知识产权和国际贸易法院院长的书面批准。

第 42 条　任何法官提出不同意见且当事人有合理上诉理由的,或任何法官没有提出不同意见且当事人无合理的上诉理由的,需向中央或地方知识产权和国际贸易法院院长申请批准的情况下,可向原审法院提交上诉书。原审法院在接到此类上诉书后,应视具体情况,将上诉书及相关陈述意见提交给知识产权和国际贸易法院。

第 43 条 最高法院设立知识产权和国际贸易诉讼司，处理知识产权和国际贸易的上诉案件。

第 44 条 对知识产权和国际贸易法院判决不服上诉至最高法院的，根据法律规定，最高法院有权拒绝受理上诉，但出于司法公正需要，为纠正错误，最高法院可受理此类上诉案件。

第 45 条 本法和民事诉讼法或刑事诉讼法中有关上诉法院和最高法院案件裁决和裁定的规定应比照适用。

过渡章节

第 46 条 根据第 5 条规定，知识产权和国际贸易法院设立后，在审理其管辖范围内的案件时，如果该案件正在其他法院审理，则应继续由其他法院对该案件进行审理，此类案件不视为本法规定的知识产权和国际贸易案件。各方一致同意将案件移交给有管辖权的知识产权和国际贸易法院的，应在中央知识产权和国际贸易法院开庭后一百八十天内将案件进行移交，则相关的知识产权和国际贸易法院应当受理并作出裁决。

第 47 条 尽管泰国一些地区未设立地方知识产权和国际贸易法院，中央知识产权和国际贸易法院仍对此类地区的案件拥有管辖权。在民事案件中，原告可向其居住地的省级法院或案件发生地的省级法院提起诉讼。在刑事案件中，原告可向被告所在地、被告被抓获地的法院提起诉讼，可就案件发生地的省级法院不作为问题以及调查员对于被告的审查结果提起诉讼，省级法院应告知中央知识产权和国际贸易法院。中央知识产权和国际贸易法院可对案件进行审理和判决，或者在中央知识产权和国际贸易法院认为适当的情况下，可由地方或中央知识产权和国际贸易法院进行审理和判决案件。

中央知识产权和国际贸易法院可在必要时请求原告所在地的省级法院或其他省级法院执行诉讼程序（不含仲裁）。在这种情况下，省级法院应适用第三章知识产权和国际贸易程序法。

省级法院或其他任何省级法院有权签发拘留令或暂时释放被告。

会签人
Prayut Chan-o-cha
总理

备注：颁布该法的原因在于，知识产权和国际贸易案件具有不同于一般刑事和民事案件的特征，争议各方应对知识产权和国际贸易法精通，为了使审判更加便捷、高效和公平，宜设立知识产权和国际贸易法院，专门审理知识产权和国际贸易案件，并采用特别程序，使审判更加便捷、高效和公平。

知识产权和国际贸易法院设立与司法程序法（No. 2） B. E. 2558

国王普密蓬·阿杜德（Bhumibol Adulyadej）

签署于佛历2558年（即现王朝70年）12月4日

泰国国王普密蓬·阿杜德（Bhumibol Adulyadej）非常高兴地宣布：

鉴于目前适合制定知识产权和国际贸易法院设立与司法程序法；经泰国议会提议和通过，国王颁布法律如下：

第1条 本法称为知识产权和国际贸易法院设立与司法程序法（No. 2） B. E. 2558。

第2条 本法自《政府公报》上公布的次日起生效。

第3条 本法规定，在知识产权和国际贸易法院设立法与司法程序法B. E. 2539第3条"知识产权和国际贸易法"的定义后增加以下内容：

"特别上诉法院"是指根据《设立特别上诉法院法》设立的特别上诉法院；

"特别上诉法院院长"是指《设立特别上诉法院法》中规定的特别上诉法院院长；

"司法机关委员会"是指根据《司法人员管理法》设立的司法机关委员会；

"司法执行委员会"是指《法院公共管理法》中规定的法院执行委员会成员。

第4条 废除知识产权和国际贸易法院设立与司法程序法B. E. 2539中第4条内容，并替换为以下内容：

第 4 条   最高法院院长应根据本法行事。

第 5 条   废除知识产权和国际贸易法院设立与司法程序法 B.E.2539 中第 9 条内容，并替换为以下内容：

第 9 条   知识产权和国际贸易法院对案件管辖权存在争议的，无论相关争议是在知识产权和国际贸易法院还是在其他法院产生，知识产权和国际贸易法院均应在案件裁决后，将相关争议提交特别上诉法院院长处理。特别上诉法院院长的决定为最终决定。根据特别上诉法院院长的决定，案件应移交给有管辖权的法院处理的，原审法院应将案件进行移交，并且原审法院不应在判决前撤销已经进行的诉讼程序，接受案件的法院出于司法利益而另有命令的除外。

第 6 条   废除知识产权和国际贸易法院设立与司法程序法 B.E.2539 中第 12 条内容，并替换为以下内容：

第 12 条   知识产权和国际贸易法院中的法官和助理法官由司法执行委员会确定。

第 7 条   废除知识产权和国际贸易法院设立与司法程序法 B.E.2539 中第 13 条内容，并替换为以下内容：

第 13 条   在中央知识产权和国际贸易法院以及地方知识产权和国际贸易法院中，应分别设立一名院长和副院长。经最高法院院长批准，司法执行委员会可在每个法院任命一至三名副院长。

第 8 条   废除知识产权和国际贸易法院设立与司法程序法 B.E.2539 中第 15 条内容，并替换为以下内容：

第 15 条   根据司法委员会的规则和程序，司法委员会将从知识产权或国际贸易领域的合格人员中任命助理法官，助理法官应符合以下要求：

（1）拥有泰国国籍；

（2）年龄不小于30周岁；

（3）根据司法机关委员会的规定和程序，接受过知识产权和国际贸易法院及其司法职责方面的培训；

（4）具备知识产权和国际贸易专业业务知识；

（5）无不良嗜好且品行端正；

（6）无负债；

（7）未因犯罪受过监禁判决的处罚，对过失犯罪或轻微犯罪处罚情况除外；

（8）具有正常履行职责的身体条件和心理素质，不得患有司法委员会条例中规定的疾病；

（9）政治官员、政党委员或政党官员、国会议员、行政人员、曼谷议会成员、地方政府行政人员、地方议会成员、公务员、检察官、警察或律师不得担任。

第9条 废除知识产权和国际贸易法院设立与司法程序法 B.E.2539 中第 21 条内容，并替换为以下内容：

根据第一款规定，在刑事案件中对公诉方提出证据的审查过程应向被告公开，否则被告无法对单个证人进行交叉询问或反驳其他证据，《刑事诉讼法》另有规定的除外。

第10条 废除知识产权和国际贸易法院设立与司法程序法 B.E.2539 中第 23 条内容，并替换为以下内容：

第 23 条 知识产权和国际贸易法院要求提供意见的证人有权根据《司法执行委员会条例》获得病假薪酬、交通津贴和房租。

第11条 废除知识产权和国际贸易法院设立与司法程序法 B.E.2539 第四章"上诉"中第 38 条、第 39 条、第 40 条、第 41 条、第 42 条、第 43 条、第 44 条以及第 45 条内容，并替换为以下内容：

第四章 上诉和最高法院

第 38 条 不服知识产权和国际贸易法院的判决或命令的,可上诉至特别上诉法院,并适用《民事诉讼法》或《刑事诉讼法》的规定(视情况而定)。

第 39 条 特别上诉法院对知识产权和国际贸易案件的审理和判决以及特别上诉法院的判决或命令的结果应遵守本法以及《民事诉讼法》或《刑事诉讼法》的规定。

第 40 条 特别上诉法院的判决或命令应比照适用《民事诉讼法》或《刑事诉讼法》的规定(视情况而定)。

最高法院对知识产权和国际贸易案件的审理和判决应比照适用本法和《民事诉讼法》或《刑事诉讼法》的规定。

第 12 条 特别上诉法院于开庭前,就知识产权和国际贸易法院的案件作出判决或命令的,应上诉至最高法院,最高法院的判决比照适用《知识产权和国际贸易法院设立与司法程序法》B. E. 2539 的规定。

在特别上诉法院开庭之前,最高法院审理的所有知识产权和国际贸易案件都应适用知识产权和国际贸易法院设立与司法程序法 B. E. 2539 关于上诉的规定,本法在最高法院判决生效之日前生效。

第 13 条 根据知识产权和国际贸易法院设立与司法程序法 B. E. 2539 的规定,本法生效前设立的最高法院知识产权和国际贸易诉讼司视具体情况继续履职,司法行政委员会依据《司法行政法》另行规定的除外。

第 14 条 经本法修订的知识产权和国际贸易法院设立与司法程序法 B. E. 2539 第 9 条规定,知识产权和国际贸易法院对案件是否有管辖权应由特别上诉法院院长决定,特别上诉法院院长未作出决定的,最高法院院长有权对此类争议作出最终决定。

第 15 条 所有部级条例、法规,根据知识产权和国际贸易法院设立与司法程序法 B. E. 2539 由司法部发布的通知和命令,在本法生效前一天生效的,应符合知识产权和国际贸易法院设立与司法程序法 B. E. 2539 和知识产权和国际贸易法院设立法 B. E. 2539 的规定。直至经修订的知识产权和国际贸易法院设立与司法程序法 B. E. 2539 项下的条例、通知或命令生效。

第 16 条 最高法院院长应遵守本法的规定。

会签人
Prayut Chan-o-cha
总理

备注：颁布本法的原因在于，《民事诉讼法》对上诉规则和最高法院规则进行修订，规定民事案件必须经最高法院批准后，方可上诉至最高法院，但现行知识产权和国际贸易案件上诉制度规定当事人有权直接上诉。此外，依法设立的特别上诉法院有权裁决特殊案件，因此有必要修订知识产权和国际贸易案件的上诉规则和最高法院规则，使之与前述制度保持一致，并对相关程序进行修订，特颁布本法。

知识产权和国际贸易法院设立与司法程序法（No.3） B.E.2565

国王玛哈·哇集拉隆功（Maha Vajiralongkorn）

签署于佛历 2565 年（即现王朝 7 年）5 月 21 日

泰国国王玛哈·哇集拉隆功（Maha Vajiralongkorn）非常高兴地宣布：

鉴于目前适合制定知识产权和国际贸易法院设立与司法程序法；经泰国议会提议并通过，国王颁布法律如下：

第 1 条 本法称为知识产权和国际贸易法院设立与司法程序法 (No.3) B.E.2565。

第 2 条 本法自《政府公报》上公布的次日起生效。

第 3 条 废除《知识产权和国际贸易法院设立与司法程序法》B.E.2539 中第 16 条第二款的内容。

第 4 条 新增第 16/1 条，内容如下：

第 16/1 条 根据第 16 条进行免职，应当执行如下程序：

（1）根据第 16 条第（4）项、第（5）项或第（6）项规定免除职务必须经司法委员会按照《司法服务条例》的规定批准；

（2）根据第 16 条第（1）项、第（2）项、第（5）项或第（6）项规定作出免职决定的，应告知相关人员；

（3）根据第 16 条第（3）项或第（4）项规定作出免职决定的，应当提出免职申请。

会签人

Prayut Chan-o-cha

总理

备注：颁布该法的原因是，《泰国宪法》第 190 条规定了国王任命、罢免法官和大法官。因死亡、退休、任期届满或遭罢免导致法官或大法官职位空缺的情况下，应呈请国王陛下依《泰国宪法》修订知识产权和国际贸易法院设立与司法程序法 B. E. 2539。

附录 知识产权和国际贸易法院：泰国知识产权执法的新维度

编写人：Vichai Ariyanuntaka

一、引 言

20世纪90年代后期，泰国经济由盛转衰，从充满希望和荣耀的时期，进入反思、再计划及可能重构泰国经济战略的愈加清醒时期。国际贸易和投资要吸引贸易伙伴，必须创造法治环境，创造一种公平、可信的法律氛围，并且确保合法权益得到有效、迅速地执行。在经济复苏的道路上，要取得更大的经济成就，必须完善国内秩序。在司法领域，知识产权和国际贸易中央法院（IP和IT法院）的设立是走向国际贸易和投资更辉煌时代和泰国整体经济复苏的一个最重要的要素。

二、设立知识产权和国际贸易法院

《知识产权和国际贸易法院设立与司法程序法》于1996年由国民议会通过，本法于1996年10月25日在《政府公报》上颁布。随后，在本法下通过了一项皇家法令，1997年12月1日，知识产权和国际贸易中央法院成立。知识产权和国际贸易法院法是泰国和美国及欧洲国家就与贸易有关的知识产权问题进行谈判后，司法部和商业部共同努力所出台的法律。事实上，通过建立知识产权和国际贸易法院，泰国已超额履行了《与贸易有关的知识产权协定》第41条第（5）项规定的义务。该条款只规定：

不言而喻，本部分不对落实有别于一般执法的知识产权执法的司法制度创设任何义务……并且，本部分不创设任何义务，使其在知识产权执法和一般执法之间进行资源分配。

然而，知识产权和国际贸易法院的设立是为了创建一个具有专业知识的"便利"法院，以供商业和工业服务。国际贸易被纳入法院的管辖，原因在于在像泰国这样的国家，知识产权和国际贸易方面的专业法官和律师应集中在一起，便于使用和管理。尤其是工作量不足以保证独立法院系统的情况。

三、知识产权和国际贸易法院系统的部分显著特点

以下是新法院系统的部分突出特点：

——灵活运用法院规则，提高法院效率。此举可视为独特的"普通法"方法解决"民法"问题。

——全国范围内的知识产权执法在民法或刑法方面均存在专属管辖权。

——对国际贸易事项拥有专属管辖权，例如国际销售、运输、付款、保险和有关法律行为。

——对扣押船舶拥有专属管辖权。

——对反倾销和补贴拥有专属管辖权。

——对知识产权和国际贸易事项仲裁裁决的执行拥有专属管辖权。

——由3名法官组成合议庭，构成法定人数。其中2人必须是拥有知识产权或国际贸易方面专业知识的职业法官，第三名成员是助理法官，且是一名拥有IP或IT方面专业知识的非专业人士。这是一种专业化的双重保障。

——在泰国程序法中首次提供"Anton Piller搜查令"类型的诉讼程序。将英国创新纳入《与贸易有关的知识产权协定》。

——可能任命专家证人作为法庭之友。

——设立越级申诉程序，直接向最高法院知识产权和国际贸易司提起申诉。此为纠正延误的一种尝试。

——可能通过进一步修订立法，将管辖权扩大到其他事项。目前，破

产事项从行使民事管辖权的法院转移到知识产权和国际贸易法院的讨论已经广泛开展。

——由于少年司法保护仍优先于知识产权产权保护，因此在知识产权侵权案件中，青少年亦应在未成年人及家事法院而非在知识产权和国际贸易法院接受审讯。

新法院的设立并非易事，法院的管辖权成功延伸至国际商业和工业领域更面临巨大困难和挑战。我们必须为国际商业诉讼创造公平的法律环境。廉正、专业、便利、无障碍、诉讼费用、尊重和法院命令或判决的有效执行是其中一些更重要的标准。

四、知识产权和国际贸易制度下的法院规则

我们希望，随着专业知识在专门法院中的发展，知识产权执法方面更为公正和有效的措施能够进一步纳入"法院规则"。法院规则是制定法院程序的一种普通法技术。从传统上讲，泰国基本上是一个大陆法系国家，对诉讼法的修订始终是通过《诉讼法修正案》来完成的。根据1996年《知识产权和国际贸易法院设立法及诉讼程序法》第30条的规定，法院制定了一项新的程序，内容如下：

为确保诉讼的便利、快捷和公正，经最高法院院长批准，授权知识产权和国际贸易中央法院首席法官颁布关于知识产权和国际贸易案件诉讼程序和证据听证的法院规则，前提是此类规定不损害刑事案件中被告的辩护权利。

通过这种方式，与传统的议会法案相比，法院程序变化将更快实现。法院规则可能需要几个月的时间就可最终确定，而议会法案则需要数年的时间。值得关注的问题是，立法机关愿意给司法机关的立法职能授予多大程度的自由处理权。可用赋予行政部门发布皇家法令和部长令的权力来作类比。换言之，相对于"公共秩序"（I'order public）类型的程序法原则而言，"法院规则"的范围是什么？这难道不能解释为司法机关对立法职能的侵犯吗？第30条本身给出了"此类规定不得损害刑事案件中被告的权利"这一警告。

五、知识产权执法的新颖性：禁令与警方突击搜查的比较

在泰国，警方突击搜查一直是监管知识产权侵权者的传统方法。《与贸易有关的知识产权协定》，尤其是第50条，赋予了当局命令采取迅速而有效的临时措施的权力，以便：

（a）防止侵犯任何知识产权的行为发生并进入商业渠道；（预防性禁令）

（b）保存与被控侵权行为有关的证据。（Anton Piller 搜查令）

1991年《商标法》第116条、1992年《专利法》（第二修正案）第77条之二和1994年《著作权法》第65条首次在泰国实施了第50（1）（a）条项下的预防性禁令。这在泰国程序法中被视为一种新事物，因为与《民事诉讼法》中关于判决前临时措施的规定相反，在提交申诉书或起诉之前，预防性禁令可根据知识产权法律申请。

然而，如果仔细研究知识产权事项中引起预防性禁令的3个相关部分，则可发现一些缺陷。总体而言，该条款规定：

"有明确证据表明某人实施、正在实施或即将实施侵犯知识产权的行为的，权利所有人可请求法院发布命令，制止该人实施侵权行为。"

最早版本是1991年《商标法》。第116条的原文是"某人实施或正在实施"，但1992年《专利法》和1994年《著作权法》的原文则是"某人实施或即将实施"，后者概念更接近于预防性禁令。

在程序方面，立法机关未能为申请人和法院有效启用初步禁令提供足够的后备机制。其中一些例子包括：

——并无关于适用于哪一法院的规定。

——并无关于适用单方面听证的规定。

——并无关于法院处理案件速度的规定，例如在紧急情况下。

——并无关于申请人主张失败时损害赔偿担保的规定。

——并无关于被告要求复审的规定。

——并无关于命令在一定期限后失效或撤销的规定。

上述所有情况均由知识产权和国际贸易法院规则的执行部门来识别和处理。

另一考量因素是,泰国的大多数知识产权侵权案件都是进入了刑事诉讼程序。作为禁令的替代方式,警方突击搜查方式需尝试进行改进。东盟的大多数司法管辖区可能同样面临这种困境,在那里,大多数侵权案件都十分明显。

六、TRIPS 协定第 50(1)(b) 条项下的 Anton Piller 搜查令

Anton Piller 搜查令源于著名的英国案例 Anton Piller KG 诉 Manufacturing Process Ltd. {1976} Ch. 55。该搜查令源于法院拥有天然的管辖权,以防止被告破坏司法程序,销毁诉讼标的物或文件或其他相关证据。

原告可通过单方面申请援用这一管辖权。原告通常在发出令状后,送达被告前提出申请。法院在审理相关申请事项时,采用不公开庭审方式。原告应提出颇具说服力的表面证据,使法院确信其主张的正确性,即被告可能会对原告造成非常严重的实际的或潜在的损害,有证据充分表明被告持有指控的文件或物品,且双方提出申请之前,被告极有可能偷偷运走或销毁材料。如果原告在诉讼中能够满足此类条件,法院将向被告发出禁令,给予原告适当的救济,被告违反禁令将视同藐视法院。

此外,该搜查令还可能包括一项指示,即要求被告准许原告进入被告处所,搜查属于原告或与原告主张有关的商品或文件,并根据案件的情况带离、检查、拍摄或复制此类材料。

可命令被告向原告披露其供应商或顾客的姓名或名称及地址。

泰国在施行知识产权和国际贸易法院制度之前并无类似于 Anton Piller 搜查令的规定。根据《民事诉讼法》第 254 条第(4)项、第 255 条第(4)项和第 255 条第(4)项(b)的规定,如果被告故意逃避法院令状或命令,或隐瞒任何可能在诉讼中证明其有罪的文件,原告可请求法院下令逮捕和拘留被告。

鉴于存在 Anton Piller 搜查令这一更为严厉的搜查令,上述措施几乎未

使用过,该搜查令下保存证据的有效性也值得怀疑。

TRIPS 第 50(1)(b) 条的措辞并不明确,最乐观的人亦会产生怀疑,即成员国是否需要设立一项类似于英国 Anton Piller 搜查令的法令。也许对部分胜诉原告施加一些限制的司法辖区正是泰国知识产权和国际贸易法院的范例。这些考量因素包括:

——原告败诉的,承诺赔偿被告因诉讼引起的任何损失。

——承诺不将获得的材料或信息用于除搜查令所针对的行动以外的任何其他目的。

——执行搜查令时必须有一名法院官员在场。

——原告无权使用武力。本人很高兴地报告,根据知识产权和国际贸易法院法第 29 条及其随后出台的法院规则,法院规则起草委员会倾向于按照上述思路对 Anton Piller 搜查令进行某种程度的"改革"。

然而,若没有 Anton Piller 搜查令,权利所有人始终可考虑《刑事诉讼法》项下的搜查令相对效力。

七、知情权

TRIPS 第 47 条规定:

"各成员可以作出规定,即司法当局有权责令侵权人将参与生产和销售侵权商品或服务的第三方的身份及其销售渠道告知权利人。"

在此有两点意见:

(1) 第 47 条中的"可以"一词表明,成员国"有权"而非"必须"执行该条款;

(2) 第 47 条下的知情权适用于刑事案件中,可能会侵犯反对自证其罪特权这一规则。《泰国宪法》第 243 条承认这一规则。

上议院 Rank Film Distributors 诉 Video Information Centre {1981} 2 All E. R. 76 一案中,被告在侵犯版权的诉讼中,以面临刑事诉讼为由,成功寻求到一项有关 Anton Piller 搜查令的撤销令,该搜查令要求其披露原告电影非法拷贝供应商和客户的姓名和地址。上议院认为,此类情况可援引反对自证其罪的特权。

Rank Film 一案的决定是英国上议院于 1981 年作出的。同年，英格兰议会颁布了 1981 年《最高法院法》，该法第 72 条撤销了 Rank Film 一案的效力，并通过取消在侵犯知识产权的诉讼中不得自证其罪的特权，恢复了 Anton Piller 搜查令的全部效力。

这是一个很好示例，展示了游说者对知识产权所有者有着强大的影响力。

八、损害赔偿

根据 1994 年《著作权法》第 64 条，法院可考虑损害的严重性，包括利益损失和行使权利的必要费用，命令对权利所有人给予适当的损害赔偿。

1994 年《著作权法》是 1978 年前《著作权法》的改进版本，1978 年前《著作权法》只简单地规定，权利所有人有权就超过权利所有人所收到罚金的金额寻求民事赔偿，罚金不应损害这一权利。

对于新的第 64 条，部分意见可供参考：

——第 64 条符合 TRIPS 协定第 45 条第（1）项规定的标准，但不符合第 45 条第（2）项规定的标准。

——根据 1994 年《著作权法》第 64 条的规定，建议以"预见或可能预见"的损害后果确定民事诉讼中的损害赔偿标准。因此，"预见或可能预见"更类似于第 45 条第（1）项中的"知晓或有合理理由知晓"这一措辞，而非第 45 条第（2）项中的否定要素。

——第 45 条第（2）项的标准可能高于第 45 条第（1）项，但第 45 条第（2）项中的"可以"一词表明，成员国"有权"执行，而非"必须"执行该条款。

——第 45 条第（2）项还要求侵权人支付包括适当律师费在内的费用。第 64 条提到了行使权利的"必要"费用。律师费可能是行使权利所必需的一项费用，但此处仅指适当，而非过高的律师费。适当的律师费数额必须根据法院所在国的客观标准来确定。

九、结 论

全球化或许是能够体现当代泰国社会传统智慧的一个理念。1995年,泰国刑事法院引渡了一名泰国国民,其因涉嫌在美国犯下与毒品有关的罪行而面临美国的刑事指控。法院给出的理由之一是,鉴于其他大陆法系国家,尤其是欧洲大陆的不同意见和做法,美国与泰国之间的引渡条约必须得到尊重且必须生效。这一决定后来得到了该事项终审法院(申诉法院)的确认。作为大陆法系国家,泰国对引渡条约作出宽松解释的案例,在国际上广受赞誉。美国一所著名法学院授予时任泰国最高法院院长荣誉法学博士学位,而这一决定正是他就职演说所强调的亮点。设立知识产权和国际贸易法院,为解决贸易争端和有效执行知识产权营造公正、快捷、友好和公平的氛围,符合全球化方向。我们正创立一个可信赖的氛围和一个有利于投资的市场。这一氛围和市场本身就代表着竞争力和最终的经济成功。